VANHAVERE1980

LA
PHILOSOPHIE FRANÇAISE
CONTEMPORAINE

OUVRAGES

DE

PAUL JANET

MEMBRE DE L'INSTITUT

Format grand in-18.

La Famille, leçons de Philosophie morale. Ouvrage couronné par l'Académie française. 10ᵉ édition. . . 1 vol
Philosophie du bonheur. 4ᵉ édition. . . . . 1 —
Les Problèmes du xixᵉ siècle. 2ᵉ édition. . . . . 1 —

Format in-8º.

Études sur la dialectique dans Platon et dans Hégel. . . . . 1 vol.
Histoire de la science politique dans ses rapports avec la morale. 2ᵉ édition. Ouvrage couronné par l'Institut (Académie des Sciences morales et politiques et Académie française). . . . . 1 —
Les Problèmes du xixᵉ siècle. . . . . 1 —

IMPRIMERIE GÉNÉRALE DE CHATILLON-SUR-SEINE, J. ROBERT.

LA PHILOSOPHIE FRANÇAISE CONTEMPORAINE

PAR

PAUL JANET

MEMBRE DE L'INSTITUT
PROFESSEUR A LA FACULTÉ DES LETTRES DE PARIS

PARIS
CALMANN LÉVY, ÉDITEUR
ANCIENNE MAISON MICHEL LÉVY FRÈRES
RUE AUBER, 3, ET BOULEVARD DES ITALIENS, 15
A LA LIBRAIRIE NOUVELLE
—
1879
Droits de reproduction et de traduction réservés.

Ce volume se compose d'articles publiés dans le journal le *Temps* ou la *Revue des Deux Mondes* depuis une dizaine d'années. Il présente un tableau fidèle et assez complet de la philosophie française pendant toute cette période. Nous n'avons laissé en dehors de notre étude que les travaux consacrés à l'histoire de la philosophie ou à l'étude critique de la philosophie étrangère. Dans ces limites, on peut dire que si la France ne présente pas en ce moment le tableau de grandes écoles savamment constituées, il s'y manifeste de tous côtés et en tous sens, une activité riche, variée, étendue, qui porte sur tous les points de la science et qui se caractérise surtout par la conscience et la liberté des recherches. Au reste, l'introduction qui va suivre donnera une idée plus précise des traits généraux de la pensée philosophique au temps présent.

11 juillet 1879.

LA PHILOSOPHIE FRANÇAISE
CONTEMPORAINE

I

28 mars 1875.

Le mouvement philosophique en France, depuis une vingtaine d'années, présente un spectacle intéressant, mais complexe et confus. Les anciennes écoles se sont brisées et plus ou moins mêlées, sans qu'il se soit encore formé de leurs débris des écoles nouvelles. Il y a des notabilités brillantes, et quelques nouveaux venus pleins de talent, mais point de systèmes. C'est le règne des nuances. Démêler toutes ces nuances, grouper les individus d'après leurs affinités ou leurs oppositions, signaler les déviations des anciens courants, ou les directions des nouveaux, en pronostiquer les évolutions ultérieures serait un travail bien téméraire qui présenterait trop d'obscurités à ceux qui ne connaissent pas les faits, et paraîtrait toujours inexact à ceux qui les connaissent. Contentons-nous de signaler le trait dominant et éclatant qui caractérise tous les travaux philosophiques de cette nouvelle période, et qui convient à la fois à toutes les écoles, que toutes admettent sans exception, soit comme un progrès, soit comme une nécessité : ce trait, c'est le rapprochement et l'union des sciences et de la philosophie.

Ce n'est pas là, à proprement parler, un phénomène nouveau : il n'en est point au contraire de plus conforme à la tradition : à toutes les grandes époques philosophiques, la science et la philosophie ont été toujours étroitement et inséparablement unies. Mais, à partir du commencement de ce siècle, et déjà même au siècle dernier, la séparation s'était faite, et ces deux grandes branches de la pensée humaine étaient devenues étrangères l'une à l'autre. La nouveauté n'est donc en réalité qu'un retour à l'état antérieur, et à la loi traditionnelle de la philosophie. Ce n'en est pas moins là un phénomène qui mérite d'être expliqué ; mais pour le comprendre, il faut s'interroger d'abord sur les raisons de l'état antérieur. Nous ne saurions bien pourquoi les sciences et la philosophie se sont rapprochées l'une de l'autre qu'en recherchant d'abord pourquoi elles étaient séparées.

Remarquons d'abord que cette séparation n'a pas été seulement le fait de l'école à laquelle on l'a le plus reproché, c'est-à-dire de l'école éclectique. Elle se fit à peu près de même dans toutes les autres écoles philosophiques du même temps. Dans l'école théologique, par exemple, ni l'abbé de Lamennais, ni de Maistre, ni Bonald ne firent aucune part aux sciences dans leur philosophie. Lorsque plus tard Lamennais, transporté au pôle opposé de la spéculation philosophique, essaya une vaste synthèse à la fois scientifique et métaphysique dans son *Esquisse d'une philosophie*, cette tentative, très remarquable cependant, n'excita aucun intérêt. L'école socialiste, de son côté, si vous exceptez Saint-Simon dans ses premières années, nous présente le même caractère : quoique la plupart des adeptes de ces écoles fussent des savants, leur philosophie était entièrement étrangère à la science proprement dite. Pierre Leroux, le seul de leurs penseurs qui se soit occupé réellement de philosophie, était métaphysicien, moraliste, littérateur ; ce n'était pas un savant. Toutes ces écoles étaient ou sociales, ou religieuses, ou psychologiques : mais toutes se tenaient à distance des sciences, comme d'un domaine spécial qui n'avait rien à voir avec la philosophie.

Nous sommes ici sur la voie de la cause qui avait amené la séparation dont on s'est justement plaint. La philosophie de notre siècle est née de la politique, de la révolution sociale de 89. Elle a été une des conséquences, un des incidents de cette révolution ; soit comme réaction, soit comme apologie mitigée, soit comme conséquence hardie et avancée, de la révolution, elle a été chez les théologiens, chez les éclectiques, chez les socialistes, non pas une science mais une cause, un drapeau, une doctrine militante et armée. Il s'agissait non de démonstrations, mais de convictions, non de la pensée pure, mais de la destinée humaine. L'intérêt de l'humanité, l'avenir de l'humanité étaient les seuls objets qui fissent alors battre les cœurs, et qui eût parlé d'intérêt scientifique, ou de désintéressement théorique, n'eût pas été compris et eût encouru une grande défaveur.

Une autre cause tendait encore à produire le même résultat. La philosophie du siècle commençait en même temps que la littérature du siècle, et elle s'y mêla toujours très étroitement : on sait quel a été l'éclat de cette renaissance littéraire, quelles émotions, quelles passions elle a provoquées. Les grandes luttes des écoles classiques et romantiques ne laissaient guère de place dans la curiosité publique pour les découvertes de Laplace ou de Fresnel. C'étaient là, croyait-on, des études arides et techniques qui ne disaient rien à la pensée. L'enthousiasme et l'imagination étaient les facultés les plus à la mode et les plus admirées. Le classique était rejeté comme sec et glacé. On sait avec quelle amertume madame de Staël, l'une des grandes prêtresses de l'esprit nouveau, s'élevait contre l'esprit du xviii° siècle, contre la froide méthode des encyclopédistes, et par là aussi contre l'influence des sciences, suspectes de vouloir couper les ailes à l'imagination et de dessécher les cœurs.

Par une confusion d'idées assez étrange, la littérature de ce temps associait la science non seulement au matérialisme du xviii° siècle, mais au despotisme impérial. Lamartine, dans un curieux passage de son discours *sur les destinées de la poésie*, s'est fait l'interprète des révoltes et des rancunes de la jeunesse poétique et littéraire de son temps contre la domination des sciences pendant la période impériale : « Le chiffre alors, dit-il, était seul permis, honoré, protégé, payé. Comme le chiffre ne raisonne pas, comme c'est un merveilleux instrument passif de tyrannie qui ne demande jamais à quoi on l'emploie..., le chef militaire de cette époque ne voulait pas d'autre missionnaire, d'autre séide, et ce séide le servait bien. Depuis ce temps, j'abhorre le chiffre, cette négation de toute pensée, et il m'est resté contre cette puissance des mathématiques exclusive et jalouse même horreur qui reste au forçat contre les fers durs et glacés rivés sur ses membres... Les mathématiques étaient les chaînes de la pensée humaine. Je respire; elles sont brisées! » Sans doute, dans ce passage déclamatoire, Lamartine laissait surtout déborder ses sentiments personnels, et n'exprimait que son propre génie, réfractaire à toute exactitude; mais il est permis de penser que, sous une forme hyperbolique, il reproduisait aussi quelques-unes des impressions de la jeunesse de son temps.

Il y eut donc, sous la Restauration, contre l'empire des sciences, une réaction semblable, mais en sens inverse, à celle qui s'élève aujourd'hui contre l'esprit littéraire. Les sciences étaient alors accusées de sécheresse et de brutalité despotique, comme la littérature l'est aujourd'hui de frivolité et de bavardage déclamatoire. La philosophie du XVIII° siècle dut partager l'impopularité où les sciences étaient tombées. La philosophie nouvelle fit campagne contre elle, comme le romantisme contre la littérature impériale. Elle avait en quelque sorte la même origine. Chateaubriand et madame de Staël furent aussi bien les initiateurs du siècle en philosophie qu'en littérature. L'enthousiame, préconisé par madame de Staël, substitué à l'analyse abstraite de Condillac, fut la méthode commune de de Maistre, de Cousin et de Saint-Simon. Tous trois étaient en quelque sorte des hiérophantes. Sans doute, l'esprit de méthode et de rigueur scientifique fut loin d'être aussi sacrifié qu'on l'a dit plus tard; c'est même une de ces écoles, l'école éclectique, qui introduisit les premières méthodes sévères dans l'histoire de la philosophie; et dans la même école, les nécessités de l'enseignemnt préservèrent toujours les fortes études; mais la première influence avait été décisive, et il est certain que la philosophie resta associée aux lettres plutôt qu'aux sciences pendant toute la première moitié du xixe siècle.

Tandis que les philosophes s'éloignaient des sciences, les savants, de leur côté, acceptaient sans trop de déplaisir et encourageaient eux-mêmes cette séparation. Ils avaient leurs raisons, comme les philosophes avaient les leurs. C'était le souvenir de Descartes qui les tenait en garde. Quelque grandes que nous paraissent aujourd'hui les vues de Descartes en physique, elles parurent surtout, au xviiie siècle, romanesques et chimériques. Tandis que d'un côté, les philosophes disaient: « O métaphysique, préserve-toi de la physique; » les savants disaient à leur tour : « O physique, préserve-toi de la métaphysique. » L'intérêt de la rigueur scientifique conduisait aux mêmes conséquences que, dans d'autres camps, l'intérêt de la dignité humaine ou de la destinée sociale. Retranchées ainsi d'un commun accord, chacune en deçà de ses frontières, la philosophie et la science vécurent en bonne intelligence, à la condition de ne plus s'occuper l'une de l'autre.

Comment s'est faite maintenant la révolution opposée qui ramène en présence, tantôt alliées, tantôt rivales les deux puissances que l'on peut appeler la puissance temporelle et la puissance spirituelle de l'esprit moderne? C'est ce qu'il s'agit d'expliquer.

Rien ne meurt, rien ne se crée, pas plus dans le domaine de la pensée que dans celui de la matière. Tandis qu'une philosophie nouvelle s'élevait et qu'une littérature nouvelle jetait l'éclat le plus éblouissant, la vieille philosophie du XVIIIe siècle, abandonnée et dédaignée, conservait dans le silence et dans l'oubli des adeptes fidèles qui en maintenaient la tradition et même Broussais lui rendait un moment de popularité. Elle était toute prête à reparaître, renouvelée et rajeunie, lorsque le moment serait venu : or, revenir au XVIIIe siècle, c'était revenir à l'esprit expérimental et positif qui s'appuie sur les sciences de la nature.

Ce retour vers les sciences avait d'ailleurs sa raison d'être dans la nature même des choses. Il est impossible en effet de creuser une question philosophique sans venir se heurter contre une difficulté scientifique, et il est difficile aussi de pousser bien loin certaines questions scientifiques sans toucher aux problèmes de philosophie. La physiologie, quand elle étudie le système nerveux, rencontre immédiatement les questions relatives à la sensibilité, à l'intelligence, à la volonté : la mécanique, lorsqu'elle remonte à son principe, rencontre le problème de la force ; la zoologie, celui de l'origine de la vie. De son côté, la philosophie est également conduite par la suite nécessaire des idées, aux mêmes problèmes et aux mêmes difficultés. La distinction de l'âme et du corps conduit à rechercher la nature du corps et l'essence de la matière. L'étude de la sensibilité et de la volonté se heurte contre les difficultés qui naissent du système nerveux et de ses phénomènes. L'ordre de l'univers, qui sert à prouver l'existence de la Providence, implique une connaissance au moins générale des lois de la nature. Il était donc inévitable que, d'un côté ou de l'autre, la trêve fût rompue, et qu'on se trouvât de nouveau sur un terrain commun.

Les événements extérieurs eux-mêmes, quelque éloignés qu'ils paraissaient au premier abord de la spéculation philosophique, ne sont pas cependant sans exercer une certaine influence, directe ou indirecte, sur la marche des idées. Ce n'est pas une opinion paradoxale d'affirmer que la révolution de 48 et les événements de 52 ont eu quelque action sur la nouvelle direction philosophique. La révolution de Février avait eu pour effet de montrer la vanité et le danger d'un idéalisme exagéré qui, mis aux prises avec les réalités qu'il avait évoquées, s'était montré complètement impuissant. Au contraire, la réaction de 1852 avait montré la toute-puissance des réalités, le rôle que joue dans l'histoire des sociétés le besoin de sécurité matérielle ; elle avait montré la force triomphant des principes abstraits, aux applaudissements mêmes de ceux dont on avait rêvé l'émancipation prématurée. Auparavant le fait avait été sacrifié à l'idée ; c'était le tour de l'idée d'être sacrifiée au fait. Une philosophie réaliste était aussi opportune qu'une littérature réaliste. Loin de moi la pensée de rendre le moins du monde les écrivains philosophes qui ont arboré pour drapeau l'esprit critique et positif, solidaires d'un régime contre lequel ils ont tant de fois protesté ; mais il n'est pas moins vrai qu'en dénonçant les illusions métaphysiques, ils fournissaient la méthode qui servait à dénoncer les illusions politiques ; et l'on pouvait aussi bien renvoyer à la littérature ceux qui parlaient de droit et de liberté que ceux qui parlaient d'esprit, d'âme, de Providence, d'ordre invisible et intelligible, irréductible aux lois de la matière et de la force.

Quoi qu'il en soit de ces appréciations, ce qui n'est pas douteux, c'est que le moment était venu d'élargir le champ de la philosophie et d'y introduire la nature. L'isolement même où l'on s'était renfermé, dans la pensée de donner aux doctrines spiritualistes un fondement inébranlable, avait tourné contre elles. Une philosophie tout opposée s'était établie sur le terrain même qu'on abandonnait. Enfin la science elle-même, s'élevant à des propositions de plus en plus générales, ouvrait à l'esprit humain, sur l'origine des choses et sur leur développement, des perspectives mystérieuses et profondes qui devaient exercer un puissant prestige sur les jeunes imaginations.

Le philosophe auquel il a été donné de résumer toutes ces tendances, et d'engager dans cette direction nouvelle la philosophie de la seconde moitié du siècle, a été M. Auguste Comte. C'est lui qui, parti de la science, a essayé de reconstruire la philosophie sur cette base, en sens inverse de la philosophie purement psychologique et morale dont l'école éclectique avait cru jeter les fondements pour l'éternité. La philosophie d'Auguste Comte resta pendant plusieurs années plongée dans une profonde obscurité. L'absence de talent littéraire, la lourdeur et l'obscurité du langage, les notions scientifiques qu'exigeait la lecture de ses livres, autant de causes expliquant le silence dans lequel cette philosophie était restée ensevelie. Ce fut seulement lorsque M. Littré s'en fit l'interprète qu'elle entra dans le grand courant de l'opinion publique.

Il ne faudrait pas croire que cette tendance vers l'étude des sciences fût provoquée exclusivement par un esprit de scepticisme ou de réserve à l'égard des idées religieuses, et qu'elle ne fût qu'une protestation de l'incrédulité ; non, elle avait quelque chose de plus général et de plus élevé ; car on retrouve un mouvement semblable dans la philosophie opposée, dans la philosophie du clergé. L'abbé Bautain, le père Gratry tenaient énergiquement, pour leur part, à l'alliance de la philosophie et des sciences; ils y portaient sans doute beaucoup d'imagination et de mysticisme, et la science était entre leurs mains plutôt un symbole qu'une méthode ; mais, quel que fût l'usage qu'ils en fissent, ils n'en manifestaient pas moins à leur manière la tendance nouvelle, et ils prétendaient aussi avoir leur philosophie de la nature.

C'est d'ailleurs un préjugé de croire que la théologie est nécessairement portée à exagérer la séparation de l'esprit et du corps ; c'est le contraire qui est le vrai. L'excès du spiritualisme ne plaît nullement à la théologie ; c'est là même une des difficultés que Descartes eut à vaincre ; il parut faire la part trop grande à l'indépendance naturelle de l'âme et à sa suprématie spirituelle. Le platonisme n'a pas toujours été bien vu dans l'Église ; et c'est la philosophie d'Aristote qui a été généralement préférée. Les jésuites et l'école de Bonald se sont toujours opposés à la théorie des idées innées, théorie caractéristique de toute école idéaliste et spiritualiste. Tout ce qui affranchit l'âme relève trop l'orgueil humain. La théologie n'avait donc rien qui l'éloignât en principe d'une alliance avec les sciences de la nature, et l'un des savants qui ont poussé le plus loin dans ces derniers temps l'idée d'une explication purement mécanique de l'univers est le P. Secchi, de la Compagnie de Jésus.

L'école éclectique elle-même se trouva à son tour attirée sur le domaine de la philosophie scientifique. L'étude des rapports du physique et du moral, la nature du principe vital, l'examen des grandes hypothèses scientifiques sur lesquelles s'appuyait le matérialisme occupèrent les derniers venus de l'école, et les amenèrent à se rencontrer, sinon par les doctrines au moins par les questions, sur le domaine de la philosophie positive.

Tandis que les philosophes se trouvaient entraînés vers l'étude des sciences, les savants s'avançaient de leur côté sur le terrain de la philosophie. M. Claude Bernard, dans une *Introduction à la médecine expérimentale;* M. Berthelot, dans une grande préface à son traité de *Chimie organique fondée sur la synthèse;* M. Duhamel, dans son livre sur les *Méthodes dans la science de raisonnement;* M. Wurtz, dans un écrit récent sur la *Théorie des atomes dans la conception de l'univers;* MM. Longet, Vulpian, Gratiolet, etc., dans leurs ouvrages sur le système nerveux, ont été amenés à s'expliquer sur la logique, la métaphysique, la psychologie. Le mouvement, plus frappant encore, s'est manifesté à l'étranger. En Angleterre, Grove, Huxley, Tyndall, Carpenter; en Allemagne, Helmholz, Virchow, Wundt, etc., unissent à leurs profondes connaissances dans les sciences physiques une forte éducation philosophique. De grandes publications[1] nous ont mis au courant de tous ces travaux étrangers, et ont contribué pour leur part, à la nouvelle direction philosophique que nous signalons.

1. La *Revue scientifique* dirigée par M. Em. Alglave; la *Bibliothèque scientifique internationale;* la *Bibliothèque de philosophie contemporaine* (in-18 et in-8°).

Le fait général que nous venons de décrire suffit pour expliquer l'état de confusion où se trouve aujourd'hui la pensée philosophique. Il est incontestable qu'une invasion aussi subite et aussi considérable de faits nouveaux, d'inductions inattendues, de lois ignorées ou négligées a dû jeter pour un moment une sorte de désarroi dans les rangs des philosophes. Tout d'abord, les uns ont dû croire que le moment était venu de substituer le règne de la matière à celui de l'esprit : de là, la levée de boucliers des matérialistes que nous avons vue il y a quelques années. De l'autre côté, on s'est tenu d'abord sur la défensive; on a commencé par repousser les attaques; on a riposté, et aux arguments tirés de la matière, on a répondu par ceux qui se tirent de la contemplation de l'esprit. Mais bientôt on paraît avoir vu d'un commun accord qu'au lieu d'opposer sans cesse les deux mondes, le plus sage serait peut-être de les unir et de faire concourir à la fois les faits de la nature à expliquer les lois de la pensée, et les lois de la pensée à expliquer les faits de la nature. Mais par cette sorte de réconciliation, il s'en faut que tout soit résolu; tout, au contraire, est encore à faire, et le débat recommence comme auparavant : car dans quelle proportion et dans quel ordre fera-t-on concourir les deux éléments? on sait que c'est là le problème dans toute transaction ; on s'entend, mais à la condition de prendre chacun la bonne part et le haut du pavé. On voit assez combien de combinaisons diverses, combien de formes de pensée, combien de nuances délicates un tel travail de synthèse peut engendrer. De là ce caractère d'éparpillement et de fluctuation que nous avons signalé. Pour les uns, la philosophie ne sera que la résultante des sciences expérimentales ; pour les autres, elle demeurera la maîtresse en s'appropriant leurs données ; pour les uns, l'esprit ne sera que la plus haute expression, la combinaison la plus complexe des forces de la nature ; pour les autres, la matière ne sera que le plus bas degré de l'esprit. Les philosophes sévères, analytiques, précis, exigeront que l'on maintienne les distinctions nécessaires ; les ardents, les aventureux, les téméraires aspireront au plus haut degré possible d'identité et d'unité. Les natures religieuses et esthétiques coloreront leur philosophie du reflet de leur âme, et s'échaufferont de leur propre chaleur. Les esprits critiques fixeront des limites ; les ironiques se joueront de tout. Pour quelques-uns tout est preuve du spiritualisme ; pour d'autres, tout est objection ; les circonspects essaient de faire la part exacte à l'objection et à la preuve. Les transcendantaux absorbent les deux écoles rivales dans une conception qu'ils croient supérieure, mais qui, vue de près, revient toujours à l'une ou à l'autre. On confondra l'humain et le divin, ou on les séparera; on idéalisera le réel, ou on réalisera l'idéal. Dans cette complication extrême de problèmes qui s'entre-croisent, on se trouvera classé tantôt avec les uns, tantôt avec les autres; et comme l'on voit à certains moments, dans les États constitutionnels, les partis se désagréger et se réunir en nouveaux groupes selon les questions nouvelles qui se présentent, ainsi l'on peut dire que l'introduction des sciences dans la philosophie et de la philosophie dans les sciences a dû amener une sorte de dissolution provisoire et momentanée des anciennes écoles, et de nombreuses vues encore incertaines et confuses pour la formation d'un état nouveau.

Ces vues générales, confuses elles-mêmes comme l'état qu'elles décrivent, nous serviront d'introduction à l'étude de quelques écrits récents, et elles y trouveront leur vérification.

II

MM. COURNOT — NAUDIN — BOUTROUX

29 mars 1875.

Parmi les écrivains qui ont le plus contribué au rapprochement et à la réconciliation, plus ou moins volontaire, de la philosophie et des sciences, nous devons citer au premier rang M. Cournot. Savant lui-même, et mathématicien distingué, il est naturellement plus versé que la plupart des savants dans les questions philosophiques. Il a même en philosophie plus de connaissances précises et de compétence que n'en avait Auguste Comte. Il lui a manqué, pour exercer une certaine influence, d'avoir su condenser sa doctrine dans quelques formules brèves et larges, faciles à retenir et qui dispensent de penser : ce qui a été l'un des grands mérites de l'inventeur du positivisme. M. Cournot est un esprit fin et subtil ; il se plaît dans l'analyse plus que dans la synthèse ; il a des vues flexibles et onduleuses qui ne laissent pas facilement résumer ni dans un sens, ni dans l'autre. C'est un probabiliste qui n'admet pas la rigueur en philosophie, et qui enseigne que la philosophie a précisément pour objet ce qui n'est pas susceptible de rigueur. Sa pensée ne peut donc jamais être bien comprise qu'avec la nuance qu'il lui donne, et on risque toujours de la fausser en la résumant. C'est cependant ce qu'il essaie de faire lui-même dans l'écrit qu'il vient de publier sous ce titre : *Matérialisme, vitalisme et rationalisme*[1], où il a voulu, nous dit-il, condenser en un court volume tout son « système ». Mais il semble bien vite reconnaître combien un tel mot est ambitieux appliqué à une philosophie comme la sienne, et il la caractérise avec bien plus de justesse en disant de son nouvel ouvrage qu'il est plutôt « un discours sur la philosophie naturelle », au sens des Anglais, « qu'une philosophie de la nature au sens des Allemands ». Son livre est, en effet, beaucoup plus un discours qu'un traité. Il ne s'en dégage pas une idée générale bien nette ; mais il contient beaucoup

---

[1]. Paris, Hachette, 1875.

d'idées ingénieuses et quelquefois profondes.

Le titre n'en est pas heureux : car il ne répond pas au sens de l'ouvrage. Ces trois noms : matérialisme, vitalisme et rationalisme caractérisent en philosophie trois systèmes différents et semblent indiquer un examen critique de ces trois systèmes. Pour l'auteur, ce sont les trois étages de la réalité : la matière à la base, la vie au milieu, la raison au sommet. C'est altérer le sens des mots que d'appeler matérialisme la partie de la philosophie qui traite de la matière, tandis que pour tout le monde c'est le système qui réduit tout à la matière. L'auteur a sans doute voulu dire qu'il est matérialiste en physique, vitaliste en physiologie, rationaliste en idéologie : mais les deux dernières expressions excluent la première.

Laissons d'ailleurs cette dispute de mots, et recueillons dans chacune des parties de l'ouvrage de M. Cournot l'idée fondamentale qui la résume.

Dans la première partie, l'auteur s'attache à prouver deux vérités : l'une que la matière est la base « l'assise fondamentale, le support de toute l'architecture de la nature », que « les lois du monde physique sont ce qu'il y a de plus universel, de plus stable dans l'économie du monde » ; la seconde, c'est que la matière n'existe pas en tant que substance, au sens des métaphysiciens, c'est-à-dire en tant que sujet inerte, passif, immobile, qui se revêtirait de propriétés comme un homme de son manteau : la matière n'est que force ou composé de forces. On voit que l'auteur n'admet pas la fameuse antithèse de la matière et la force qu'invoquent les matérialistes : il n'y a pas de matière, en dehors et au delà de la force ; et les forces elles-mêmes ne sont à proprement parler que des « idées ». Car « ce qui s'ajoute à la pure géométrie pour composer la notion de matérialité, celle des agents et des lois physico-chimiques appartient à un ordre purement intelligible, aussi peu dépendant de la sensation qu'aucune vérité de quelque ordre que ce soit. » Ainsi ce que l'auteur appelle matérialisme pourrait tout aussi bien s'appeler idéalisme, et n'exprime d'ailleurs que la base de nos connaissances. Tel est le premier étage de la philosophie de la nature.

Au second étage commence la vie. L'auteur ici se déclare décidément vitaliste. Il maintient une distinction essentielle entre un système inorganique, qui n'est pas un « tout » mais un « bloc », et l'essence de l'organisme qui est un véritable tout, dont les parties concourent vers un but commun. Il se refuse d'expliquer « le supérieur par l'inférieur », suivant une expression empruntée à Auguste Comte ; au contraire, c'est l'inférieur qu'il faut expliquer par le supérieur. Il enseigne que la nature, en fait d'invention, « l'emporte sur le plus savant académicien, sur le mécanicien le plus ingénieux ». Il admet enfin un *nisus formativus*, c'est-à-dire une force organisatrice, une énergie formatrice, semblable à ce qu'Aristote désignait par le terme d'*entéléchie*, expression qui comprend à la fois et l'idée de but et l'idée de force.

Nous touchons ici à une difficulté qui, à la vérité, ne tombe pas sur l'auteur seul, mais sur laquelle enfin il ne s'explique pas. Cet élément nouveau de la réalité, le principe organisateur se ramène-t-il aux lois générales de la nature? ou bien est-ce un élément vraiment nouveau et tout à fait différent des conditions mécaniques qui le précèdent? Dans le premier cas, comment échapper au reproche d'expliquer le supérieur par l'inférieur? Dans le second cas, comment ce principe nouveau, cette force nouvelle se comprendrait-elle autrement que par l'action immédiate de la cause créatrice, c'est-à-dire par une intervention surnaturelle? Matérialisme ou surnaturalisme, tel paraît être le dilemme que présente inévitablement le problème de la vie. Cependant l'auteur se refuse à l'une ou l'autre de ces deux issues. Quel terme moyen a-t-il découvert? Quel moyen de conciliation a-t-il trouvé entre la physique qui nous enseigne que la quantité de forces dans l'univers est toujours la même, et la métaphysique qui veut l'introduction d'une force nouvelle pour expliquer la vie et la pensée ?

Le même problème se présente pour l'origine des espèces vivantes : et ici l'auteur, afin d'éviter le surnaturalisme, ne craint pas de prendre parti en faveur des théories transformistes, tout en se prononçant en particulier contre l'hypothèse de Darwin : mais c'est là un point sur lequel nous aurons tout à l'heure occasion de revenir en parlant d'un autre écrivain.

La partie la plus neuve et la plus importante de l'écrit de M. Cournot est celle qui est intitulée *Rationalisme;* mais c'est aussi la plus difficile à lire ; car l'auteur y fait usage, et c'est son droit, de ses connaissances mathématiques qui ne sont pas à la portée de tout le monde. Les philosophes y remarqueront une distinction entre l'idée de cause et l'idée de raison, une théorie très importante du hasard et une tentative de ramener toutes nos idées fondamentales à l'idée d'ordre. Au reste, pour comprendre ces théories dans tout leur sens, il faut recourir à un travail plus ancien, et beaucoup plus étendu, le premier ouvrage philosophique de M. Cournot, intitulé *Essai sur les fondements des connaissances humaines* [1].

---

1. Paris, 1851.

Après avoir fait sa part à la matière dans sa première partie, à la vie dans la seconde, à la raison pure dans la troisième, M. Cournot ne craint pas en terminant d'ouvrir quelques perspectives sur un ordre d'idées supérieur : c'est ce qu'il appelle le *transrationalisme* : « Y a-t-il quelque chose de supérieur à l'intelligence et à la raison ? Oui, dit-il, il y a quelque chose de meilleur et de préférable : il y a l'âme. » L'auteur s'élève avec quelque ironie contre les définitions scolastiques de l'âme ; et il a raison si elles ne sont que scolastiques. Néanmoins, si un de ces philosophes que l'on appelle spiritualistes se permettait de n'affirmer l'âme, comme le fait ici l'auteur, que comme synonyme d'honneur, de dévouement, de patriotisme, on lui aurait bien vite imputé de tomber dans « des lieux communs oratoires » ; on lui dirait que les raisons de sentiment ne valent rien en philosophie, et que toutes ces belles choses ne sont que des modes du système nerveux. Si l'âme est plus qu'un mot, plus qu'une métaphore littéraire, il faut bien qu'elle ait quelque fondement dans la nature des choses ; et les philosophes doivent avoir le droit, dans les conditions de rigueur que permet leur science, de chercher à la définir. Nous comprenons sans doute qu'un mathématicien habitué aux démonstrations les plus exactes ne soit pas toujours satisfait de celles des métaphysiciens. Est-ce une raison cependant pour se borner, quand il s'agit des intérêts suprêmes de l'humanité, à de simples considérations de sens commun ou de sentiment, du genre de celles que l'on traite avec le plus haut dédain, quand ce sont les philosophes qui les proposent ?

M. Cournot, comme étant à la fois savant et philosophe, a dû nous occuper le premier. Nous signalerons maintenant deux autres écrivains : l'un, qui est un pur savant, et que sa science conduit jusque sur les confins de la métaphysique ; l'autre, qui est un pur métaphysicien, et que la philosophie conduit jusqu'aux confins de la science. Le premier est un botaniste éminent, M. Naudin, membre de l'Institut, ayant publié récemment, dans le Bulletin de la Société de botanique, un très curieux mémoire *sur la Doctrine de l'évolution*. L'autre est un jeune philosophe de l'Université, M. Boutroux, auteur d'un travail très remarqué *sur la contingence des lois de la nature*.

M. Naudin était aussi autorisé que personne à donner son avis sur la grande théorie transformiste, puisqu'il en a été, de l'aveu même de Darwin, l'un des précurseurs. Celui-ci, en effet, dans son livre sur *l'Origine des espèces*, le cite parmi ceux qui lui ont ouvert la voie [1]. Dans son travail récent, M. Naudin revient sur la question. Il se déclare à la fois transformiste et antidarwiniste. Ses vues sur ce point sont la confirmation et la vérification de celles que M. Cournot, de son côté, a exposées et développées dans son livre. L'un et l'autre sont partisans de la doctrine des transformations brusques, et combattent les transformations lentes. Nous insistons naturellement sur l'opinion de M. Naudin, comme étant celle du savant compétent et autorisé en ces matières.

La première, c'est que l'on n'a pas à sa disposition un temps infini, comme se le persuadent les darwinistes. « Suivant les calculs les plus récents, dit M. Naudin, la durée *maximum* de la vie animale sur notre globe peut être approximativement évaluée à quelques dizaines, à une cinquantaine de millions d'années tout au plus, et les progrès ultérieurs de la science n'élèveront jamais cette estimation, mais tendront au contraire à la restreindre. » Or, cinquante millions d'années peuvent paraître un assez joli chiffre; mais en réalité il est absolument insuffisant pour expliquer la production de toutes les formes organiques, si on les suppose produites par des modifications insensibles. Ce ne sont pas des

---

1. C'est dans l'*Esquisse historique* qui précède l'ouvrage.

millions d'années, ce seraient des milliards de siècles qu'il faudrait [1].

En second lieu, l'erreur de Darwin, suivant M. Naudin, est d'entendre trop à la lettre et d'une manière trop matérielle le célèbre principe de Leibnitz, le principe de continuité. *Natura non facit saltus* ; soit ; mais Leibnitz lui-même a reconnu que les courbes, comme il le disait, avaient des « points de rebroussement » qui n'empêchaient pas la continuité. Certains degrés peuvent être traversés d'une manière plus ou moins rapide, et dans le secret de l'incubation, sans qu'il soit nécessaire de croire que tous les changements se font par degrés imperceptibles. Ces changements insensibles sont entièrement contraires à l'expérience ; et M. Naudin, qui a étudié si à fond les variations des espèces botaniques, est ici une puissante autorité : « Quand un changement même très notable se produit, dit-il, il survient brusque-

---

[1]. Dans certaines parties du continent américain, formées par des polypiers accumulés, on peut, suivant Agassiz, remonter jusqu'à 200,000 ans en arrière (Quatrefages, *Unité de l'espèce humaine*, 1861, ch. IV), et atteindre ainsi jusqu'au 250e de la durée totale de la vie sur le globe : or, si à cette profondeur d'antiquité, on n'a pu surprendre l'ombre même d'une variation, comment croire que 250 fois plus de temps peuvent avoir suffi pour traverser l'intervalle qui sépare la cellule primitive de l'humanité ?

ment dans l'intervalle d'une génération à l'autre. La fixation des variétés a pu demander du temps : mais leur apparition a toujours été subite. »

Selon cette doctrine, la variation a lieu dans le germe même, ou pendant la période d'incubation, et les circonstances extérieures, si souvent invoquées, le climat, le milieu, les habitudes n'ont que très peu d'importance : « Quand les espèces varient, elles le font en vertu d'une propriété intrinsèque et innée, qui n'est qu'un reste de la plasticité primordiale ; et les conditions extérieures n'agissent qu'en déterminant la rupture d'équilibre qui permet à cette plasticité de produire ses effets. » La *sélection naturelle* de Darwin, dans cette hypothèse, ne joue aussi qu'un rôle très secondaire. Les espèces tombent d'elles-mêmes, lorsqu'elles ont épuisé la quantité de force plastique qu'elles contenaient, comme elles naissent en vertu de cette même force. « Dans ma manière de voir, dit l'auteur, les faibles périssent parce qu'ils sont arrivés à la limite de leurs forces, et ils périraient même sans la concurrence de plus forts. » En un mot, le point de vue de M. Naudin (et il est fait pour plaire aux métaphysiciens), est de remplacer, dans la théorie de l'évolution, les causes extérieures, accidentelles, purement fortuites, par une force plastique interne qui d'un protoplasma primordial « tire les grandes lignes de l'organisation, puis les lignes secondaires, et descendant du général au particulier, toutes les formes actuellement existantes, qui sont nos espèces, nos races, nos variétés. »

M. Cournot, avons-nous dit, soutient aussi de son côté une théorie semblable. Il émet l'idée « d'une refonte » des types organiques par des forces « instinctives et non machinales », n'agissant qu'à des époques éloignées et ne laissant aucune trace de leur travail, *comme si la nature avait aussi sa pudeur*, et cessant d'agir après avoir épuisé leur action. C'est ce que M. Naudin appelle « une création par les causes secondes, » et M. Cournot « une genèse qui se concilie aussi bien qu'une création miraculeuse avec l'idée d'une cause suprême. » M. Naudin va jusqu'à prétendre que cette théorie n'a rien de contraire avec la théologie orthodoxe, et il croit la retrouver jusque dans la Bible. C'est aller bien loin; mais ces vues suffisent à prouver qu'on s'est trop hâté dans les écoles philosophiques de considérer telle hypothèse scientifique comme nécessairement contraire ou favorable à telle doctrine métaphysique. En fût-il ainsi, il faudrait sans doute en prendre son parti, et la vérité ne dépend pas de nos sympathies ou de nos antipathies; mais en réalité ces questions sont si complexes, si délicates et se prêtent à tant d'interprétations diverses, qu'il n'y a que les esprits lourds et grossiers qui puissent croire que les idées morales et religieuses soient réellement engagées dans de telles controverses.

L'écrit de M. Boutroux sur la *Contingence des lois de la nature* nous fait passer de la science à la métaphysique. Si l'école positiviste a cru en finir avec la métaphysique, elle s'est fait, il faut l'avouer, une singulière illusion. Ceux qui savent quelque chose du travail philosophique actuel, ne doivent pas ignorer qu'il se forme une jeune école de hardis métaphysiciens, trop hardis peut-être au dire de quelques sages que l'âge a rendus prudents, mais qui n'en mérite pas moins une sérieuse attention. Plus les positivistes combattent et proscrivent la métaphysique, plus nos jeunes métaphysiciens l'affirment au contraire avec audace, avec fermeté. Elle est pour eux la véritable science maîtresse, la science des sciences; elle ne reçoit pas de lois, elle en donne; c'est à sa lumière que tout s'explique; c'est par son esprit que tout vit. Sans doute la métaphysique ne doit pas se séparer des sciences; elle doit s'en approprier les résultats, mais en les dominant, les expliquant, les surpassant. C'est à cet ordre d'idées, à cette méthode, qui rappelle un peu la méthode allemande, mais avec plus de précision et de sobriété, que se rattache le travail de M. Boutroux, dont il nous reste à parler.

L'objet de ce travail est d'établir qu'il y a quelque chose de contingent dans la nature, et qu'à l'origine elle dérive de la liberté ; qu'à tous ses degrés ou étages, il y a quelque élément nouveau qui n'est pas la reproduction nécessaire de l'état précédent. Le métaphysicien s'accorde avec le savant, M. Boutroux avec M. Naudin, pour affirmer que la loi de continuité de Leibnitz ne doit pas s'entendre dans un sens matériel, comme si toute chose ne fût jamais qu'une répétition identique d'un même phénomène. Il y a à chaque étage de la nature une véritable addition : la conscience s'ajoute à la vie ; la vie s'ajoute à la matière ; et même dans la matière inorganique, les propriétés physiques qui constituent les corps s'ajoutent aux propriétés géométriques qui constituent la matière ; enfin la matière elle-même, avec ses propriétés géométriques, contient plus que la simple existence de quelque chose en général. Finalement, l'auteur ne reculant pas devant la synthèse la plus hardie, va jusqu'à montrer que l'être ou l'existence ne se déduit pas du possible, et que pour passer du possible à l'être, il faut une action effective qui, suivant lui, ne peut être qu'une action libre.

Mais, disent les physiciens et les mathématiciens, rien ne se crée, rien ne se détruit. Une même quantité de force, diversement modifiée, voilà l'univers. — Oui, sans doute, répond notre jeune métaphysicien, ce sont là les conditions physiques et mathématiques des choses; mais ce ne sont que des conditions : ce n'est pas l'être, ce n'est pas la vie, ce n'est pas la réalité. Qu'importe que dans tel bloc de marbre il y ait autant de matière, autant de force mécanique emmagasinée que dans l'Apollon du Belvédère : n'y a-t-il rien de plus dans l'un que dans l'autre? Une grande idée, une belle action peut être, physiquement parlant, égale, par la matière et la force dépensée, à une éruption de volcan; assimilera-t-on ces phénomènes les uns aux autres? L'auteur ne fait donc au fond que développer, avec une extrême subtilité, et aussi une certaine nouveauté de détail, la grande pensée de Pascal que l'homme est plus noble que l'univers, fût-il écrasé par lui, parce qu'il sait qu'il meurt. Mais il essaie de démontrer cette différence de dignité, et cet accroissement de valeur à tous les degrés de l'échelle de la nature. Il croit qu'il peut y avoir progrès ou décadence, accroissement ou dépérissement; en un mot, gain ou perte dans l'histoire de l'univers. S'il en est ainsi, le budget de la nature n'est pas une quantité immobile, où l'actif et le passif se compensent perpétuellement. L'élément permanent dans la nature n'est qu'une abstraction, une résultante ; au contraire, l'immobilité est impossible ; c'est le vide, c'est la mort, le néant, c'est la superficie des choses. Le réel est mobile, se modifie et se complète sans cesse ; tout passe d'un état à un autre ; mais chacun de ces états a sa valeur propre, et augmente ou diminue la valeur du tout.

Dans cette philosophie, l'indifférence des stoïciens, le quiétisme des mystiques, le nirvâna des bouddhistes, le désespoir des pessimistes sont formellement condamnés. Tout ayant un prix, il n'est pas indifférent d'agir ou de ne pas agir, de faire ceci ou cela, puisque tout phénomène a sa valeur propre, et peut être un gain ou une perte pour l'ensemble de l'univers. Les belles indifférences, les oisives contemplations, les ironies délicates, tout cela n'est plus que jeu puéril et superficiel. La vie devient une œuvre mâle et sérieuse ; elle est digne d'être vécue, *vita vitalis*, suivant la belle expression des anciens.

Nous traduisons dans la langue de la morale les conceptions toutes métaphysiques de l'auteur qui sont d'une nature trop ardue pour être présentées ici. Les conséquences de sa doctrine ne sont pas moins importantes pour la liberté. Si tout est addition ou perte dans l'univers, si l'indestructibilité de la matière et de la force n'est qu'une conception abstraite qui n'exprime qu'un point de vue des choses, mais non la réalité elle-même, la liberté n'est plus en contradiction avec la nature ; elle peut intervenir dans les phénomènes et y apporter une action propre nouvelle. La nature n'est plus une chaîne inflexible, où rien de nouveau ne peut s'introduire : c'est un réseau souple et flexible qui peut se relâcher ou se resserrer, et qui permet à la liberté d'y intercaler ses œuvres.

L'auteur a développé ces idées avec un grand talent de métaphysicien. La souplesse, la finesse, la subtilité sont les qualités dominantes de sa pensée : son style est du tissu le plus ferme, et il sait à l'occasion y joindre l'éclat. On peut lui reprocher de ne point assez discuter : défaut commun d'ailleurs à tous les métaphysiciens de la même école. Il n'y a pas une ligne de son œuvre qui ne soulève des difficultés, à côté desquelles il passe sans sourciller et sans s'émouvoir. Chez lui, le raisonnement est, si j'ose dire, unilatéral. Il ignore les objections et ne met pas assez sa propre pensée à l'épreuve, par la comparaison avec celle des autres. Cependant, selon nous, il n'y a pas de philosophie sans dialectique, sans examen du pour et du contre, sans interrogation contradictoire, *cross examination*, comme disent les Anglais. Quel mérite y a-t-il à avoir raison quand on pense tout seul? Tout en approuvant en grande partie les vues de l'auteur, nous eussions cependant voulu qu'il eût plus raison encore ; et que, par une discussion plus approfondie et plus développée, il eût écarté toutes les difficultés que son opinion ne peut manquer de soulever soit parmi les savants, soit parmi les philosophes qui se piquent de ne fonder leur philosophie que sur les données de la science.

Nous ne savons si nous obéissons à une prévention de métier, mais il nous semble que les travaux que nous venons de signaler témoignent d'une véritable activité d'esprit, et d'un travail énergique et fécond. La philosophie française ne peut sans doute se vanter de ces vastes publications dont s'enrichit chaque jour la philosophie anglaise, de ces grands et complets traités de psychologie, de logique, de métaphysique qui ont été accueillis chez nous avec une si grande faveur; mais ces grands ouvrages, d'un autre côté, sont bien longs, bien diffus, se répètent souvent, et ne sont pas toujours aussi originaux qu'on le pense. Chez nous, le travail est plus dispersé. Nous avouons qu'il serait à désirer qu'il se concentrât davantage dans quelques grandes œuvres. Néanmoins, la pensée est loin d'être endormie et stagnante, et le mouvement des idées n'est nullement interrompu. Nous serions plutôt tenté de croire à un progrès, et au risque de paraître trop optimiste, nous sommes plus porté à l'espoir qu'au découragement.

III

LA PHILOSOPHIE UNIVERSITAIRE [1]

15 octobre 1873.

La philosophie universitaire est entrée depuis quelques années dans des voies nouvelles. De jeunes talents se sont fait jour ; quelques tentatives intéressantes de synthèse spéculative ont été proposées ; une grande ardeur se manifeste dans la jeunesse laborieuse de notre École normale ; tout porte à croire que la philosophie universitaire, un moment éclipsée par les mesures réactionnaires de 1852,

---

1. I. F. RAVAISSON, *Rapport sur la philosophie en France au dix-neuvième siècle*. — II. J. Lachelier, *du Fondement de l'induction*. — III. Alfred Fouillée, *la Liberté et le déterminisme*.

aura bientôt repris sa force et son éclat. Nous voudrions faire connaître ce mouvement d'idées, qui, tout renfermé qu'il est dans l'enceinte de l'école, n'en est pas moins digne d'attention, et est appelé peut-être à exercer quelque influence sur les directions futures de la pensée dans notre pays. C'est toujours le spiritualisme qui est le fond de cette philosophie nouvelle, mais le spiritualisme rajeuni et transformé.

Le spiritualisme est-il une philosophie qui puisse se prêter au changement, au mouvement, au progrès, et qui soit susceptible de prendre des formes différentes sans se contredire et se détruire lui-même? C'est ce que ne paraissent pas croire bon nombre d'excellents esprits. Le spiritualisme, dit-on, est la vérité, et il n'y a qu'une seule vérité. Admettez-vous Dieu, l'âme, la liberté, la vie future, vous êtes spiritualiste; si vous ne les admettez pas, vous ne l'êtes pas. Il n'y a pas de milieu. Il n'y a de choix possible qu'entre le oui et le non, le vrai et le faux; on ne peut varier que pour se tromper. Cependant, si au lieu de s'abandonner à ces décisions tranchantes, on étudie l'histoire de la philosophie, on voit aussitôt que le spiritualisme, dans tous les temps, s'est présenté sous les formes les plus libres et les plus variées. Au contraire, on peut dire que c'est le matérialisme qui est immobile, et qui n'a jamais revêtu qu'une forme, toujours la même. Toutes les grandes idées, toutes les vues originales sur la nature des choses, appartiennent à ces philosophes qui plus ou moins relèvent de la pensée spiritualiste largement entendue. Sans remonter jusqu'à l'antiquité, où, de Socrate à Plotin, toutes les plus grandes écoles sont inspirées de cet esprit, nous trouvons au xviie siècle en particulier la démonstration éclatante de cette libre fécondité dans le sein d'une même pensée générale. Descartes, Leibniz et Malebranche appartiennent tous trois, sans aucun doute, au type de la philosophie spiritualiste. Ce sont là cependant trois systèmes de philosophie, non seulement différents, mais même opposés. Le dualisme de Descartes, le dynamisme de Leibniz, l'occasionalisme de Malebranche sont trois hypothèses séparées par les traits les plus accusés, et qui se jouent librement dans le champ d'une croyance commune.

Comment enfin refuserait-on une telle liberté à la philosophie lorsqu'on l'accorde à la théologie elle-même? Sans sortir du catholicisme et du xviie siècle, ce siècle d'autorité et de foi , quelles différences entre le christianisme de Bossuet, celui de Fénelon et celui de Pascal, entre le solide éclectisme de l'un, le quiétisme de l'autre, le jansénisme du troisième! — Un seul est orthodoxe, dira-t-on : c'est Bossuet (et encore jusqu'à quel point?). — Mais, en théologie, il y a une autorité qui fixe le dogme; qui décidera en philosophie entre les spiritualistes réguliers et ceux qui ne le sont pas? On ne s'étonnera donc pas que, dans la philosophie spiritualiste contemporaine, il se soit manifesté une tendance au mouvement, à la nouveauté, à la liberté de spéculation, plus accusée que dans les temps qui avaient précédé. Le champ de la doctrine s'est agrandi et élargi, au risque d'aller quelquefois se confondre avec des doctrines voisines, mais différentes. Cette pensée transformée et rajeunie, mais quelquefois raffinée et téméraire, et poussant la liberté jusqu'à l'audace, a pu légitimement éveiller certains scrupules et provoquer de sages réserves. De quelque manière qu'on la juge, on ne peut que se réjouir de voir la philosophie universitaire rentrer dans les grandes voies de la libre métaphysique, et attester sa vitalité par des œuvres nobles et fortes, et par un enseignement puissant.

Est-il bon qu'il y ait une philosophie d'université, une philosophie d'école? C'est ce que nous n'avons pas à examiner ici. Le fait est qu'une telle philosophie existe partout, avec plus ou moins de liberté, et que partout aussi elle a affaire avec une orthodoxie jalouse qui la suspecte et une philosophie révolutionnaire qui l'insulte [1]. Prenant donc le fait comme il est, nous essaierons d'expliquer par quelles phases diverses et par quels degrés a passé le spiritualisme universitaire, depuis ses premiers représentants jusqu'à l'époque actuelle, par quels liens nos nouveaux philosophes se rattachent à leurs ancêtres et par où ils s'en séparent.

Ce serait une grave erreur de croire que la doctrine universitaire ait toujours présenté ce caractère d'unité, de fixité, de sévère orthodoxie que l'on s'est accoutumé à lui imputer. L'expression même d'*école spiritualiste* était, à l'origine, assez rarement employée; l'école, à ses débuts, s'appelait elle-même l'*école éclectique*, expression plus compréhensive que la précédente. Dès les premières origines de cette école, on y découvre deux tendances différentes : l'une plus spéculative, inclinant vers l'Allemagne, l'autre, plus modeste et tout expérimentale, inclinant vers l'Écosse. De 1820 à 1830 M. Cousin a penché évidemment du côté de l'alexandrinisme et de l'hégélianisme. Jouffroy au contraire poussait la circonspection métaphysique jusqu'à un point qui dans un autre temps aurait pu le faire accuser de positivisme. Lorsqu'il disait par exemple

[1]. Voyez, par exemple en Allemagne, le pamphlet sanglant de Schopenhauer sur la philosophie d'université (*Uber die Universitäts-Philosophie*).

que le problème de l'âme est « un problème prématuré, » lorsqu'il distinguait « les questions de fait et les questions ultérieures, » il n'avait pas un grand chemin à faire pour déclarer que ces questions ultérieures et prématurées étaient en réalité des questions insolubles. Une grande liberté a donc signalé les origines du spiritualisme contemporain.

Ce n'est qu'à partir de 1830 que l'école nouvelle prit décidément la direction de l'enseignement universitaire. C'est de 1830 à 1840 qu'elle s'est constituée à titre de philosophie officielle, de philosophie d'État. On a beaucoup attaqué l'enseignement philosophique de l'école éclectique; mais selon nous avec aussi peu de justesse que de justice. N'oublions pas qu'il s'agissait de constituer pour la première fois en France un enseignement laïque de la philosophie : car jusqu'à 1789, l'enseignement avait toujours été entre les mains du clergé; et la Restauration avait tout fait pour renouer cette tradition. L'Université, après 1830, appartint décidément à l'influence laïque. Il pouvait en résulter de graves dangers au point de vue de la philosophie; car il fallait ménager les consciences; et l'on ne doit pas oublier que l'Université avait alors le monopole, ce qui devait la rendre encore plus circonspecte et respectueuse des droits d'autrui. Dans ces conditions, obtenir d'abord une indépendance absolue à l'égard de la théologie, était déjà un point capital : or ce point fut conquis. La philosophie fut sécularisée. Aucune condition confessionnelle ou dogmatique ne fut imposée ; la philosophie put être ouvertement rationaliste, sinon dans les cours élémentaires, au moins dans les écrits et dans les œuvres ; et la plupart des philosophes de cette époque appartenaient à la libre pensée la plus décidée. Si nous considérons maintenant le corps de doctrines dont se composait l'enseignement, nous verrons qu'il s'était formé de la manière la plus naturelle et la plus sage. Il se composait en effet de la psychologie écossaise à la base et de la métaphysique cartésienne au sommet. La psychologie expérimentale, la psychologie écossaise représentait alors l'esprit moderne, l'esprit nouveau. C'était l'esprit d'observation substitué à la méthode déductive du moyen âge : là aussi pouvait se déployer pour les professeurs l'esprit de liberté, car la méthode était nouvelle ; l'école écossaise était peu scientifique dans la forme, peu systématique dans ses expositions : il pouvait y avoir lieu à mieux lier, mieux coordonner les parties de la science, à perfectionner l'analyse et à fortifier la théorie : on y mêlait d'ailleurs une partie de la critique kantienne, toute celle qui concerne l'origine des principes à priori. Mais il fallait conclure : car on n'a jamais pu constituer l'enseignement de la jeunesse sur le scepticisme : il faut qu'un enseignement philosophique se couronne par une métaphysique. Or quelle métaphysique à la fois plus pure, plus élevée, plus digne d'être présentée à de jeunes imaginations que la métaphysique de Platon et celle de Descartes combinées ; l'une plus poétique, plus idéale, plus faite pour exciter l'enthousiasme ; l'autre plus sévère, plus abstraite, plus satisfaisante pour la raison scientifique. Ce que l'on a appelé les liens communs de l'école éclectique étaient les plus belles pensées de Platon, de Descartes, de Fénelon, de Malebranche et de Leibniz appropriées à l'âge et à l'intelligence d'un jeune auditoire. Tel fut l'enseignement universitaire de 1830 à 1852, époque où une réaction sans lumières le brisa comme un organe d'anarchie, jusqu'à ce que les écoles révolutionnaires l'aient dénoncé comme un instrument de servitude.

Il faut le reconnaître cependant, la nécessité d'approprier la philosophie à l'enseignement d'une part, de l'autre le goût et la passion des recherches historiques alors nouvelles, enfin la crainte des excès qui entraînaient d'un côté l'Écosse vers le scepticisme et l'Allemagne vers le panthéisme, avaient eu pour effet d'affaiblir quelque peu l'esprit de liberté spéculative qui avait signalé les débuts de l'école sous la Restauration. C'était le temps du juste milieu en tout. La philosophie d'alors se laissa gagner à son tour par cette sagesse commode qui consiste à éviter les excès et les périls, en supprimant les problèmes, en évitant les recherches : elle devint exclusive, négative, réfutative : enfin elle se renferma de plus en plus dans les limites d'un spiritualisme sage et correct, se mettant d'accord le plus possible avec le sens commun et les croyances de la religion naturelle. C'est vers ce temps qu'elle laissa tomber en désuétude son nom primitif d'école éclectique pour prendre le nom et porter le drapeau de l'école spiritualiste.

Cependant un fait nouveau et important allait donner à cette école un caractère plus sévèrement philosophique et lui fournir une base plus solide que ne l'étaient les principes un peu vagues de l'éclectisme : ce fut la découverte et la publication des écrits de Maine de Biran. L'idée fondamentale de ce grand penseur est que l'âme n'a pas seulement conscience des phénomènes qui se passent en elle, mais qu'elle a conscience d'elle-même considérée comme force, c'est-à-dire qu'elle sent en elle-même un pouvoir supérieur aux phénomènes et capable de les produire, un pouvoir qui subsiste un et identique à lui-même dans la variabilité de ses effets. Dans cette idée, l'école spiritualiste crut trouver un principe qui lui permettait d'échapper à la fois à l'empirisme et au panthéisme, — à l'empirisme, puisque la conscience atteignait quelque chose au delà des phénomènes, — au panthéisme, puisque la conscience d'une force individuelle et personnelle ne semblait pas pouvoir se concilier avec l'unité de substance. Telle était l'idée que M. Félix Ravaisson exprimait en 1840 dans un travail sur M. Hamilton [1] que M. Vacherot développait dans un mémorable article du *Dictionnaire des sciences philosophiques*. Telle fut l'idée qui fit le fonds de l'enseignement philosophique de l'École normale depuis 1840 jusqu'à nos jours. Sainte-Beuve, ordinairement si bien informé, s'est trompé lorsqu'il a cru que l'influence de Biran était toute récente dans l'Université. Rien de moins exact. Le dynamisme leibnizien et biranien a été, je le répète, toute la philosophie universitaire à partir de 1840. L'enseignement d'Émile Saisset à l'École normale était essentiellement biranien, et sous son influence la philosophie de Leibniz prévalait sur celle de Descartes [2].

---

1. Voyez *Revue des Deux Mondes*, 1ᵉʳ novembre 1840.
2. Dans cet ordre d'idées, nous devons signaler le remarquable ouvrage *la Science et la Nature*, dans lequel l'auteur,

Aux yeux du public mal informé, Saisset n'était autre chose que le disciple le plus fidèle de M. Cousin. En réalité, avec une circonspection trop étudiée, caractère et défaut de son talent, il représentait une tendance différente et très personnelle. M. Cousin en effet, tout en admirant beaucoup Maine de Biran, qu'il appelait « le plus grand métaphysicien du siècle, » n'a jamais fait qu'une part assez faible à ses idées. Il n'a jamais admis par exemple ce qui était la doctrine d'Émile Saisset, et plus tard de tous ses disciples dans l'Université, que toutes nos idées métaphysiques, cause, substance, unité, identité, durée (sauf l'idée d'absolu), doivent leur origine à la conscience et non à la raison pure. Quant au dynamisme leibnizien, M. Cousin s'en défiait beaucoup, et lui préférait le dualisme de Descartes ; quoique, toujours fidèle à l'éclectisme, il cherchât à marier l'un avec l'autre. Sur ce point encore, l'enseignement d'Émile Saisset était plus hardi que celui de son maître, et il inclinait fort à confondre la matière avec la force. Enfin il tenait également de Leibniz sa doctrine du temps et de l'espace, et celle d'une création éternelle et infinie, doctrine grave

M. Magy, l'un des élèves d'Émile Saisset, a développé avec originalité le point de vue du dynamisme. Voir plus loin : *M. Magy et la philosophie dynamiste*, c. IX.

qui l'entraîna plus tard à une controverse intéressante avec M. Henri Martin (de Rennes).

Si j'ai insisté quelque peu sur le rôle philosophique d'Émile Saisset à l'École normale, c'est que ce rôle a été trop oublié et trop effacé, et qu'il appartient à l'un de ses plus fidèles élèves et amis de lui faire la part juste qu'il mérite, et qui ne lui a pas été faite; mais je ne dois pas oublier que dans le même temps et sous une forme plus libre, plus vive, plus facile, M. Jules Simon professait des doctrines analogues, seulement avec une certaine nuance d'alexandrinisme. C'est ainsi qu'il enseignait le dogme de l'incompréhensibilité divine, dogme qui eût pu l'entraîner assez loin, si le temps eût été favorable alors aux hardiesses critiques, comme il le fut quelques années plus tard.

Nous ne pouvons parler que par ouï-dire de l'enseignement des différents maîtres qui avaient précédé MM. Jules Simon et Émile Saisset à l'École normale, à savoir MM. Damiron, Adolphe Garnier et Vacherot; mais nous les avons assez connus personnellement et par leurs écrits pour savoir que M. Damiron introduisait dans son enseignement une nuance de religiosité et un sentiment moral très touchant, que M. Adolphe Garnier y donnait l'exemple de la plus fine analyse psychologique, que M. Vacherot enfin, non encore dégagé complètement de l'orthodoxie de l'École, jetait cependant dès lors des regards hardis sur le monde idéal et spéculatif, qui l'attirait puissamment.

Nous arrivons au moment où la philosophie universitaire allait recevoir à la fois un double assaut, et, frappée en même temps de droite et de gauche, sombrer pendant quelques années, comme il arrive trop souvent en France aux causes raisonnables et tempérées. Une opposition intérieure grandissait qui devait miner peu à peu l'édifice si habilement construit par le savant organisateur de la philosophie universitaire. Dans le sein même de l'École normale, jusque-là si pacifique et si docile, des générations nouvelles portées par un autre souffle venaient étonner et inquiéter l'enseignement spiritualiste. M. Taine, à peine sorti des bancs du collège, se montrait déjà chef d'école et embrassait l'orthodoxie sévère de ses maîtres par les objections d'une critique acérée et mordante; M. About déployait son ironie voltairienne, M. Prévost-Paradol son noble, mais froid spinozisme. Chacun obéissait aux pentes de son esprit; mais tous, ou du moins les plus distingués, se déclaraient rebelles à la philosophie de Cousin, de Jouffroy, de Maine de Biran : on trouvait l'une trop théâtrale, l'autre trop modeste, la dernière trop abstraite et trop subtile. En même temps, la sagesse aveugle des grands politiques, qui, suivant Platon, ne savent jamais ce qu'ils font, secondait de son mieux ce mouvement révolutionnaire en frappant la libre pensée dans M. Vacherot, dans Amédée Jacques, en donnant aux hardiesses philosophiques le prestige de la persécution. Bientôt, après les événements de 1852, l'une des deux chaires de l'École normale fut supprimée, l'agrégation de philosophie abolie, l'enseignement réduit à la logique. Tout effort pour lutter contre le courant critique, positiviste, panthéiste, qui allait devenir la philosophie dominante sous l'Empire, fut désarmé et étouffé d'avance. Quiconque avait l'esprit libre était précipité dans la négation et le scepticisme, tant on avait fait d'efforts pour donner à la vérité l'apparence de la contrainte. Tout milieu éclairé entre la foi et le doute fut discrédité et découragé, et l'on sema l'athéisme dans l'intérêt de la religion.

Pendant ce temps de misère intellectuelle, l'enseignement philosophique de l'École normale dut perdre toute son importance. La section de philosophie n'existait plus ou n'était plus qu'une annexe généralement négligée. Cependant cette époque même n'a pas été stérile, puisque c'est elle qui a fourni à l'Université M. Lachelier, l'un des maîtres nouveaux qui sont l'objet de cette étude.

En France, les réactions sont vives, mais elles

durent peu, tant il y a de ressort dans notre race, tant nous sommes incapables de dormir longtemps en silence. Avant même les réformes de M. Duruy, et dès 1857, la philosophie fut réveillée à l'École normale par l'enseignement jeune, brillant, aimable, excitateur, de M. Caro, tempéré lui-même par l'enseignement plus sévère et plus didactique de M. Albert Lemoine. Sous ces deux guides diversement remarquables et dont les qualités se mariaient heureusement, les traditions de Cousin et de Jouffroy furent renouées et rajeunies : une nouvelle génération de maîtres distingués fut acquise à l'Université. Dans cette période, ce fut encore le spiritualisme de Jouffroy et de Biran qui inspira les maîtres et les disciples, associé chez quelques-uns au sentiment chrétien, de la nuance tendre et raffinée que représentait naguère parmi nous le regrettable père Gratry.

C'est en 1863, à l'époque où M. Duruy rétablissait l'agrégation de philosophie, service que les amis de la pensée libre ne doivent jamais oublier. c'est alors, dis-je, qu'apparaît l'origine du mouvement que nous avons maintenant à étudier. C'est dans cette agrégation que se manifestèrent les talents nouveaux qui dirigent aujourd'hui l'enseignement philosophique de l'École normale, et qui sont appelés à exercer une grande influence sur l'avenir de la philosophie universitaire. Mais pour bien comprendre ce nouveau mouvement, il faut retourner en arrière et remonter un peu plus haut.

Parmi les écrivains philosophes qu'avait suscités l'initiative ardente de M. Cousin, il en était un, des plus distingués, que l'opinion plaçait dans son école, mais qui lui-même s'en tenait à distance, et ne se comptait pas au nombre des disciples de l'école éclectique. C'était le savant et profond auteur de l'*Essai sur la métaphysique d'Aristote*. Ce travail tout historique ne paraissait pas devoir indiquer un chef d'école; quelques pages d'un grand caractère, mais rapides et obscures, formant la conclusion de l'ouvrage, laissaient à peine entrevoir à quelle direction philosophique l'auteur appartenait. Mais l'esprit souffle où il veut. Ces quelques pages suffirent pour enflammer l'esprit et l'imagination d'un jeune philosophe, M. Lachelier, que bientôt un commerce philosophique plus intime devait unir au maître. Plus tard, M. Ravaisson donna un développement plus large et plus riche à ses idées dans son *Rapport sur la philosophie au XIXe siècle*, travail original et brillant qui excita une vive admiration dans la jeune université. Enfin, président de l'agrégation de philosophie, comme l'avait été M. Cousin, il exerça naturellement et sans effort une grande influence sur de jeunes esprits, qui durent se teindre et s'imprégner de ses couleurs. Cette influence au reste était d'une nature toute différente de celle qu'a si longtemps exercée M. Cousin. Celui-ci était un esprit excitateur, mais dominateur. Il enflammait, mais il gouvernait. M. Ravaisson a une action moins directe et moins vive; en revanche il n'est pas à craindre avec lui que l'influence dégénère en domination. Il agit, s'il est permis de le dire, comme le dieu d'Aristote, qui meut tout, en restant tranquille. Un tel gouvernement philosophique, si cette expression peut convenir à une action tout intellectuelle, se concilie avec la plus entière liberté. Son disciple M. Lachelier, n'a recueilli sa pensée que pour la transformer et la subtiliser, et peut-être aussi, selon les lois d'une logique nouvelle, la changer en son contraire. Un autre penseur, venu quelque temps plus tard, s'étant formé tout seul et ne relevant que de lui-même, M. Alfred Fouillée, entrait dans des voies analogues, et se rencontrait avec les philosophes précédents plutôt qu'il n'en subissait l'action.

Tout cela, à vrai dire, était beaucoup plus confus que nous ne le disons ici. Il n'y avait pas d'école proprement dite, il y avait plutôt une tendance commune, avec de grandes différences, plutôt un esprit général que des doctrines définies, plus de souffle spéculatif, plus de libéralisme métaphysique, plus de mysticisme dans le sentiment, plus de poésie dans l'expression, plus de subtilité et d'obscurité dans la pensée. Chacun de ces philosophes a ses pensées propres qu'il serait assez difficile peut-être de réduire à un même système, dominées cependant par une maxime commune et fondamentale : c'est que l'explication suprême doit être cherchée dans ce qui est le plus élevé et non dans ce qui est inférieur : c'est que le fond des choses est l'esprit, la pensée, la liberté, et non la matière, qui, malgré le cri des sens aveuglés, n'est que l'ombre et l'apparence de la réalité. Telle est au fond la pensée fondamentale et commune : quant aux pensées propres et particulières de ces trois penseurs, MM. Ravaisson, Lachelier et Fouillée, nous les étudierons séparément dans les trois chapitres suivants.

IV

M. RAVAISSON

La philosophie de M. Ravaisson a été dans la *Revue des Deux Mondes* l'objet d'un travail approfondi, dû à la plume savante et autorisée de M. Vacherot[1]. Nous n'y revenons que pour signaler le point de départ du mouvement philosophique plus jeune et plus récent que nous voulons étudier. Cette philosophie, à vrai dire, se compose plutôt de vues brillantes et profondes, jetées en phrases courtes et abruptes, d'une manière à la fois fière et nonchalante, que de doctrines rigoureusement définies, sévèrement liées, abondamment développées. La discussion, l'analyse, l'exposition des

---

[1]. Voyez la *Revue* du 15 juin 1868.

conséquences, la détermination précise des idées, en un mot tout ce qu'on appelle dans l'école les procédés discursifs, y sont subordonnés ou même sacrifiés à la méthode synthétique et intuitive. L'auteur voit et affirme : à vous de voir comme lui ; mais, à défaut de dialectique, l'éclat et la force de la pensée, la beauté de l'expression, la noblesse de l'émotion philosophique, subjuguent et captivent. La pensée générale est obscure et se prête difficilement à l'analyse. On est sur les confins de toutes les philosophies, sans savoir précisément à laquelle on a affaire. N'était la langue sévère, quelquefois même ardue de l'auteur, on serait tenté de dire qu'une telle philosophie appartient plutôt au domaine de la poésie qu'à celui de la science. Ce qu'on ne peut lui refuser, c'est de s'emparer fortement de l'imagination. Les esprits nets et exacts ont de la peine à entrer dans cette manière de penser et de dire ; mais ils sont les premiers à en subir le prestige.

Autant qu'on peut résumer une pensée flottante et légèrement nuageuse, nous croyons pouvoir dire que toute la philosophie de M. Ravaisson est dominée par la distinction fondamentale, empruntée à Aristote, de la matière et de la forme, — la matière correspondant à peu près à ce que dans les écoles modernes on appelle la substance, et la forme à ce qu'on appelle les attributs ; mais, tandis que dans la philosophie moderne la substance ou *substratum* semble être le fond même de la réalité et l'être vrai, pour Aristote au contraire et pour M. Ravaisson c'est dans la forme, dans l'essence, c'est-à-dire dans les attributs de l'être, qu'est la réalité proprement dite. Qu'importe en effet que le Jupiter olympien soit en marbre ; ce n'est pas là ce qui en fait la beauté, sa beauté est dans la forme dont il est revêtu, et cette forme est la figure d'un dieu. La matière n'est donc que la condition de la réalité, elle n'en est pas le fond. Plus il y a de réalité dans les choses, moins il y a de matière, et dans l'absolue réalité toute matière, c'est-à-dire toute substance, doit s'évanouir. D'après ces vues tout aristotéliques, M. Ravaisson tend à supprimer en philosophie la notion de substance, c'est-à-dire du *substratum* mort et nu, auquel viendraient s'ajouter comme accessoires les attributs des choses.

On comprend de quelle valeur pourrait être une telle vue, si elle était expliquée, défendue et développée. Toute l'importance du matérialisme par exemple réside dans l'importance, exagérée peut-être, qu'a prise en philosophie la notion de substance. Supprimez cette notion, et le matérialisme n'a plus de fondement ni de raison d'être ; mais précisément parce que cette négation de l'idée de substance est fondamentale, on voudrait la voir établir sur des raisons précises et fortement démontrées. Au contraire ce n'est qu'en passant, et par quelque parenthèse hardie et décisive, que notre philosophe écarte l'idée de substance; mais ne lui demandez aucune discussion sur ce point. Est-ce même là un des points essentiels de sa doctrine philosophique, ou l'une de ces vues conjecturales que les philosophes hasardent quelquefois, sans se soucier de ce qu'elles deviennent? C'est ce qu'on ne saurait décider. Les maîtres de la philosophie ne se contentent pas de jeter ainsi des idées; ils les prouvent par des raisons propres, ils les défendent contre les objections par des arguments précis; ils en développent les conséquences par une analyse féconde. Prouver, discuter, développer, telles sont les trois conditions essentielles d'une méthode rigoureusement philosophique. J'avoue qu'avant de faire usage de ces procédés, il faut être capable de penser, et la philosophie de M. Ravaisson est nourrie de pensées; mais ce ne sont que des matériaux, matériaux précieux qu'il ne daigne pas tailler lui-même et qu'il abandonne avec une belle indifférence à leur incertaine destinée.

J'en dirai autant d'une autre idée que M. Ravaisson emprunte encore à Aristote et qu'il avance même en passant. Comme Aristote, il distingue la cause efficiente et la cause finale; comme lui, il accorde à celle-ci une très haute importance en philosophie; il va même jusqu'à affirmer que les causes efficientes, au fond, se réduisent aux causes finales, et que celles-ci sont les seules causes véritables. On voit ici encore la gravité d'une telle doctrine. Tandis que les autres écoles contemporaines, s'appuyant ou prétendant s'appuyer sur les sciences positives, tendent à écarter la cause finale de la science et de la métaphysique comme un préjugé suranné, ce serait évidemment de belle guerre de reprendre l'offensive, et, creusant plus avant dans la pensée de nos adversaires qu'ils ne le font eux-mêmes, de leur démontrer que ce qu'ils appellent cause efficiente n'est en réalité que la cause finale de même que ce qu'ils appellent matière n'est en réalité que force et esprit. Rien ne serait plus important, à la condition qu'au lieu d'une assertion nous eussions une démonstration, et c'est toujours ce qui fait défaut. Ce sont là des vues plutôt que des théorèmes. On peut penser les choses de cette manière, si on le veut; mais on n'est pas forcé de les penser ainsi. Encore une fois, j'accorde que la dialectique n'est pas toute la philosophie, et même que le penseur est supérieur au dialecticien; mais il faut être à la fois l'un et l'autre. La philosophie se compose de pensées et d'arguments. Les arguments sans pensées, comme dans la scolastique, sont « vides ; » mais les pensées sans arguments sont « aveugles, » pour emprunter à Kant la distinction célèbre qu'il applique à l'union nécessaire des concepts et des sensations.

Quoique le fond des idées de M. Ravaisson soit emprunté au péripatétisme, on peut dire que c'est un péripatétisme modifié et transformé par l'influence de Descartes, de Biran et même de Schelling. C'est la philosophie d'Aristote, spiritualisée en quelque sorte par le contact de la philosophie moderne. Le caractère général de cette philosophie depuis Descartes est de se placer au point de vue subjectif, au centre même de la conscience, dans la perception du moi. M. Ravaisson admet hautement cette pensée fondamentale ; c'est dans la conscience que l'esprit a de lui-même qu'il trouve le type de toute réalité. Il insiste surtout sur cette pensée de Biran, que l'âme saisit en elle non pas seulement ses phénomènes, mais son être même, sa causalité, et si l'on pouvait admettre la notion de substance, sa substantialité. Il va même bien plus loin que Maine de Biran, et tandis que celui-ci limitait à notre activité personnelle le domaine de la conscience, et ne nous mettait en communication avec le divin et l'absolu que par une sorte d'illumination mystique, M. Ravaisson hasarde cette pensée peut-être téméraire, mais profonde, — que l'âme, en prenant conscience d'elle-même, prend conscience de l'absolu. C'est Dieu même que nous sentons en nous, suivant la doctrine de l'apôtre, *in Deo vivimus ;* et la nature, comme nous-mêmes, est pleine de Dieu, πάντα πλήρη Θέων, πλήρη ψύχης.

Comme l'a déjà fait remarquer avec sagacité M. Vacherot, le spiritualisme de M. Ravaisson et de ses disciples prend le problème tel que le posent les matérialistes, mais en sens inverse. Tandis que ceux-ci expliquent tout par la dernière matière, ceux-là expliquent tout par la dernière forme. Pour les uns, les formes supérieures ne sont que des combinaisons des inférieures; pour les autres, les inférieures ne sont que des degrés des supérieures. La nature, dans l'une ou l'autre hypothèse, est donc une échelle de formes graduées, passant de l'une à l'autre par un progrès continu; mais ce progrès n'est pour les uns qu'une complication d'accidents fortuits : pour les autres, c'est une ascension vers le meilleur. Les forces physiques et chimiques, la vie, l'instinct, l'activité, l'amour, la liberté même, ne sont que des apparitions successives de cette spontanéité universelle dont la source est en Dieu. Le matériel est déjà spirituel, le spirituel est déjà divin. L'âme et Dieu sont des objets d'expérience intérieure : ce sont des faits. C'est pourquoi M. Ravaisson appelle sa doctrine un spiritualisme positif, et il oppose cette doctrine à ce qu'il appelle le demi-spiritualisme de l'école éclectique, accusant d'une manière très tranchée et quelque peu hautaine sa séparation d'avec cette école, et paraissant avoir particulièrement à cœur de ne pas se laisser confondre avec elle.

Certains esprits timorés pourraient reprocher aux vues précédentes de côtoyer de très près le panthéisme, de si près même que parfois on croit y être ; mais nous sommes d'avis de ne pas abuser de ce spectre du panthéisme qui finit par paralyser toute philosophie. A force de ne voir plus que des trappes autour de soi, on n'ose plus ni parler, ni penser ni bouger. Exprimez-vous sincèrement quelques doutes, comme le faisait Socrate, vous êtes un sceptique. Accordez-vous quelque chose aux sciences de la matière, vous êtes un matérialiste. Essayez-vous de concilier le déterminisme et la liberté, vous êtes un fataliste. Voyez-vous Dieu en toutes choses, vous êtes un panthéiste. En vérité, cette perpétuelle évocation des mauvaises doctrines est quelque chose d'irritant, et finirait presque par vous en donner le goût, comme en politique on deviendrait révolutionnaire à force d'entendre perpétuellement dénoncer par un fanatisme absurde la révolution.

Il est permis d'ailleurs de rappeler ici une distinction solide et profonde d'un philosophe allemand, Krause, entre le panthéisme et ce qu'il appelle le *panenthéisme*. Autre chose en effet est dire que tout est Dieu (ἓν καὶ πᾶν), autre chose de dire : tout est en Dieu (πᾶν ἐν Θέῳ). M. Ravaisson est donc un panenthéiste ; mais rien n'autorise à croire qu'il soit un panthéiste ; et pour nous, nous le suivons, sans grand scrupule, sur ce terrain glissant. Ce n'est pas là, c'est sur un autre point que nous sommes tenté de lui faire une querelle. Ce que nous lui reprochons sérieusement, c'est la persistance froide avec laquelle il écarte ce qu'il appelle le demi-spiritualisme, c'est-à-dire tout ce qui, de près ou de loin, touchait à l'école éclectique. Nous ne pouvons approuver cette prétention systématique à se séparer d'une école à laquelle on tient par tant de côtés. Et pourquoi ces séparations, je vous le demande ? Est-ce donc le temps de former des petites églises ? N'est-ce pas mettre les intérêts d'une petite philosophie particulière au-dessus des intérêts généraux du spiritualisme ? Pour nous, rien de plus contraire à nos propres tendances, et aux directions que nous avons toujours essayé dans la mesure de nos faibles forces d'imprimer aux recherches philosophiques de nos élèves et de nos amis. Nous avons toujours combattu le séparatisme, et prêché la conciliation et les rapprochements sous un drapeau de large liberté. Quelles que fussent nos vues personnelles, et tout en prétendant autant que qui que ce soit à l'indépendance philosophique, jamais nous n'avons voulu, pour notre part, renoncer à la tradition, nous souvenant toujours que nous sommes les héritiers des Cousin, des Jouffroy, des Saisset. Il ne faut pas toujours tout recommencer. Marchons en avant, mais ne tirons pas l'échelle. Si l'on fait autant d'écoles qu'il y a de tendances personnelles, chacun de nous sera une école : *tot capita, tot doctores*, — autant de bonnets, autant de docteurs ! Qu'importe qu'on ait un tiers, un quart, une moitié de spiritualisme ? On en a ce qu'on peut, et il peut être aussi dangereux d'en avoir trop que pas assez. Pour moi, je voudrais un large symbole, comprenant tous les degrés ou toutes les fractions de l'idée spiritualiste, depuis le mysticisme de Malebranche jusqu'à l'empirisme de Locke. « Il y a bien des places dans la maison du Seigneur. »

V

M. LACHELIER

M. Lachelier est un disciple de M. Ravaisson ; mais c'est un disciple émancipé, plus hardi que le maître, et d'une trempe différente. La méthode, la tournure d'esprit, la doctrine même, tout est dissemblable. Il n'y a de commun qu'une certaine direction générale de la pensée, l'emploi de certaines formules et une tendance finale analogue. Et d'abord, l'auteur procède d'une manière toute différente. Au lieu de ces jets de lumière électrique entrecoupés par la nuit, qui caractérisent la méthode intuitive et hardie de M. Ravaisson, c'est au contraire une pensée systématique et continue qui se poursuit sans interruption de la première ligne jusqu'à la dernière du remarquable travail sur le *Fondement de l'induction*. Cet enchaînement est tellement serré qu'il forme en quelque sorte un seul et même nœud, ou plutôt une suite de nœuds enchevêtrés l'un dans l'autre, et qu'il faut dénouer avec le même effort depuis le premier jusqu'au dernier. Rien pour le repos de l'esprit, rien pour l'agrément, rien pour la lumière. Ceux qui ont accusé la philosophie universitaire d'être une philosophie littéraire et superficielle n'auront plus à se plaindre. Ici, la sévérité philosophique est poussée jusqu'à l'âpreté. Quoique remarquablement écrit, d'une manière forte et pure, quelquefois même colorée, le travail de M. Lachelier est à peu près aussi facile à lire qu'un traité d'algèbre, encore avec cette différence que la langue algébrique, d'une précision absolue, ne demande pour être comprise, que de l'attention et de la patience, tandis que les signes indéterminés de la langue philosophique obscurcissent et fatiguent la pensée, si l'auteur ne vient continuellement à votre aide pour en fixer l'interprétation : c'est ce que ne fait pas assez M. Lachelier; aussi son livre, si attachant par le fond des choses, impose-t-il à l'esprit une fatigue excessive que l'auteur, avec un peu plus de complaisance pour son lecteur, aurait pu notablement soulager.

Cette méthode laborieuse a sa source dans un

esprit naturellement chercheur et profond, que rien de banal ne peut contenter, et qui creuse à une si grande profondeur qu'on se demande avec inquiétude s'il y a bien quelque terrain solide sous ses pas. On est entraîné avec lui de couche en couche sans savoir s'il y en a une dernière. Lorsqu'on croit être en possession de la vérité, il se trouve que ce n'est qu'une apparence, et qu'au-dessous de cette apparence il y a une vérité plus vraie qui cependant n'est encore elle-même qu'une apparence, de sorte que lors même qu'il semble s'arrêter et nous dire : « Nous y voilà, nous y sommes, » on se défie, et l'on se dit involontairement qu'il ne tiendrait encore qu'à ce malicieux enchanteur de faire évanouir cette forme de vérité comme les précédentes, et de nous abandonner dans une nuit sans fond. Ainsi, quoique l'auteur dans ce travail cherche surtout à découvrir pour la science une base solide et inébranlable, il se trouve précisément que l'impression qu'il produit et qu'il laisse serait plutôt celle d'un scepticisme transcendant, avec le mysticisme en perspective et comme dernier mot. Et cependant le charme d'une pensée active et vivante est quelque chose de si puissant qu'on aime encore mieux le hasard de « cette course infinie » à travers les choses, comme dit Platon, que la sécurité apparente d'un dogmatisme routinier.

Quant à la doctrine de M. Lachelier, elle paraît aussi s'éloigner notablement de celle de ses premiers maîtres. Il a en effet dépassé depuis longtemps le dynamisme péripatéticien, avec nuance alexandrine, qui paraît être la doctrine de M. Ravaisson. Ce dynamisme, même élargi, est encore une de ces apparences qui doivent trouver leur vérité au delà, dans l'idéalisme kantien. Si l'on peut résumer la philosophie de M. Ravaisson dans ces mots : « tout est esprit, » celle de M. Lachelier se résumera ainsi : « tout est pensée, » au moins pour ce qui est l'objet de la science humaine, — car peut-être y a-t-il un « au delà » qui n'est ni pensée, ni objet de la pensée. Ce domaine mis à part, l'hypothèse adoptée par M. Lachelier est celle qui explique la possibilité de la science humaine, non par les lois objectives de la nature, en tant qu'elles sont susceptibles d'être connues, mais par les lois subjectives de notre pensée, en tant qu'elle est capable de connaître. On sait en effet que l'originalité suprême de Kant a été de transporter du dehors au dedans les conditions de l'existence, et, au lieu de subordonner la pensée aux objets, d'avoir subordonné les objets à la pensée. En un mot, suivant l'idéalisme, je ne pense pas la nature parce qu'elle existe, mais elle existe parce que je la pense.

Les lois de la nature, dans leur expression suprême et leur vérité essentielle, ne sont donc que les lois de notre propre pensée. Or ces lois se ramènent, suivant M. Lachelier, à deux fondamentales : la loi des causes efficientes et la loi des causes finales. La première constitue le déterminisme inflexible de la nature : c'est en vertu de cette loi que tout phénomène est contenu dans une *série* où l'existence de chaque terme détermine celle du suivant. Suivant la seconde au contraire, tout phénomène est compris dans un *système* où l'idée du tout détermine d'avance l'existence des parties. Ces deux lois, comme l'ont dit Leibniz et Kant, sont la réciproque l'une de l'autre : ce sont deux séries en sens inverse, l'une descendante, l'autre ascendante ; ce qui est cause dans l'une est effet dans l'autre, et réciproquement.

Quel est maintenant le fondement de la loi des causes efficientes? C'est que sans cette loi la pensée serait impossible. La condition fondamentale de la pensée est l'unité. Je ne puis penser sans lier une idée à une autre idée. Sur quoi repose à son tour cette unité de la pensée? Sur l'unité même de l'univers, « car la question de savoir comment toutes nos sensations s'unissent pour former une seule pensée est la même que celle de savoir comment tous les phénomènes peuvent former un même univers [1] ; » or l'unité de l'univers n'est elle-même possible qu'à la condition de former un enchaînement nécessaire, tel que tout phénomène donné se lie toujours rigoureusement à un phénomène précédent. Sans une telle liaison point d'unité de l'univers, point d'unité de la pensée, et par conséquent pas de pensée. Une telle liaison n'est autre chose que la loi de causalité. D'où vient cet enchaînement inflexible des phénomènes, et pourquoi ne pouvons-nous penser l'un d'eux qu'à la condition d'en avoir préalablement pensé un autre? Ne serait-ce pas que « ces deux existences ne sont, à proprement parler, que deux moments distincts d'une seule, qui se continue en se transformant du premier au second? » Tous les phénomènes ne seraient-ils pas un seul et même phénomène, à la fois un et divers, et dont la continuité se concilie perpétuellement avec le changement? « Ce phénomène, c'est le mouvement. » Tous les phénomènes sont donc des mouvements ou plutôt un mouvement unique qui se poursuit autant que

---

1. *Fondement de l'induction,* p. 51. Il semble que l'auteur commette ici un cercle vicieux flagrant ; car après avoir dit qu'il faut expliquer l'objet par le sujet, la nature par la pensée, c'est au contraire ici dans la nature, c'est-à-dire dans l'objet qu'il cherche l'explication de la pensée. Ce cercle vicieux est apparent, car il est évident qu'il n'est question ici que d'un univers idéal, qui n'existe qu'en tant qu'il est pensé.

possible dans la même direction et avec la même vitesse, quelles que soient du reste les lois suivant lesquelles il se transforme. » L'auteur admet ainsi dans toute son étendue le principe du mécanisme cartésien, et il poursuit ce principe à tous les degrés non seulement dans le monde inorganique, mais dans la nature organisée et vivante. Il reconnaît qu'une telle conception, si elle était exclusive, serait une sorte de « matérialisme idéaliste. » Mais il ne faut pas oublier qu'elle ne correspond qu'à une seule des lois de notre esprit, celle des lois efficientes, et qu'il reste à expliquer celle des causes finales.

Sans cette loi des causes finales, nous n'aurions, dit M. Lachelier, aucune garantie non seulement de la conservation des espèces vivantes, mais même de la conservation des corps bruts dans leurs formes déterminées, car ces corps sont composés de corpuscules ou d'atomes qui forment toujours les mêmes combinaisons, ce qui n'est nullement impliqué dans les lois générales du mouvement. Ces petits corps ne sont eux-mêmes que des systèmes de mouvements que les lois du mécanisme sont par elles seules indifférentes à conserver ou à détruire. « Le monde d'Épicure, dit notre auteur, ne nous offre encore, avant la rencontre des atomes, qu'une faible idée du degré de dissolution où l'univers, en vertu de son propre mécanisme, pourrait être réduit d'un instant à l'autre : on se représente encore des cubes ou des sphères tombant dans le vide, mais on ne se représente pas cette sorte de poussière infinitésimale sans figure, sans couleur, sans propriété appréciable par une sensation quelconque. Une telle hypothèse nous paraît monstrueuse, et nous sommes persuadés qu'il restera toujours une certaine harmonie, au moins entre les éléments de l'univers. Mais d'où le saurions-nous, si nous n'admettions *a priori* que cette harmonie est en quelque sorte l'intérêt suprême de la nature, et que les causes dont elle semble le résultat nécessaire ne sont que des moyens sagement concertés pour l'établir [1] ? » La loi des causes finales est donc aussi essentielle que la loi des causes efficientes.

Quelle est la raison de cette seconde loi? L'auteur se sert encore ici du même principe que précédemment, à savoir le besoin de l'unité de la pensée; mais il s'agit ici d'une unité d'une autre espèce. La première n'est en réalité qu'une unité superficielle et extérieure. Qu'est-ce en effet que le mouvement? Ce n'est autre chose que la possibilité de passer sans interruption d'une place à une autre dans l'espace et dans le temps. C'est

---

1. *Fondement de l'induction*, p. 80.

une unité vide et sans réalité intrinsèque. Une pensée qui reposerait uniquement sur l'unité mécanique de la nature glisserait à la surface des choses sans pénétrer dans les choses elles-mêmes. Étrangère à la réalité, elle manquerait elle-même de réalité, et ne serait que la forme vide d'une pensée. Il faut donc trouver un moyen de rendre à la fois et la pensée réelle et la réalité intelligible, en substituant à l'unité purement extérieure du mécanisme universel l'unité interne et organique d'une harmonie systématique. Sans ce principe, la pensée pourrait encore exister; « mais cette existence purement abstraite serait pour elle un état d'évanouissement et de mort. » La loi des causes finales rend la vie à la pensée en la donnant à la nature.

Une fois en possession de ce principe, notre philosophe idéaliste prétend retrouver l'une après l'autre toutes les vérités dont il avait fait abstraction dans la première phase de ses recherches. C'est ainsi qu'il ressaisit ou croit ressaisir l'objectivité de la nature, le principe de la force, de l'activité, de la spontanéité, de la liberté, qu'il s'élève à l'âme humaine, dont il maintient à son point de vue la spiritualité. En un mot, comme il s'exprime lui-même, si le principe des causes efficientes conduit à une sorte de matérialisme idéaliste, le principe des causes finales nous ramène « au réalisme spiritualiste. » Cependant ce n'est pas encore là le dernier mot de la philosophie. Ce n'est qu'un second étage qui en appelle lui-même un troisième : « cette seconde philosophie, dit l'auteur en terminant, en subordonnant le mécanisme à la finalité, nous prépare à subordonner la finalité elle-même à un principe supérieur, et à franchir par un acte de foi morale les bornes de la pensée, en même temps que celles de la nature. » C'est au seuil de ce troisième monde, annoncé et promis d'une manière si mystérieuse, que s'arrête l'auteur. Il n'a voulu qu'expliquer la possibilité de la science ; mais il laisse entrevoir qu'au-dessus de la science il y a autre chose, à savoir la morale et la religion. Serait-ce donc que, suivant lui, la philosophie ne s'élève pas jusque-là, et que tout son office n'est autre que de préparer la pensée à l'anéantissement d'elle-même, de telle sorte qu'elle ne serait d'abord tout que pour n'être ensuite plus rien? Nous ne pouvons le dire, l'auteur nous ayant refusé toute explication sur ce monde nouveau qu'il nous entr'ouvre sans vouloir y entrer. Sans y entrer plus que lui, et nous renfermant dans les limites fixées par lui, essayons de dire jusqu'où nous croyons qu'on peut le suivre dans ses spéculations séduisantes, et quelles sont les limites où la sévère raison nous force de nous arrêter malgré lui.

Sans doute, il est impossible aujourd'hui à un esprit réfléchi de ne pas tenir compte de la révolution puissante opérée par Kant en philosophie. Ou la philosophie n'est qu'un leurre, une science vaine, ou il faut que toutes les grandes phases de son développement correspondent à des acheminements vers la vérité, à des degrés de vérité. Tout grand système philosophique est une parcelle de la vérité éternelle : cette maxime était le fondement solide de l'éclectisme, et nous la retenons fermement. L'idéalisme de Kant doit donc avoir sa vérité ; mais il n'est ni nécessaire ni probable qu'il soit toute la vérité. Les choses, au moins les choses extérieures, ne nous sont connues que par les effets qu'elles produisent sur nous, c'est-à-dire par nos affections, par nos sensations, lesquelles, d'un commun accord, sont éminemment, inévitablement subjectives, car une sensation ne peut être que le mode d'un sujet sentant. Nous savons d'ailleurs que les sensations ne sont que les affections produites sur chaque espèce de sens par une cause commune, le mouvement. Admettons, si l'on veut, que le mouvement ne soit encore lui-même qu'un phénomène subjectif et idéal ; admettons que l'espace et le temps, malgré leur caractère absolu, ne sont aussi que des formes de la sensibilité ; allons plus loin encore, et, l'entendement lui-même étant toujours mêlé de sensibilité, imprégné de sensibilité jusqu'à une profondeur que nul ne peut déterminer, supposons que les lois primordiales de l'entendement soient elles-mêmes profondément modifiées par cette influence; poussons enfin aussi loin qu'on le voudra l'idéalisme. Il restera toujours un résidu que l'on ne peut réduire au moi pensant : c'est d'abord le réel de la sensation, c'est son existence même, car aucune loi de notre esprit, aucune condition logique de la pensée humaine ne peut faire qu'une sensation surgisse en nous par cela seul que notre entendement en a besoin. C'est en second lieu l'ordre de nos sensations, j'entends les relations nécessaires qui existent entre elles, et dont les relations de temps sont peut-être les expressions symboliques, mais qui doivent avoir aussi une raison intrinsèque et objective ; car, je le demande, pourquoi notre sensibilité obéirait-elle à notre entendement? Pourquoi l'ordre de nos sensations serait-il la reproduction fidèle du plan logique prédéterminé par l'esprit? Qu'on ne l'oublie pas, nos sensations sont passives, involontaires ; elles ont leur origine dans des causes qui nous échappent, et dont la direction est hors de notre pouvoir. Quelle est donc la puissance mystérieuse qui fait naître les sensations, au fur et à mesure que notre esprit l'exige, d'après ses propres lois ? Par exemple, pour donner à cette difficulté fondamentale une forme précise, les lois rationnelles de notre esprit exigent que telle étoile soit dans le ciel, à telle place, à tel moment du temps : eh bien, par quel mystère la sensibilité, faculté fatale et aveugle, en dehors de notre puissance, fait-elle surgir en nous la sensation d'une étoile précisément au moment fixé *a priori* par l'entendement ? Nos sensations en effet pourraient très bien ne former qu'un chaos, et le besoin que notre esprit a de l'ordre et de l'unité ne suffirait pas pour assujettir à cet ordre une matière indisciplinée, si elle-même, dans les profondeurs de son essence, ne contenait quelque chose qui répondît à cette loi d'unité. En mot, nous accordons que le monde où nous vivons peut bien être un monde phénoménal, dont le fond essentiel nous est inconnu ; mais nous sentons en même temps que ce monde se rattache cependant à ce fond essentiel d'une manière rigoureuse, de même que le ciel phénoménal ou apparent qui tombe sous les sens est rigoureusement le symbole du ciel astronomique que la pensée conçoit et démontre, et dont il est cependant si différent. Ainsi se concilient pour nous le subjectivisme et l'objectivisme. Plus nous approfondissons l'ordre des choses, plus nous approchons de la réalité essentielle sans y atteindre jamais.

Mais pourquoi, dira-t-on, cette cause inconnue de nos sensations que nous appelons l'objet ne serait-elle pas le moi lui-même, l'esprit lui-même, le sujet pensant? Pourquoi la faculté productrice de l'univers ne serait-elle pas l'imagination? On passe ainsi de l'hypothèse de Kant à celle de Fichte, et, quoique M. Lachelier ne s'explique pas nettement sur ce point, il y a lieu de croire qu'il se rattache plutôt à cette seconde hypothèse qu'à la première. Pour nous, nous ne voyons ici qu'une question de mots, et non pas une nouvelle lumière sur les choses. Si le moi pose l'univers ou le crée, c'est évidemment sans en avoir conscience, car nul n'a jamais eu conscience d'être le créateur de l'univers, Or un moi dont je n'ai pas conscience, c'est ce que j'appelle un non moi. Tout ce qui sort du domaine de la conscience sort du domaine du sujet, et, rigoureusement parlant, doit s'appeler un objet. Ce que la philosophie appelle l'être en opposition à la pensée, c'est précisément ce quelque chose d'inconscient, sinon pour soi, du moins pour nous, qui est la cause de l'ordre et de l'existence de l'univers. Quelle que soit l'identité essentielle et objective qui puisse exister entre le sujet et l'objet, entre l'infini et le fini, l'opposition subsiste toujours, à moins de confondre toutes les idées par un langage arbitraire.

Il faudrait d'ailleurs distinguer bien des degrés dans l'idéalisme et s'entendre sur ce qu'on appellera l'intelligence, la pensée. S'agit-il de la pensée humaine ou de la pensée absolue, de la pensée en soi? Pour Kant, c'est évidemment du premier sens qu'il est question. Pour Fichte, le moi n'a d'abord été que le moi humain; puis, dans sa seconde philosophie, il est devenu le moi divin, le moi absolu. Enfin pour Schelling et pour Hégel, c'est bien la pensée absolue, l'idée absolue, qui est le fond de la réalité. Dans un tel système, il est évident que l'esprit humain, en tant qu'il est limité et circonscrit par la conscience, a parfaitement le droit de s'opposer l'univers comme un non moi, comme un objet; et l'Idée ou l'Absolu est précisément ce fondement objectif que nous supposions tout à l'heure à nos sensations. Suivant cette hypothèse, non seulement l'objet est affirmé comme réellement existant, mais encore il peut être connu en soi et dans son essence par la méthode absolue. La réalité objective de l'univers non seulement n'est pas mise en question, mais elle semble mieux garantie que dans aucun autre système, puisque les lois rationnelles auxquelles la science ramène les phénomènes cosmiques sont, non pas seulement de purs rapports entre des causes et des substances inconnues, mais ces causes et ces substances elles-mêmes. Reste à savoir maintenant pourquoi on appellerait du nom de pensée des lois objectives qui n'ont pas conscience d'elles-mêmes, et si le caractère essentiel de la pensée n'est pas la conscience. Si l'on nous dit que dans la pensée il faut distinguer le fond et la forme, le pensé et le pensant (*cogitatum et cogitans*), c'est là une distinction qui revient précisément à la distinction classique de l'intelligible et de l'intelligence. Dire que tout est pensée reviendrait donc à dire que tout est intelligible, que le fond des choses, c'est l'intelligible? Est-ce bien la peine d'employer des formules si arbitraires et si étranges, pour dire tout simplement ce qui n'a jamais été l'objet d'un doute pour aucun métaphysicien?

Nous ne pouvons donc accorder au subtil auteur du *Fondement de l'induction* que « tout est pensée, » à moins d'entendre ce mot dans un sens tellement vague qu'il signifie précisément ce qu'on a l'habitude de lui opposer. Au moins faudrait-il distinguer la pensée objective de la pensée subjective ; — cette pensée objective, en tant qu'elle se manifeste sous la forme de l'étendue, nous l'appelons matière, — et la pensée subjective, en tant qu'elle se manifeste à elle-même par la conscience, nous l'appelons esprit, — et nous les distinguons l'une de l'autre, en ce que la première nous apparaît toujours à l'état de dispersion et de pluralité, et qu'elle n'a son unité qu'en dehors d'elle-même dans l'esprit qui la pense, tandis que l'esprit, se caractérisant par la conscience, nous apparaît dans un état permanent de concentration et trouve son unité en soi. Être esprit, c'est être un; être matière, c'est être plusieurs. Ainsi la distinction de la matière et de l'esprit devrait encore subsister, si loin qu'on pousse le système de l'identité. Il en est de même de l'individu et du tout, la personnalité individuelle ne pouvant se comprendre sans un principe de distinction qui la limite et la circonscrive dans l'unité universelle. Comme nous l'avons dit déjà ici même dans un autre travail [1], — la pluralité des substances ne peut expliquer l'unité du moi; l'unité des substances ne peut expliquer la pluralité des moi. Ainsi l'unité primitive, appelée Dieu (substance, force, pensée, idée, volonté, comme on voudra), a laissé émaner d'elle des unités secondaires appelées âmes, qui se distinguent d'une part de la cause suprême par la conscience de leur individualité, de l'autre des pluralités coexistantes appelées corps, par la conscience de

---

[1]. *Les Problèmes du XIXe siècle*, l. III, c. II.

leur unité. Si c'est là du demi-spiritualisme, nous sommes des demi-spiritualistes. Pour nous, au contraire, c'est là le vrai milieu, et tout ce qu'il dépasse est à nos yeux un ultra-spiritualisme qui peut d'un instant à l'autre se changer en son contraire.

VI

M. ALFRED FOUILLÉE

M. Alfred Fouillée, collègue de M. Lachelier à l'École normale supérieure, et qui partage avec lui la direction de notre enseignement philosophique [1], est un jeune écrivain qui en peu de temps s'est placé au premier rang par deux ouvrages diversement et également remarquables : l'un historique, l'autre théorique, le premier sur la *Phi-*

---

[1]. Depuis que ces pages ont été écrites (1873), MM. Fouillée et Lachelier ont quitté l'enseignement de l'École normale, et ont été l'un remplacé, l'autre suppléé par deux autres philosophes : M. Ollé-Laprun, auteur d'un beau livre sur *la Philosophie de Malebranche*, et M. Em. Boutroux, dont nous avons analysé plus haut l'ouvrage sur *la Contingence des lois de la nature* (p. 30). Nous retrouverons plus loin encore M. Alfred Fouillée, à l'occasion de son livre sur *l'Idée du droit*.

losophie de Platon et de Socrate, le second sur *la Liberté et le déterminisme*. Le talent de M. Fouillée est d'un tout autre genre que celui de M. Lachelier, et sa doctrine philosophique ne présente pas les mêmes caractères. L'un, nous l'avons vu, est rigoureusement ce que l'on appelle un idéaliste ; l'autre appartient plutôt au spiritualisme proprement dit. L'un est plus condensé, plus systématique, plus exclusif ; l'autre est plus riche, plus abondant, plus ingénieux en détails, plus psychologue, et aussi d'un esprit plus ouvert, plus conciliateur. L'un est porté à tourner toutes les idées dans le sens de sa propre pensée ; l'autre aime à les étager les unes au-dessus des autres pour amener à la sienne. M. Lachelier a peut-être plus de force ; M. Fouillée a plus de largeur. L'un et l'autre ont une grande imagination ; mais l'un se contient, l'autre déborde. Ils sont tous deux obscurs, l'un par concision, l'autre par diffusion. Sans doute il ne faut pas être superficiel ; cependant je ne voudrais pas qu'un philosophe français écrivît une ligne sans se demander : Que dirait Voltaire ? sauf à passer outre si la conscience l'ordonne ; mais combien de fois aussi n'arriverait-il pas que l'on changerait une expression affectée pour une plus simple, une idée téméraire pour une plus solide, si l'on avait toujours devant les yeux ce maître de la critique et de la raison !. Malgré toutes les différences d'esprit et d'opinion qui séparent nos deux penseurs, ils ont un caractère commun : c'est, au début de la science, une extrême rigueur, dégénérant presque en subtilité, et à la fin une tendance à absorber la philosophie dans un acte de foi. C'est un spiritualisme raffiné, dont la science n'est que l'enveloppe, dont la morale et la religion sont le fond.

Nous avons résumé la philosophie de M. Lachelier dans cette formule : « tout est pensée. » Peut-être pourra-t-on également résumer la philosophie de M. Fouillée dans cette autre formule : « tout est liberté. » Telle paraît être du moins la tendance de son dernier ouvrage, car dans son livre sur la *Philosophie de Platon* il semblait avoir pris pour principe l'intelligence plus que la volonté. Il ramenait tout à l'intelligible. Le principe suprême, suivant lui, était le principe de la raison suffisante. Tout a sa raison, disait-il avec Leibniz ; tout a son idée, disait-il avec Platon. Enfin le principe de causalité lui-même n'était qu'un cas particulier du principe de raison. Dans son récent ouvrage au contraire, il semble que ce soit la volonté qui prenne la place de l'intelligence. La loi de causalité, qui n'était que conséquence, est devenue principe ; l'idée se subordonne à la liberté.

Au reste, cette prédominance de la volonté sur l'intelligence est le caractère de plusieurs philosophies récentes, et M. Fouillée nous paraît sur la pente de ces écoles. C'est par exemple la doctrine de M. Secrétan, de Lausanne, philosophe d'une haute valeur et d'une vraie originalité, qu'il est d'autant plus opportun de citer ici que sa *Philosophie de la liberté,* ouvrage jusqu'ici peu connu en France, commence à exercer quelque action sur notre jeunesse philosophique[1]. Suivant M. Secrétan, l'essence de Dieu est la liberté absolue, et tous ses attributs ne sont que les noms différents de cette liberté. Toute hardie qu'elle paraisse, la philosophie de M. Secrétan se rattache à la tradition chrétienne, et elle est d'un caractère profondément religieux. Toute différente est une autre philosophie qui repose également sur le même principe, la philosophie pessimiste et misanthropique de Schopenhauer [2]. Celui-ci subordonne également l'intelligence à la volonté, laquelle est la seule chose en soi, l'intelligence n'étant que son mode d'apparition.

---

1. Nous avons étudié la philosophie de M. Secrétan dans un travail de la *Revue des Deux Mondes* du 1er avril 1878. Nous ne le comprenons pas dans ces études, parce qu'elles sont consacrées exclusivement à la philosophie française.

2. Voir aussi notre étude dans la *Revue* du 15 avril et du 1er mai 1878.

A cette doctrine de la volonté se rattache encore la seconde philosophie de Schelling. M. Ravaisson, dans son *Rapport*, semble aussi incliner à cette pensée. Si nous comprenons bien le livre de M. Fouillée, ce serait là le dernier mot de sa philosophie, car nous l'avons dit, il fait sortir l'intelligence de la volonté, et considère celle-ci comme un acte absolu, non déterminé, mais déterminant, qui par conséquent commande aux motifs, au lieu d'être guidé par eux.

Nous consentirions, pour notre part, à faire remonter plus haut qu'on ne le fait d'ordinaire le rôle et le pouvoir de la volonté. Si par exemple on considère non la liberté humaine, mais la liberté divine, il faut reconnaître que la philosophie de l'école accorde en général une bien faible part à cette liberté dans l'acte créateur. Elle n'aurait autre chose à faire qu'à exécuter servilement un modèle tout formé, que porte éternellement en soi l'intelligence absolue. Où serait la toute-puissance dans un acte aussi inférieur ? On répète sans cesse que Dieu a fait le monde de rien, comme si c'était une grande merveille ! Qu'importe de quoi le monde est fait ? C'est l'idée du monde qui est une merveille; ce n'est pas l'étoffe dont il se compose. Celui qui crée le marbre serait-il supérieur à celui qui crée la statue ? C'est toujours l'erreur des matérialistes, qui croient la matière plus importante que la forme.

Nous nous inscrivons donc en faux contre cette maxime des écoles, que « Dieu crée les existences, et non les essences. » Admettre avec Platon que les essences des choses créées existent éternellement, et que Dieu ne fait que reproduire extérieurement ce monde idéal, cette photographie anticipée ; — lui associer, même à titre idéal, un tel monde, ou même des mondes à l'infini, avec lesquels il habite sans l'avoir voulu, c'est, comme l'objectait Spinoza à Leibniz, et Fénelon à Malebranche, c'est soumettre Dieu à un *fatum*. C'est là une sorte de panthéisme idéal, qui subordonne Dieu au monde, puisque l'image du monde est nécessaire à son existence.

Sans doute la vérité ne peut pas être l'objet d'un acte libre de Dieu, ni d'aucune puissance au monde. Sans doute étant donné un triangle, il est nécessaire, de toute nécessité, que ses trois angles soient égaux à deux angles droits ; mais est-il nécessaire qu'un triangle soit donné ? Voilà la question. Un triangle est la synthèse de trois lignes distribuées d'une certaine manière ; or cette synthèse est-elle nécessaire, éternelle, absolue, existant par elle-même ? Ne faut-il pas une activité préalable, une puissance productrice, pour rapprocher ces trois lignes de manière qu'elles se coupent entre elles ? Nous distinguons parmi les artistes humains ceux qui copient et ceux qui créent. L'activité divine ne saurait-elle que copier sans créer ? Créer, c'est inventer ; l'invention est acte de volonté et de puissance, et non pas seulement d'intelligence. Le modèle divin lui-même, le *paradigme* de Platon, ce qu'il appelle l'αὐτοζωὸν, l'animal en soi, est donc lui-même l'œuvre de la volonté divine. Il est, si l'on veut, engendré, mais non créé. C'est le premier-né de Dieu, πρωτότοκος, πρωτογένης. Et c'est peut-être là ce que signifie le mystère profond de la théologie chrétienne, à savoir que le Père engendre le Fils. Cependant, si loin que l'on pousse l'activité créatrice et la toute-puissance de la liberté, on ne peut aller, sans tout confondre, jusqu'à lui sacrifier l'intelligence. On peut admettre que la liberté crée l'idée du monde ; on ne peut admettre qu'elle crée l'idée de Dieu. La volonté absolue ne peut être antérieure à l'idée absolue, et en général, la volonté ne peut, sans cesser d'être elle-même, être indépendante de l'intelligence. Elles peuvent être, elles doivent être coéternelles, coessentielles, identiques en essence, si l'on veut, l'une à l'autre ; mais l'une ne peut absorber l'autre sans se détruire et se changer en son contraire. Qu'appelle-t-on volonté ? C'est l'activité raisonnable, *appetitus rationalis*, disaient les scolastiques; ὄρεξις μετὰ λόγου, disait Aristote. La raison est donc un élément essentiel de la volonté. Bossuet la rangeait parmi les opérations intellectuelles. « Je ne veux rien, disait-il, si ce n'est pour quelque raison. » Si donc vous retranchez la raison, l'intelligence, la pensée, que reste-t-il ? Une puissance aveugle, qui n'est pas plus la volonté que son contraire. On peut bien l'appeler ainsi, si l'on veut, car les dénominations sont libres; mais on peut tout aussi bien l'appeler la force, l'instinct, la nécessité; c'est un je ne sais quoi, un x, qui ressemble à la volonté humaine, disait Spinoza, « comme le *chien*, signe du zodiaque, ressemble au chien animal aboyant. »

Ce qui prouve à quel point le principe de la volonté absolue est indéterminé, c'est qu'on en peut faire sortir indifféremment les conséquences les plus contraires. M. Secrétan par exemple, portant dans sa philosophie les tendances d'une âme religieuse, aboutit à un optimisme chrétien qui, tout en faisant au mal la part la plus large, trouve dans la rédemption la victoire définitive du bien. Au contraire le philosophe de Francfort, nourri dans la philosophie du xviiie siècle, aboutit au pessimisme; et posant également le principe de la liberté absolue, il pense que cette volonté aveugle et indifférente ne peut produire « que le plus mauvais des mondes possibles. » En un mot, ou bien l'on destitue la liberté absolue de tout attribut, et le résidu est une force aveugle, aussi indifférente au bien qu'au mal, — ou, sous le nom de volonté, on entend une puissance active, aimante et sage, et l'on revient à la trinité psychologique de la philosophie vulgaire, et c'est une pure illusion de croire qu'on a découvert un principe nouveau.

M. Fouillée nous paraît osciller sans cesse entre ces deux tendances. D'une part en effet il nous dit : « La liberté, c'est l'absolu ; » c'est « la suprême indépendance ; » c'est encore « ce dont tout dépend et qui ne dépend de rien. » Or en quoi un tel absolu, qui détermine tout, sans être lui-même déterminé, « qui est ce qu'il est parce qu'il l'est, » se distingue-t-il du *fatum* antique, que l'auteur combat avec Leibniz au début de son ouvrage, mais dont il dit lui-même que la notion se confond avec celle de l'absolue liberté ? D'autre part il dit que cet absolu doit être représenté « sous la forme active de l'esprit, comme un être vivant et personnel qui se détermine lui-même par la pensée, par le désir, par l'action, et qui est tout entier dans l'action. » Ainsi la liberté absolue, étant à la fois pensée, désir et action, se confond avec les trois facultés de l'âme. Tantôt l'auteur, avec un infatigable esprit d'investigation, cherchant un dernier mot qu'il ne trouve jamais, nous dit que dans toutes les doctrines il y a un « résidu, » un « je ne sais quoi, » et que ce résidu c'est la liberté même, qui n'est « ni déterminée, ni indéterminée, mais déterminante, » plaçant ainsi la puissance et la volonté au-dessus de tout; tantôt au contraire, craignant avec raison le vague et l'obscurité d'une telle pensée, il ramène la liberté à l'amour, à la bonté, au sacrifice, au désintéressement, que sais-je ? à toutes les vertus. « C'est la liberté, dit-il, qui est la justice, c'est la liberté qui est la charité, c'est la liberté qui est la religion. » C'est encore elle « qui est l'égalité et la fraternité. » En un mot, elle est tout. Nous nous demandons si c'est bien recommander un principe que de le confondre ainsi avec toutes les idées.

Sans doute il y a un dernier résidu au fond de toutes choses, un dernier terme où tout doit se confondre et s'identifier ; sans doute, au delà de tout ce que nous pouvons connaître et nommer, au delà même de ce que nous pouvons pressentir et imaginer par quelque lointaine analogie, il y a encore un inconnu, un je ne sais quoi, que les gnostiques, dans leur langue mystérieuse, appelaient éloquemment « l'abîme et le silence, » que la théologie chrétienne appelle le Père, que vous pouvez appeler, si voulez, l'absolu, la liberté, la volonté, etc. ; mais ne croyez pas par tous ces noms représenter des idées distinctes. Il y a une limite au delà de laquelle le langage humain, comme la pensée humaine, ne peut plus rien atteindre ni représenter. La philosophie est impuissante à exprimer l'inexprimable, à définir l'indéfinissable. La musique semble le seul langage qui puisse nous mettre en communication avec cette source infinie; là est peut-être le secret des émotions ineffables que produisent en l'âme un Beethoven par ses immortelles symphonies, ou encore les auteurs inconnus de nos chants sacrés; mais là aussi la philosophie expire, car elle n'a à sa disposition que le langage humain, celui qui précise et qui détermine; ce qui dépasse cette limite appartient au domaine de la poésie et de la religion.

Si les conclusions métaphysiques de M. Fouillée nous paraissent pécher par le défaut de clarté, ce qui est peut-être plus la faute de la nature des choses que la sienne, nous louerons au contraire les belles analyses psychologiques, vraiment neuves et dignes d'entrer dans la science, par lesquelles il nous montre l'âme s'élevant peu à peu à la liberté par les différents degrés de l'idée, du désir et de l'amour. Nous ne pouvons qu'indiquer ici les développements ingénieux, brillants, éloquents, que l'auteur a donnés à ses pensées. Le principal trait du talent de M. Fouillée est l'abondance. Les idées naissent sous sa plume les unes des autres avec une fécondité surprenante. Mais cette abondance n'est pas sans danger. Développer n'est pas toujours éclaircir. Nous avons donné quelques exemples de cette tendance à noyer toutes les idées les unes dans les autres qui est l'écueil de ce brillant talent. Il y a en lui quelque chose de cette obscurité qui caractérise les écrivains quiétistes, et qui a son origine dans un excès d'imagination uni à l'excès d'analyse. Il doit craindre le raffinement et la subtilité. Cette belle et noble intelligence donne trop d'espérances à la science solide et saine pour que nous ne l'invitions pas aussi à se défendre contre les diffusions et les effusions du mysticisme sentimental. Il a de l'âme, il a de l'esprit, il pense et il écrit. Qu'il se résigne à se priver de ses propres richesses, à être sévère envers sa propre pensée, à ne pas vouloir trop dire ni tout dire. Il n'est pas à craindre qu'il se dessèche; il doit apprendre à se châtier et à se borner.

L'obscurité, la subtilité et le raffinement, tels sont les défauts communs à la plupart des philosophes que nous venons de signaler : ils les rachètent amplement par la force et la noblesse de la pensée. On doit leur savoir gré d'avoir restitué à la philosophie un caractère hautement scientifique et de n'avoir pas reculé devant les questions difficiles. Ils doivent seulement ne pas avoir trop peur des idées simples, et ne pas se laisser aller au plaisir trop facile de retourner les idées reçues. La profondeur est une belle chose ; mais il y a quelquefois tel degré de profondeur où l'on ne sait plus ce qu'on dit. On pourra chicaner sur l'orthodoxie de telle ou telle formule ; mais ce qu'on ne contestera pas, c'est l'élévation morale et religieuse des trois philosophes dont nous avons exposé les idées. Ce qu'on peut leur reprocher au point de vue philosophique, c'est d'avoir trop sacrifié à la synthèse et de mettre un peu tout dans tout. Il y a deux problèmes en philosophie : distinguer et unir. L'ancien spiritualisme distinguait trop, et négligeait le lien continu des choses. Le nouveau spiritualisme confond trop peut-être, et laisse échapper les différences et les oppositions. C'est le propre de la critique de toujours contredire, et de vous demander précisément ce que vous ne faites pas. Séparez-vous les choses, je vous demande de les réunir ; les unissez-vous, je vous demande de les séparer. S'il en était autrement, c'est que la philosophie aurait dit son dernier mot. Hélas ! nous n'en sommes pas là.

VII

M. CLAUDE BERNARD — M. LÉON DUMONT

16 août 1875.

Les publications philosophiques se sont beaucoup multipliées dans ces derniers mois, et justifient ce que nous écrivions récemment d'une activité croissante en ces matières. Le hasard même semble y mettre une sorte de plan pour nous en faciliter l'exposition et l'analyse. C'est ainsi que dans nos premières études, nous avons rencontré tout d'abord des écrits touchant à la philosophie des sciences et à la métaphysique. Tous ceux, au contraire, qui ont paru récemment, se rapportent à la psychologie ou à la morale. Une œuvre posthume de M. Albert Lemoine, sur l'*Habitude et l'Instinct;* un livre du docteur P. Despine sur la *Folie au point de vue philosophique*, une *Théorie scientifique de la sensibilité*, de M. Léon Dumont : voilà pour la psychologie. D'un autre côté, *Morale et Progrès*, de M. Fr. Bouillier; *Examen de la Morale utilitaire*, de M. Ludovic Carrau; la *Loi absolue du devoir*, de M. Rambosson : voilà pour la morale. Pour avoir, en outre, une idée complète du travail philosophique, il ne suffit pas de considérer les livres, il faut consulter encore les recueils périodiques où d'importantes questions sont traitées sous formes courantes et rapides. C'est ainsi que nous remarquerons, dans la *Revue des Deux Mondes*, un travail notable de M. Claude Bernard sur la *Définition de la vie*; une étude sur l'*Idée du droit dans la philosophie anglaise*, par M. Alfred Fouillée; dans la *Revue scientifique*, une savante et profonde controverse sur la *Mesure des sensations*; dans la *Critique philosophique*, une autre controverse intéressante sur l'*Idée du progrès*. On voit que de matières diverses, et non des moindres, ont attiré l'attention des penseurs et des écrivains. Sans doute, les travaux que nous venons de signaler n'ont pas tous la même valeur, mais tous nous apprennent quelque chose, tous apportent leur part d'acquisitions et d'enrichissements à la science philosophique : quelques faits nouveaux, quelques explications ingénieuses, quelque difficulté mise en relief ou bien démêlée, quelque analyse plus précise. C'est de cette manière que le progrès a lieu dans les autres sciences; on n'y voit pas tous les jours des Newton, mais les savants savent qu'il ne faut rien dédaigner, et c'est par une accumulation de petits progrès et de petites découvertes que les sciences se perfectionnent de jour en jour, en attendant que de loin en loin apparaissent quelque grand novateur et quelque action d'éclat.

Ce n'est qu'être fidèle à la méthode que de signaler tout d'abord le travail de M. Claude Bernard sur la vie [1]; et ainsi l'ordre naturel nous conseille ce que l'illustration du nom toute seule nous commanderait. M. Claude Bernard est un des rares savants de notre époque qui se préoccupe de la signification philosophique de ses travaux; plusieurs fois il s'est expliqué, en termes toujours heureux et quelquefois profonds, sur les principes philosophiques de la physiologie. C'est particulièrement la nature du principe vital qui a été l'objet de ses réflexions. Plusieurs fois il a touché à cette question, soit dans son *Introduction à la médecine expérimentale*, soit dans son livre sur la *Physiologie géné-*

---

1. Nous retrouverons plus loin le nom de M. Claude Bernard, et le développement de ses vues à propos des deux derniers ouvrages publiés après sa mort. (Voir ch. xix.)

rale, soit enfin dans ses nombreux cours ; il y revient encore aujourd'hui.

Son travail paraît être dirigé contre ce que l'on appelle le *vitalisme.* Suivant cette doctrine, qui est susceptible de plusieurs formes, la vie se compose d'un ordre de phénomènes *sui generis,* qui ne peuvent s'expliquer que par une cause spéciale. Cette cause sera pour les uns (pour Stahl, par exemple), l'âme elle-même, et le vitalisme devient *animisme;* ou bien une force propre, aussi distincte de l'âme que du corps ; c'est le duodynamisme ou le vitalisme de Montpellier, celui de Barthez; ou enfin on admet simplement des propriétés vitales inhérentes aux tissus élémentaires : c'est le plus faible degré du vitalisme, celui de Bichat. Sous toutes ces formes diverses, M. Claude Bernard combat le vitalisme ; et il semble prendre à son compte le principe cartésien, exprimé par Leibniz en ces termes : « Tout se passe dans le corps comme s'il n'y avait point d'âme ; et tout se passe dans l'âme comme s'il n'y avait point de corps. » Il montre combien l'on s'est trompé, même Bichat, en considérant la vie comme une sorte de lutte contre les forces physiques et chimiques tenues en suspens par la force vitale, et qui reprendraient leur empire à la mort. Au contraire suivant M. Claude Bernard, toutes les fonctions sont des phénomènes physiques et chimiques, et la mort a lieu précisément lorsque ces phénomènes ne s'accomplissent plus.

Mais si la vie n'est pas le résultat d'une force spéciale, qu'est-elle cependant en elle-même ? M. Claude Bernard en donne une définition hardie et singulière, qui semble au premier abord appartenir plutôt à l'imagination qu'à la science : « *La vie*, dit-il, *c'est la mort*. » Hégel frémirait de joie en entendant une si belle justification de sa théorie de l'identité des contraires. Le vieux philosophe grec Héraclite disait déjà : « Le vivant est la même chose que le mort. » Il l'entendait sans doute dans un sens moral. M. Claude Bernard l'entend au propre. Toute opération vitale, tout acte fonctionnel est en effet accompagné d'une destruction de matière, d'une combustion organique. Aucun mouvement n'a lieu sans que la substance du muscle soit brûlée et détruite. L'usure est proportionnée à l'activité vitale, et l'on peut considérer comme un axiome cette loi : *Toute manifestation d'un phénomène dans l'être vivant est nécessairement liée à une destruction organique.*

Ainsi, un être qui vit, c'est une bougie qui brûle ; seulement, c'est une bougie qui se rallume et qui se renouvelle. Hégel l'a dit également : « La vie est un travail chimique qui dure ; » c'est là le second aspect de la vie : elle n'est pas seulement *destruction*, elle est *création*. A mesure qu'elle détruit les organes et brûle la matière du corps, elle répare ses pertes en incorporant une nouvelle matière. Il y a donc deux sortes de phénomènes : les phénomènes *fonctionnels* et les phénomènes *organiques;* les premiers qui usent la matière vivante, les seconds qui la reproduisent.

Ce second acte, cette seconde phase de la vie serait-elle un trait caractéristique qui pourrait servir à séparer de nouveau les corps bruts et les corps vivants? Non, ou du moins il faut faire ici une distinction. Ce second aspect de la vie doit être à son tour décomposé en deux : il implique, en effet, un fait de *synthèse chimique* et un fait d'*évolution organique*. Ce sont là deux choses profondément distinctes. En tant qu'actions synthétiques, ces phénomènes relèvent des forces physiques et chimiques tout aussi bien que les phénomènes de destruction, de décomposition ; rien ne se passe dans le corps qui ne soit physique ou chimique. Mais autre chose est l'action *chimique*, autre chose est l'action *morphologique*, c'est-à-dire, cette cause inconnue qui fait prendre à la matière organique telle ou telle forme, et qui les soumet à une loi d'évolution ou de direction déterminée.

Ici, M. Claude Bernard passe de la physique à la métaphysique, et il fait à celle-ci la part bien belle, lui attribuant la recherche de ce qu'il y a d'intellectuel dans la nature : « Il y a, dit-il comme un *dessin vital*, qui trace le plan de chaque être et de chaque organe... Les phénomènes semblent *dirigés par quelques conditions invincibles* dans la route qu'ils suivent, dans l'ordre qui les enchaîne... C'est cette puissance ou propriété *évolutive* qui constituerait le *quid proprium* de la vie... Mais ici le vitalisme se transforme en une conception métaphysique et brise le dernier lien qui le rattache au monde physique... Cette conception ne sort pas du domaine intellectuel pour venir réagir sur les phénomènes pour l'explication desquels l'esprit l'a créée : quoique émanée du monde physique, elle n'a pas d'effet rétroactif sur lui. »

Le vitalisme physiologique peut donc se trouver condamné par la doctrine de M. Claude Bernard ; mais le vitalisme métaphysique a tout lieu au contraire de se déclarer satisfait, car ce n'est nullement comme explication de tel phénomène particulier, mais comme explication de l'ordre général des phénomènes dans le monde de la vie, que la métaphysique invoque, avec M. Claude Bernard, l'hypothèse d'une *idée directrice* ou *force évolutive*, qui, exprimant ce qu'il y a de rationnel ou d'intellectuel dans les choses, ne peut pas être du domaine de la science expérimentale.

On voit que sur ce beau et solide travail, nous avons peu de chose à faire pour être d'accord avec le savant physiologiste. Il reste cependant un point obscur que l'auteur élude peut-être plus qu'il ne l'explique. D'où vient, demanderons-nous, que dans l'être vivant, il y a un double travail chimique, tandis que dans les êtres inorganiques ce travail est simple? la bougie brûle, mais elle ne réintègre pas la matière qu'elle a consumée : elle détruit, elle ne crée pas; en un mot, elle ne se rallume pas à mesure qu'elle brûle. Pourquoi le flambeau de la vie se rallume-t-il à mesure qu'il semble s'éteindre, sauf au dernier moment? M. Claude Bernard dit que « la nutrition n'est que la génération continuée, » traduisant ainsi le fameux principe de Descartes : « Que la conservation du monde n'est que la création continuée. » C'est donc, suivant lui, la force évolutive et primordiale du germe qui, continuant à agir, répare incessamment les pertes de l'organisme et le recrée à mesure que la vie le détruit. Mais ici, on le voit, le fait dont il s'agit n'est plus seulement « l'ordre » des phénomènes, le « plan » des espèces, « un dessin vital » : toutes choses en effet, plus rationnelles et intellectuelles que physiques, et que la physiologie peut renvoyer à la métaphysique. Il s'agit au contraire d'un fait positif et expérimental au premier chef, à savoir le double travail chimique en sens inverse s'accomplissant alternativement et en même temps dans le même être ; et tant que ce fait n'aura pas été expliqué mécaniquement, il ne sera pas exact de dire que la conception vitaliste est purement « intellectuelle, » qu'elle ne réagit pas sur les phénomènes, » qu'elle n'a pas « d'effet rétroactif sur le monde physique. »

De la vie à la sensibilité, la transition est facile ; car de toutes les facultés de l'âme, c'est celle qui touche de plus près à l'organisme. Ainsi la rencontre des travaux, d'accord avec l'ordre naturel des choses, nous amène à nous occuper de la *Théorie scientifique de la sensibilité* de M. Léon Dumont, déjà connu par quelques travaux sérieux [1]. Ce philosophe appartient à ce qu'on pourrait appeler la nuance française du positivisme anglais. Le positivisme de M. Comte nous est revenu en effet d'Angleterre, sous une forme singulièrement modifiée et agrandie, et il a trouvé en France des adeptes qui n'ont presque plus rien de commun, sauf des tendances très générales, avec le positivisme primitif. M. Léon Dumont est un des jeunes philosophes qui sont entrés dans cette direction, et nous le croyons très capable d'y marcher avec

1. Depuis la publication de ce travail, M. Léon Dumont a été malheureusement enlevé à la science par une mort prématurée.

indépendance, et de s'y faire lui-même sa voie. Quoique trop disposé, à notre avis, à traduire, dans la langue de la physique et de la mécanique, les faits de l'esprit, M. Dumont n'en est pas moins un psychologue distingué ; il a le don : tout système à part, c'est un observateur fin et habile, qui sait même, sans faire tort à la sévérité, ne pas manquer d'agrément. Son ouvrage est riche en faits, et on y trouve les analyses les plus déliées. Il est, en outre, riche en lectures, en souvenirs, en exemples bien choisis et bien amenés. Le style est bon, d'une qualité solide et fine. C'est, en un mot, un travail qui fait beaucoup d'honneur à l'auteur, et qui a sa place marquée dans la science psychologique.

Quant à la théorie propre de M. Léon Dumont, on peut dire que l'auteur a adopté, en la traduisant dans la langue de la mécanique moderne, la célèbre théorie d'Aristote, que le plaisir a sa source dans l'activité de l'âme; en d'autres termes, que le plaisir est une action et la douleur une passion. M. Dumont avait d'abord pris à son compte cette théorie dans un travail antérieur sur les *Causes du rire;* mais il préfère dire aujourd'hui que le plaisir résulte d'une accumulation de forces dans les centres organiques. La raison qu'il donne pour justifier ce changement de formule, c'est que les expressions « d'activité de l'âme », « d'exercice des facultés », etc., appartiennent trop, dit-il, à la terminologie spiritualiste. On peut trouver que celles qu'il leur substitue appartiennent trop à la terminologie opposée, et qu'elles sont, tout autant que les premières, et plus encore, contraires à la loi de neutralité que la psychologie expérimentale doit observer entre le spiritualisme et le matérialisme. Le terme d'activité est celui qui engage le moins, puisqu'on dit tout aussi bien l'activité chimique ou l'activité vitale que l'activité mentale. Il est évident, en outre, qu'un accroissement de forces dans l'organisme ne peut devenir cause de plaisir qu'à la condition de s'être d'abord traduit en états de conscience, en consciences d'activité. En effet, le plaisir et la douleur, suivant M. Dumont lui-même, ne sont pas, à proprement parler, des états, mais des changements d'états : ce n'est que par comparaison, et en passant d'un état à un autre, que nous jouissons ou que nous souffrons. Il faut que l'esprit soit déjà modifié d'une certaine manière pour que nous soyons capables de jouir ou de souffrir : les antécédents psychologiques du plaisir et de la douleur sont donc les états mêmes dont nous comparons les changements; et les phénomènes organiques qui les ont provoqués n'en sont que les conditions éloignées. Pour ces raisons, nous trouvons que la première théorie de M. L. Dumont, la théorie d'Aristote et d'Hamilton, vaut mieux que celle qu'il lui substitue aujourd'hui.

En revanche, nous considérons comme ingénieuse, et nous sommes porté à admettre comme vraisemblable la théorie particulière à laquelle nous venons de faire allusion, à savoir que les phénomènes affectifs, les émotions, le plaisir et la douleur « ne sont pas des sensations d'une espèce particulière, mais l'*accompagnement,* le *retentissement* d'une sensation. » Le plaisir et la douleur n'expriment donc que l'augmentation ou la diminution relative des forces, manifestée dans les états de conscience : ce ne sont pas des faits, ce sont des relations. Cette théorie, dont l'origine est dans Herbart, est également admise par un autre psychologue dont nous parlerons bientôt, M. Albert Lemoine. On peut accorder cette doctrine, tout en faisant remarquer que ce qu'il y a d'individuel et de spécifique dans le plaisir et dans la douleur reste au-dessus de toute explication.

Il nous reste à signaler un point essentiel sur lequel M. Léon Dumont se sépare de la doctrine traditionnelle de l'école positiviste. Il est amené, en effet, par la suite des idées, à se demander quel est le fondement de l'unité de conscience ou du moi, pierre d'achoppement de toutes les écoles matérialistes et empiriques. Ces écoles réduisent en général l'idée du moi à un système, à un groupe, à une collection de sensations. L'école empirique, en particulier, rejette toute notion de substance et n'admet entre les faits élémentaires que des rapports de succession et de coexistence. En abandonnant ce point capital, M. Léon Dumont ne se rend peut-être pas compte de la gravité de la concession à laquelle il est entraîné ; mais il faut qu'il sache bien que c'est la base fondamentale du positivisme qui succombe avec cette doctrine. Il rétablit donc la notion de substance. Mais allant tout de suite d'une extrémité à l'autre, il soutient qu'il n'y a qu'une seule substance, qui est Dieu, et que là est le fondement de la conscience individuelle : il franchit d'un bond, en passant par-dessus le spiritualisme, l'intervalle qui sépare le matérialisme du panthéisme.

On pourrait trouver qu'il est bien peu conforme aux principes d'une philosophie expérimentale (elle le prétend du moins) de se lancer si hardiment dans l'investigation des premiers principes et des premières causes ; peut-être sans être positiviste, et pour s'en tenir au point de vue rigoureusement psychologique, suffirait-il de dire que l'unité de conscience exige un principe distinct, sans aller jusqu'à en déterminer la nature ontologiquement ; mais abandonnant cette question de procédure, nous dirons que le principe de la substance universelle laisse, suivant nous, le problème de l'unité de conscience aussi inexpliqué qu'auparavant : car si le matérialisme ne donne pas assez pour résoudre ce problème, le panthéisme nous fournit trop ; une pluralité ou multitude, comme paraît être ce que nous appelons corps, n'est pas assez pour expliquer l'unité individuelle ; mais une unité absolue est beaucoup trop. Une substance universelle ne peut donner qu'une conscience universelle, et non pas une pluralité de consciences individuelles limitées, séparées, fermées les unes aux autres. M. Dumont explique la pluralité des consciences, en disant qu'il y a du vide entre elles, qu'il y a discontinuité ; mais c'est là précisément le fait même à expliquer : comment y a-t-il du vide dans la substance universelle ? comment y a-t-il discontinuité dans ce qui est, selon la définition même de M. Dumont, « le principe de la continuité absolue ? »

Nous l'avons dit déjà : « La pluralité des substances n'explique pas l'unité du moi ; et l'unité de substance n'explique pas la pluralité des moi[1]. » Entre l'unité absolue, ou première cause, et la multiplicité absolue, dans laquelle se disperse la ma-

---

1. Voir plus haut, ch. v, p. 81.

tière, il doit y avoir des centres d'unité intermédiaires, des centres de conscience ; et c'est ce que l'on appelle les esprits.

Terminons en exprimant une pensée qui nous frappe et qui a déjà été émise et développée avec autorité par M. Ravaisson : c'est que les écoles critiques, même en apparence les plus négatives, à mesure qu'elles creusent et approfondissent leurs propres idées, finissent par retrouver à la racine ce qu'elles avaient commencé par nier ou par écarter. Voyez en effet: le positivisme d'Auguste Comte excluait absolument la psychologie ; l'école anglaise moderne la réhabilite. Auguste Comte rejetait la métaphysique comme une étape inférieure de l'esprit humain. Que voyons-nous maintenant dans la philosophie anglaise ? D'une part, la doctrine de M. Herber Spencer, dans ses grandes lignes, est véritablement une métaphysique ; ses conclusions finales ne diffèrent pas beaucoup de celles de Spinosa et de Hégel; d'autre part, un positiviste anglais, M. Lewes, dans un livre récent, les *Problèmes de l'esprit et de la vie,* proteste contre l'exclusion de la métaphysique, et croit qu'il faut hardiment en reconnaître les droits. Il en est de même des notions ontologiques qui reparaissent les unes après les autres ; Stuart Mill reconnaît expressément que l'idée du moi est irréductible à une combinaison de sensations, et M. Taine n'est pas éloigné de faire le même aveu. M. Herber Spencer défend l'idée d'absolu contre l'école d'Hamilton, et soutient que c'est une conception non pas négative, mais positive de l'esprit humain. Nous venons de voir que M. Léon Dumont, à son tour, restitue l'idée de substance : en outre, il fait reposer toute sa doctrine sur l'idée de force, en d'autres termes de cause. Cause, substance, absolu, ne sont-ce pas là les idées fondamentales de toute ontologie ? Jusqu'où ira cette réintégration successive des notions que l'on avait cru éliminer ? Nous ne le savons pas, et nous n'avons pas à le chercher. Ce qui est certain, c'est que ce mouvement de retour est digne de la plus sérieuse considération. Il semble que la pensée, comme la vie, soit douée d'une force réparatrice, *vis medicatrix*, en vertu de laquelle elle corrige et guérit spontanément les blessures qu'elle se fait à elle-même. Les médecins, c'est-à-dire les philosophes spiritualistes et autres, ne peuvent qu'aider et faciliter ce travail spontané de la nature ; mais ils ne peuvent ni le précipiter, ni le violenter. La pensée obéit à ses lois, non aux leurs ; elle suit ses voies, et non celles qu'on voudrait lui imposer du dehors. Ainsi, c'est une loi inflexible que la pensée, lorsqu'elle est restée longtemps concentrée en elle-même à se contempler, éprouve le besoin irrésistible de sortir d'elle-même pour aller chercher au dehors des matériaux et des aliments nouveaux ; rien ne peut vaincre alors cette tendance à l'objectivité : mais c'est une loi non moins vérifiée par l'expérience et par l'histoire qu'après s'être ainsi extériorisée, la pensée finit toujours par se ressaisir elle-même, avec ses conditions fondamentales, du sein de ce milieu extérieur où elle a cru se perdre. Ce va-et-vient du dedans au dehors et du dehors au dedans, et la réconciliation de ces deux mouvements dans une idée suprême, a été jusqu'ici la loi universelle et perpétuelle de la philosophie. Il n'y a aucune raison de croire qu'elle ne se vérifiera pas encore une fois.

VIII

M. ALBERT LEMOINE. — M. LE DOCTEUR DESPINE

17 août 1875.

L'Habitude et l'Instinct [1], tel est le titre d'un écrit posthume de M. Albert Lemoine, philosophe distingué, dont la perte récente a affligé la science, et qui est mort prématurément, frappé par l'une des plus grandes afflictions qu'il soit donné à l'homme de connaître.

Albert Lemoine était un philosophe de l'école de Maine de Biran, de Jouffroy et d'Adolphe Garnier, école indépendante en réalité de celle de Victor

---

1. *Bibliothèque de philosophie contemporaine*, chez Germer-Baillière, Paris, 1875.

Cousin, quoique en étroite connexion avec celle-ci. Cette école avait voulu appliquer les méthodes sévères de l'observation et de l'analyse à l'étude des faits de l'âme. Très spiritualiste dans ses conclusions, elle ne suspendait cependant pas toutes les questions au problème de l'existence de l'âme, et elle savait les traiter séparément et en elles-mêmes. Si on fût resté rigoureusement fidèle à la direction donnée par Jouffroy, on aurait pu fonder en France une psychologie expérimentale aussi riche, quoique moins systématique que la psychologie anglaise de l'école actuelle : mais on manqua de ce qui nous manque le plus en général, la patience, on alla droit aux conclusions théoriques ; on se laissa décourager par les objections du dehors qui représentaient cette méthode comme sèche, étroite, stérile. Seul, Adolphe Garnier resta fidèle à la direction du maître, et son *Traité des facultés de l'âme* est encore le seul ouvrage complet que nous ayons à opposer aux ouvrages anglais dans cet ordre d'idées.

M. Albert Lemoine, venu après M. Adolphe Garnier maintint à son tour avec fermeté et ténacité ses travaux dans la direction psychologique des deux philosophes précédents. Il étendit même la sphère de ces études en s'avançant plus qu'on ne l'avait fait encore sur le terrain de la physiologie. Ses livres sur le *sommeil*, sur l'*aliéné*, sur la *physionomie et la parole*, nous le montrent s'appliquant à des problèmes que la psychologie classique avait un peu négligés, et se faisant un domaine propre de la question des rapports du physique et du moral. Dans ces divers écrits, M. Albert Lemoine portait une méthode sévère et un peu triste ; il ne cherchait point l'agrément ; il ne pensait qu'à la chose elle-même ; on ne lui reprochera pas d'avoir sacrifié la philosophie à la littérature. C'était un esprit net et exact qui savait où il allait, ne se payait jamais de mots, et, comme Jouffroy, voulait avant tout voir clair dans ses idées. Il avait le sens psychologique : pénétration, finesse, sagacité, sont ses qualités dominantes. C'était en outre une nature fière et solitaire, ne demandant rien au succès, tout entier à ses devoirs et à ses études. Professeur pendant dix ans à l'École normale, il y maintint la tradition des idées exactes et de la méthode difficile, luttant avec ténacité contre une certaine invasion de l'imagination en philosophie, qui ne lui paraissait pas conforme aux conditions de la vraie science et du solide enseignement. Ce penseur sérieux et éminemment consciencieux n'a pas été récompensé par le succès extérieur, comme il l'eût mérité ; mais il laissera un nom honorable dans l'histoire de la psychologie française. Les qualités psychologiques de M. Albert Lemoine se retrouvent dans les deux derniers mémoires sortis de sa plume, et particulièrement dans celui qui traite de l'*Habitude;* le second, quoique important, est en effet resté inachevé et n'a pas reçu la dernière main.

Le problème de l'habitude avait déjà suscité en France les recherches de deux penseurs : Maine de Biran et M. Ravaisson : mais les fines analyses psychologiques du premier et la profonde métaphysique du second laissaient encore ouverts bien des problèmes, et M. Albert Lemoine a pu s'approprier à son tour le sujet par des vues nouvelles. C'est ainsi qu'il commence par une remarque ingénieuse qui, je crois, n'avait pas encore été faite : on dit toujours que l'habitude exige la continuation ou la répétition des actes ; et l'on ajoute, sur l'autorité d'Aristote, qu'un seul acte ne fait pas une habitude, une seule hirondelle ne fait pas le printemps. » M. Albert Lemoine fait remarquer, au contraire, que déjà dans le premier acte l'habitude doit avoir sa racine : car, dit-il avec raison, s'il ne passait rien du premier acte dans le second, le second acte serait en tout semblable au premier et serait aussi nouveau que lui ; il n'y aurait donc pas de raison pour qu'il en passât quelque chose dans le troisième : l'âme resterait toujours à l'état de table rase, et l'habitude ne se formerait jamais.

S'il en est ainsi, on voit que ce n'est pas le fait matériel de la répétition qui forme l'habitude : c'est l'activité innée de l'être vivant, sa spontanéité d'action. En effet, le vivant seul agit. C'est pourquoi l'habitude est exclusivement propre aux êtres vivants, et elle n'a pas lieu dans le domaine inorganique. Aristote l'a dit déjà : « On a beau lancer une pierre cent fois dans l'espace, elle ne tombera pas plus vite la centième fois que la première. » C'est que les corps inorganiques ne recevant le mouvement que du dehors, ne peuvent s'approprier et par conséquent accumuler en eux une activité qui n'est pas à eux : « Comment un mobile, indifférent par sa nature au mouvement et au repos, pourrait-il accueillir l'un ou l'autre plus volontiers? Comment, incapable de produire le mouvement, serait-il capable de le reproduire? » L'activité, au contraire, tend à agir et accumuler les produits de son action : « Chose singulière, à mesure qu'on la dépense, cette énergie renaît, et renaît plus vigoureuse, tandis qu'elle dépérit dans le repos ; elle se consume à ne rien faire et se fortifie par l'action, comme une source qu'on tarirait quand on n'y puiserait pas, ou qui jaillirait plus abondante quand on croirait l'épuiser... Ainsi le propre de l'être vivant est d'agir et de croître en agissant. »

Il résulte de là que la force, grandissant à mesure qu'elle agit, doit triompher par un effort moindre d'une résistance qui par hypothèse reste la même. « L'intensité de l'effort se mesure sur l'intensité connue ou probable de la résistance ; nous ne prenons pas une massue pour tuer une mouche. » De cette loi de proportionnalité entre l'effort et la résistance, il résulte que la force croissant d'une part, par sa propre accumulation, tandis que le point d'application demeure fixe, l'effort doit être moindre et l'action plus facile. De là la loi si connue de l'habitude, qui devient comme on dit une seconde nature. De plus (et c'est peut-être un point qui n'est pas suffisamment expliqué par l'auteur), la force active est accrue, suivant lui, non seulement dans sa quantité, mais encore dans sa qualité, c'est-à-dire dans sa spécialité ou direction ; ce n'est pas seulement l'action en général, mais telle action qui devient plus facile, et qui sollicite de plus en plus par sa facilité même, l'activité dans le même sens.

L'un des effets les plus remarquables de l'habitude, suivant M. Albert Lemoine, c'est de perpétuer en quelque sorte et de fixer ce qu'il y a de plus mobile au monde, à savoir le moment présent : « Le passé n'est plus, l'avenir n'est pas encore, le présent seul est réel. Mais qu'est-ce que le présent ? Comme le disent à la fois Platon, Aristote et Leibniz, le présent est un point sans dimension, la limite toujours mobile qui sépare ce qui a été et ce qui sera, de sorte que le présent lui-même est insaisissable, et que l'existence échappe sans cesse aux êtres qui durent. Vivre dans le présent semble donc impossible, et l'est en effet sans l'habitude. Fixer ce perpétuel devenir, constituer un présent positif avec ces éléments négatifs, d'un point mathématique faire une ligne et un solide, arrêter le temps que rien n'arrête, telle est l'œuvre de l'habitude et le service qu'elle rend aux êtres vivants. »

C'est là une vue aussi ingénieuse que solide. En voici une autre. Il s'agit d'expliquer comment l'habitude, qui fortifie en général nos fonctions et nos facultés, semble au contraire émousser et affaiblir la sensibilité : c'est là en effet une loi constatée par tous les observateurs, et formulée par Maine de Biran et par Hamilton. La loi, à la vérité, est soumise à quelques exceptions apparentes, mais elles peuvent elles-mêmes rentrer dans la règle, et en les négligeant, reste donc la question précédente : Comment et pourquoi la sensation s'affaiblit-elle en se répétant ? M. Albert Lemoine invoque ici le principe que nous avons déjà remarqué chez M. Léon Dumont, c'est que la sensation, en tant qu'affective, est essentiellement un mouvement, un changement. « *Elle est moins un état que la transition d'un état à l'autre...* La sensation ne vit que de mouvement ; elle disparaît dans l'immobilité : la sensibilité n'est excitée que par l'accident et la nouveauté. » Or, quel est l'effet de l'habitude ? C'est précisément de détruire cette nouveauté ; c'est, en rendant les fonctions plus faciles, d'effacer la différence entre l'état précédent et l'état suivant. Lorsqu'une sensation dure quelque temps, on cesse de la sentir, ou du moins on la sent moins ; lorsqu'elle se renouvelle souvent, il en est à peu près de même. Ce qui fait la sensation, soit agréable, soit douloureuse, c'est une certaine disproportion entre nos organes et le milieu extérieur ; lorsque cette disproportion est assez grande pour nous donner la conscience d'un état nouveau, sans l'être assez pour blesser l'organe, nous jouissons ; quand elle dépasse cette mesure, nous souffrons. Or l'habitude, nous l'avons vu, a pour effet de détruire ou d'affaiblir cette disproportion et d'établir par conséquent, un certain équilibre entre les organes et le milieu. Il peut arriver même que par une complication du même phénomène, chacun de nos états affectifs se change en son contraire : le plaisir en douleur et la douleur en plaisir : « Un plaisir amoindri est déjà presque une peine... la sensation devient satiété, la satiété dégoût. Du dégoût naît le besoin d'une sensation nouvelle... la sensibilité impuissante à la faire naître, l'appelle et l'attend dans le désir, dont l'ardeur peut atteindre l'intensité de la douleur. » Quant à la douleur, elle se change rarement en plaisir positif, quoique cela arrive quelquefois pour les sensations du goût et de l'odorat : « Mais quelle jouissance cependant, n'est-ce pas, que la cessation de la douleur ? Et le patient qui sort de la torture ne dirait-il pas volontiers avec Épicure que ne pas souffrir est le souverain bien? »

Signalons encore une distinction importante entre les « habitudes volontaires » et les « habitudes de la volonté. » Les premières sont les habitudes de nos diverses facultés, en tant qu'elles ont pour origine des actes de la volonté; les autres sont des habitudes de la volonté elle-même, et ce n'est pas un petit problème de comprendre comment la volonté peut devenir involontaire. Faut-il dire que la volonté s'évanouit et s'amortit par l'habitude ?

Suivant l'auteur, c'est le contraire qui a lieu. En effet, le propre de l'habitude est de fortifier et d'accroître toutes les fonctions et de les rendre plus faciles : par l'habitude, l'entendement devient plus capable de comprendre, et l'activité d'agir. Il doit en être de même de la volonté : par l'habitude, elle deviendra plus capable de vouloir. Nous sommes dupes ici d'une fausse analogie entre la volonté et les autres facultés : celles-ci, à mesure qu'elles se fortifient, ont naturellement moins besoin de l'action de la volonté, mais il n'en est pas de même de la volonté elle-même. De ce qu'elle devient plus facile, il n'en faut pas conclure qu'elle cesse d'être volonté pour rentrer dans le domaine de la pure nature ; au contraire, elle est plus volonté que jamais, et la spontanéité à laquelle elle arrive n'est plus celle de la nature, c'est celle de la liberté.

L'espace nous manque pour parler du travail de M. Albert Lemoine sur l'*instinct*, qui contient encore d'excellentes parties, et que l'on pourra rapprocher de l'intéressant ouvrage publié sur le même sujet, il y a quelques années, par M. Henri Joly. Ajoutons qu'un autre professeur de l'Université, M. Ludovic Carrau a lu récemment sur la même question un ingénieux mémoire à l'Académie des sciences morales et politiques. On voit combien la philosophie universitaire s'intéresse aujourd'hui à ces questions mitoyennes touchant d'une part à la physiologie et à la zoologie, qu'elle écartait volontiers autrefois. M. Albert Lemoine est un de ceux qui ont le plus contribué à lui donner cette nouvelle direction.

Il nous reste, pour achever l'analyse des écrits psychologiques parus récemment, à parler de l'ouvrage de M. P. Despine *La folie au point de vue philosophique*, œuvre de fortes études et de sérieuses méditations. Déjà l'auteur en avait exprimé les principes fondamentaux dans un livre publié, il y a quelques années [1]. Il les reprend dans un nouvel écrit pour les appliquer plus particulièrement à la question de la folie. Quoique n'étant pas, nous dit-il, médecin aliéniste, on voit qu'il a beaucoup étudié les fous ; et aussi, sans être magistrat, ni directeur de prison, les criminels. On lui doit aussi cette justice qu'il a cultivé la philosophie, pas assez cependant pour se rendre bien compte de toutes les questions qu'il traite ; et sa psychologie, en particulier, n'est pas aussi en avance qu'il paraît le croire sur l'état actuel de la science.

On lui a, en effet, reproché avec justesse [2] de s'exagérer la nouveauté et l'originalité de ses idées. C'est ainsi qu'il croit avoir découvert la distinction entre deux espèces de raison : la raison spéculative et la raison morale, tandis que tout le monde sait que cette distinction est la base de la philosophie de Kant : il croit aussi avoir découvert la distinction de la raison et du raisonnement, tandis que c'est là une distinction élémentaire connue de nos

1. *Psychologie naturelle*, 3 vol. in-8°, Paris, 1868.
2. *Rapport à l'Académie des sciences morales et politiques*, par M. A. Franck. L'ouvrage de M. Despine a obtenu une récompense de 1,000 fr. à un concours de l'Académie sur la question de la folie.

plus jeunes écoliers, et même un lieu commun de classe [1]. Il est persuadé également qu'il est seul contre tous les philosophes à soutenir que la liberté morale n'est pas absolue, qu'elle a des degrés, tandis que la doctrine d'une liberté absolue ou infinie n'est qu'une théorie paradoxale de Descartes ou des stoïciens, théorie qui elle-même ne doit être entendue qu'au sens métaphysique ; mais ce n'est nullement une doctrine vulgaire : et elle est implicitement démentie par la théorie des degrés dans la responsabilité morale, laquelle est universellement acceptée. Enfin, dans la plupart des cas, les nouveautés psychologiques de M. Despine consistent beaucoup plus dans les mots que dans les choses.

Si nous insistons sur ces défauts, malgré l'estime très sérieuse que nous faisons de l'ouvrage de M. Despine, c'est que l'auteur, contre son intention sans doute et sans le savoir, exprime en général ses opinions avec une sorte d'arrogance qui n'est pas de nature à lui concilier l'adhésion du lecteur, et qu'il paraît disposé à prendre la plus légère approbation pour un acte de soumission à ses idées. Mais laissons de côté ces travers, et n'hésitons pas

---

[1] Il est rare que dans nos classes de philosophie, les jeunes gens n'aient pas à expliquer ce vers de Molière :
Et le *raisonnement* en bannit la *raison*.

à dire que l'ouvrage témoigne d'une certaine force de pensée. Entre beaucoup de vues émises dans son livre, nous en signalerons deux qui nous paraissent dignes d'attention. La première, c'est que le libre arbitre n'existe dans l'âme que là où il y a sens moral, sentiment du devoir; la seconde, conséquence de la première, c'est que les crimes commis en l'absence totale du sens moral, sont irresponsables.

On voit quelle attitude l'auteur prend dans une des questions les plus débattues par la médecine, à savoir la responsabilité du crime, et ses affinités avec la folie. En général, ceux qui soutiennent l'identité de ces deux formes d'égarement le font parce qu'ils nient d'une manière générale le principe du libre arbitre. Négation du libre arbitre, irresponsabilité du crime, deux doctrines nécessairement liées l'une à l'autre. Dans la doctrine de M. Despine, rien de semblable : il admet expressément et même très énergiquement l'existence du libre arbitre ; et cependant, il nie la responsabilité, sinon du crime en général, au moins de tels ou tels crimes, qui cependant ne sont accompagnés d'aucun symptôme apparent de folie et qui ne seraient folie que parce qu'ils sont crime. Comment l'auteur concilie-t-il cette grave assertion avec le principe du libre arbitre? Le voici : il soutient que là où manque le sentiment du devoir, la volonté ne peut être qu'entraînée par le désir le plus fort, c'est-à-dire par la passion : c'est seulement lorsque apparaît la conscience morale et avec elle le sentiment du devoir, que la volonté devient capable de résister au désir le plus vif, à la sollicitation la plus pressante, et d'obéir au mobile le plus répugnant. C'est donc véritablement la loi morale qui est le ressort, le principe moteur et générateur de la liberté. S'il en est ainsi, lorsque ce ressort moteur vient à manquer, plus de liberté possible. Donc point de sens moral, point de responsabilité ; et comme le sens moral est une partie essentielle de la nature humaine, c'est-à-dire de la raison, l'absence de cet organe est donc le symptôme d'une sorte particulière d'aliénation. Or, c'est ce qui arrive, dit-il, au moins dans une certaine espèce de crimes, dont les symptômes sont les suivants : 1° absence de gradation dans le mal. Racine a fait dire à Hippolyte se défendant devant Thésée : « Quelques crimes, seigneur, précèdent les grands crimes. » Au contraire, dans les cas signalés par l'auteur, le crime n'a point de signes précurseurs : le criminel commence tout de suite par les crimes les plus affreux ; 2° absence d'hésitation, point de lutte ; point de combat intérieur ; point « de tempêtes sous le crâne » ; le mal conçu froidement ; 3° point de remords. A ces signes se reconnaît, suivant l'auteur, l'absence évidente du sens moral, et par conséquent l'absence de la responsabilité.

Loin de nous la pensée de discuter ici une aussi grave question que celle du crime et de la folie. Qu'il nous suffise d'apprécier la doctrine de l'auteur au point de vue de la cohérence et de la clarté. Il affirme que le libre-arbitre naît de la conscience morale et disparaît avec elle. Soit ; mais comment l'entend-il ? Veut-il dire que l'homme n'est libre que lorsqu'il fait le bien, et qu'il ne l'est plus quand il fait le mal ? ce qui était la doctrine de Platon et des stoïciens. « Nul n'est méchant volontairement » disait Platon. « Le sage seul est libre », disaient les stoïciens. S'il en est ainsi, non seulement tous les crimes, mais tous les actes coupables en général, sans exception, sont irresponsables. C'est la doctrine de la liberté du bien. Mais le docteur Despine ne paraît pas avoir connu, ni voulu soutenir pour son propre compte — quoiqu'il y incline sans s'en douter — cette doctrine paradoxale ; au contraire, il affirme à plusieurs reprises la liberté du mal. S'il en est ainsi, il peut sans doute y avoir des raisons de soutenir que *tel* ou *tel* crime est un acte de folie ; mais il n'en doit pas être ainsi de tout crime en général. C'est cependant à cette dernière assertion que l'auteur se laisse entraîner.

Au lieu de se limiter à certains criminels, il applique en réalité sa théorie à tous les criminels et l'on ne voit plus alors en quoi il se distingue de ceux qui nient d'une manière absolue et le libre arbitre et la responsabilité. Admettons un instant avec l'auteur qu'il y ait tel cas de paralysie ou d'anesthésie morale, où la conscience soit complètement abolie, soit par un défaut de nature, soit par une perversion d'éducation : c'est là une question de fait à vider ; mais est-on par là autorisé à conclure qu'il en est ainsi dans tous les cas? Qu'appelez-vous crime? Est-ce seulement ce que la loi désigne de ce nom? Mais n'y a-t-il pas des actes sociaux très coupables que la loi ne définit pas et qui peuvent être aussi bien que les autres appelés crimes par une conscience délicate? Les enveloppez-vous avec les autres dans la même irresponsabilité? Que resterait-il donc à la responsabilité? Si vous lui enlevez les péchés mortels, et ne lui laissez que les péchés véniels, est-ce vraiment la peine d'admettre le libre arbitre pour si peu? Faites-vous au contraire une part au libre arbitre dans les grandes fautes? Pourquoi exclure alors celles que punit la loi, et que l'on appelle des crimes, plutôt que celles qu'elle ne punit pas, et qui ne portent pas ce nom, quoiqu'elles puissent être ou aussi graves, ou même plus graves, selon l'occurrence? On voit que l'auteur a encore beaucoup à faire pour donner à ses idées le degré de cohérence et de netteté qui est nécessaire à une doctrine rigoureusement philosophique.

Le travail de M. Despine nous introduirait naturellement dans l'étude des écrits qui traitent de la morale, ce sera l'objet du chapitre suivant.

IX

M. FRANCISQUE BOUILLIER

LE PROGRÈS MORAL.[1]

Le savant auteur de l'*Histoire du cartésianisme*, M. Francisque Bouillier, n'est pas seulement un érudit en philosophie ; c'est encore un philosophe. Il aime à poser des questions, à élever des difficultés nouvelles, à indiquer des sujets de recherche. C'est ainsi qu'il y a quelques années, il a mis en mouvement tout le monde médical en ressuscitant l'animisme de Stahl[2]. Aujourd'hui il s'en

---

1. *Morale et Progrès*, 1875.
2. Voir plus loin, ch. XIII.

prend à l'idole du siècle, à l'idée du progrès qui, après avoir été, dans certaines écoles de notre temps, un dogme et presque une religion, commence à être battue en brèche de divers côtés. M. Renouvier, dans sa *Revue critique,* lui a fait essuyer d'assez rudes assauts. M. Fr. Bouillier, dans son nouvel écrit s'attache non pas à combattre et à supprimer, mais à circonscrire et à renfermer dans des limites précises la notion du progrès. A ce point de vue, son livre est vraiment utile, et plus intéressant que ne le serait une polémique stérile, qui en nous plaçant entre un oui et un non absolus, ne laisserait la décision qu'à la passion et au sentiment. La question est ici serrée de plus près, et la discussion est solidement et habilement conduite. L'auteur se demande ce que c'est que le progrès, quels en sont les éléments et les conditions; et il essaye de faire un partage entre les modes de l'activité humaine qui sont susceptibles de progrès, et celles qui ne le sont pas.

Suivant l'auteur, le progrès est un legs, un héritage qui va en augmentant avec les siècles et qui se transmet de génération en génération. Cela seul est donc susceptible de progrès qui est transmissible et accumulable. Maintenant il faut distinguer entre les *éléments* ou la *matière* du progrès et ses *conditions*. Les éléments du progrès sont les faits intellectuels, les connaissances. La condition du progrès, c'est la volonté. De cette distinction, l'auteur tire cette conséquence : c'est que l'élément intellectuel seul est perfectible, parce que seul il est susceptible de transmission et d'accumulation. Quant aux conditions du progrès, c'est-à-dire, le caractère, la volonté, la vertu, comme ce sont là des faits essentiellement individuels, ils ne peuvent ni se transmettre, ni s'accumuler; ils ne sont donc pas perfectibles : « La vertu, dit M. Bouillier, n'est perfectible que dans l'individu, tandis que l'élément intellectuel est perfectible non seulement dans l'individu, mais dans l'espèce, par voie d'héritage et de transmission, de telle sorte que le progrès s'opère au sein de l'élément intellectuel, mais sans l'élément moral il ne pourrait ni se soutenir, ni garantir en aucune sorte le progrès social et la civilisation. Telle est la vérité que nous avons à cœur de remettre en honneur, et en aussi grande lumière qu'il nous sera possible, par opposition à tous ceux qui, en France, comme en Angleterre, soutiennent la thèse contraire, à savoir que l'intelligence est tout, et que l'élément moral n'est rien dans le progrès de l'humanité. »

On voit que l'auteur s'engage à soutenir deux thèses qui ne sont peut-être pas liées l'une à l'autre : la première, contre Buckle et l'école anglaise, c'est que le progrès intellectuel n'est pas tout, et même qu'il n'est rien sans l'élément moral ; la seconde, c'est que l'élément intellectuel seul est perfectible dans l'espèce, tandis que l'élément moral ne l'est que dans l'individu.

Sur le premier de ces deux points, nous sommes entièrement d'accord avec l'auteur. Il est très vrai de dire que l'intelligence ne donne que la matière du progrès, et que la volonté en est le ressort. L'opinion opposée, qui exclut l'élément moral du progrès social, est un pur paradoxe. On voit au contraire que les peuples grandissent moins par l'intelligence que par le caractère et la force morale. Jamais l'intelligence n'a été plus vive et plus riche en Italie qn'au XVIe siècle, et cependant, c'est le commencement de sa décadence. Les puritains d'Angleterre et d'Amérique n'avaient pas beaucoup de lumières ; et cependant ce sont eux qui ont fait, en grande partie, ces deux puissantes sociétés et leur ont imprimé un si vif cachet d'originalité. C'est donc du moral que tout part, et c'est ce que ne sauraient trop méditer les peuples qui ont un grand rôle à reconquérir dans le monde. L'esprit, la science, la pensée pure n'y suffisent pas. Sur cette première question, la doctrine de M. Bouillier nous paraît aussi solide qu'opportune.

En revanche, nous ne voyons pas en quoi cette

revendication si légitime de l'élément moral contre l'élément intellectuel se lierait à cette autre thèse, qui en est fort distincte, à savoir que l'élément moral est imperfectible, si ce n'est dans l'individu, et la doctrine du progrès moral une chimère, et une chimère dangereuse. Nous ne pouvons suivre le savant auteur sur ce terrain, et sans être aussi dogmatique que les apôtres de l'humanitarisme, nous pensons cependant que l'opinion de M. Bouillier comporte de nombreuses et importantes restrictions. Au fond, cependant, la querelle porte plutôt sur les mots que sur les choses : tout dépend de la manière dont on entendra ce que l'auteur appelle l'élément moral, la vertu.

Si l'on se place au point de vue de l'auteur, il serait difficile de lui contester ses conclusions. La vertu étant, suivant lui, un acte essentiellement personnel et individuel, ne paraît pas de nature à être transmissible, et exige de chaque génération et de chaque homme en particulier une même somme de volonté. Nulle raison ne donne à supposer que cette force de volonté s'accroisse et même qu'elle ne diminue pas. En tout cas, il n'est aucun moyen statistique et expérimental de constater le progrès dans ce domaine : car qui peut lire dans l'intérieur des âmes et mesurer le degré de force morale dont chacun peut faire preuve dans toutes les épreuves de la vie? On peut même pousser le doute plus loin et se demander avec Kant si jamais aucun acte réel de vertu a été véritablement accompli dans le monde. Les stoïciens doutaient qu'il y ait jamais eu un vrai sage; et d'autres pensent avec raison que l'on peut douter s'il a jamais existé un homme véritablement vertueux dans le sens strict du mot; car, la vertu étant par essence l'obéissance absolument désintéressée à la loi du devoir, qui peut prouver qu'un tel désintéressement a jamais existé? Ne connaissant que les actes extérieurs, de quel droit pouvons-nous juger l'intérieur des âmes qui nous est fermé? Qui peut nous affirmer que dans les actes les plus admirés, il n'y a pas eu quelque motif personnel caché, ou quelque entraînement instinctif de la sensibilité? Nous ne pouvons rien affirmer de semblable même pour ce qui nous concerne personnellement : et la conscience d'avoir bien fait, n'est autre chose que la conscience de croire avoir bien fait.

On voit qu'en se plaçant au point de vue rigoriste et sévèrement stoïcien, qui fait consister la vertu dans l'effort libre et exclusivement personnel, n'obéissant qu'à la loi du devoir, il y a des raisons de douter non seulement du progrès de la vertu dans l'humanité, mais même de son existence. Mais si la théorie exige que nous partions d'un tel idéal, il est certain qu'on est obligé de s'en départir de beaucoup dans la pratique de la vie, et que l'on fait entrer en fait dans l'idée de vertu beaucoup d'éléments que la théorie pure nous forcerait d'en retrancher : et cette latitude d'interprétation est indispensable, si nous ne voulons pas tomber dans un découragement qui deviendrait bientôt une sorte de fatalisme musulman. Je serais incapable en effet d'aucun effort pour bien faire, si je ne croyais la vertu possible : pour être encouragé à la rechercher et à y faire des progrès, je suis forcé de prendre l'idée de vertu dans le sens qu'on lui donne communément, à savoir comme une suite de bonnes actions, accomplies par une bonne volonté, sous l'influence de bonnes pensées, de bons sentiments et de bonnes habitudes. Or, ici la question change de face. Un homme qui dès son enfance aura montré un goût incorruptible pour la vérité, qui y aura été encouragé par les exemples de la famille, par l'estime des hommes, par l'horreur et le mépris du vice contraire, un tel homme sera reconnu par tout le monde comme possédant et pratiquant la vertu de la sincérité ; et quiconque ne se contenterait pas d'une telle vertu, parlerait pour la lune ou pour tel autre monde inconnu, mais non pour le monde réel où nous sommes. Or, si dans une telle vertu il y a une part à faire, sans aucun doute, à l'effort libre de la volonté qui est essentiellement personnel, il y en a une autre non moins considérable à faire aux sentiments donnés par la nature, aux habitudes et aux exemples de l'éducation, à l'influence extérieure, etc. Or, tous ces éléments sont de nature transmissible et sont susceptibles d'être accumulés : une telle vertu est donc susceptible de progrès. La question de savoir si, en fait, un tel progrès existe est une question d'histoire, non de philosophie, Elle est très difficile à résoudre, je le reconnais, et demanderait une enquête faite sur une très vaste échelle ; mais la philosophie n'a aucun droit de déclarer un tel progrès impossible, aussi longtemps du moins qu'elle ne parle que de la vertu réelle, telle qu'elle est reconnue et pratiquée parmi les hommes, et qu'elle ne se place pas à un point de vue purement abstrait, et si rigoriste que le doute porterait alors, non sur la perfectibilité de la vertu, mais sur sa possibilité même.

Mais, dira-t-on, ce n'est pas le *fait* du progrès moral qui est en cause ; c'est la *loi* du progrès, loi qui, étant nécessaire comme toute autre loi, serait par là même en contradiction avec l'essence de la vertu qui est la liberté. Cette objection, sous une forme nouvelle, n'est au fond que la vieille question du conflit entre la liberté humaine et la Providence divine. Devons-nous pousser la croyance à la liberté humaine jusqu'à interdire à l'auteur des choses de donner des lois à l'humanité, même cela fût-il conforme à sa sagesse. Soutiendra-t-on que la société humaine se développe absolument sans lois? Est-il croyable, par exemple, que si la liberté humaine le voulait, toute une génération sur toute la surface de la terre pourrait à la fois s'imposer le célibat, et faire finir l'espèce humaine d'un seul coup? Ne voit-on pas qu'une telle hypothèse est insensée? Il y a donc au moins une loi, quoi que puisse faire et vouloir la liberté humaine : c'est la loi qui garantit la conservation de l'espèce.

Si donc il y a des lois, pourquoi l'une de ces lois ne serait-elle pas la tendance vers le mieux, de telle sorte que, toutes choses égales d'ailleurs, la résultante de tous les actes humains serait en faveur de la bonté morale? Quelle serait la part exacte de la liberté et de la responsabilité individuelle dans ce concours? Ce serait au Créateur de le démêler, et au jugement dernier d'en décider d'une manière absolue. Pour nous, un tel partage est impossible : la bonté morale de chaque homme est en raison composée de la nature et de la volonté; et sans mettre à l'honneur de l'individu ce qui résulterait du progrès de civilisation en général, ce serait un vain scrupule de ne pas appeler du nom de progrès moral une amélioration générale des mœurs, si elle était donnée par l'expérience : ce qui, encore une fois, est du ressort de l'histoire et non de la philosophie.

L'auteur semble croire que le progrès social, qu'il est difficile de contester, n'est qu'un progrès purement matériel dû à une meilleure police et à des moyens de coercition plus énergiques et mieux entendus, et il se refuse à appeler du nom de progrès moral ce qui ne serait selon lui que le résultat d'une action tout extérieure. Mais aussi pourquoi borner ce progrès à l'action extérieure ? N'y a-t-il pas un progrès d'habitudes qui vient de la délicatesse croissante des mœurs et d'un sentiment plus élevé de la dignité et de la fraternité humaines ? Lorsqu'on lit les histoires du xve et du xvie siècle, on voit que les hommes de ce temps ne se faisaient aucun scrupule de répandre le sang. Ils se tuaient non seulement par passion, mais encore par jeu. On fait assez bon marché de cet adoucissement des mœurs, comme d'une chose de peu de conséquence ; mais retournez la médaille, supposez l'inverse : supposez que les mœurs autrefois aient été douces, et qu'elles soient devenues féroces, que ne diriez-vous pas ? On s'indigne avec raison des cruautés commises dans les crises politiques ; mais cela prouve précisément que ce qui était la règle est devenu l'exception. Cela prouve aussi que la civilisation commence par en haut et qu'elle n'est pas encore descendue jusqu'en bas. Demandons-nous maintenant quelle est la cause de ce respect croissant pour la vie humaine. Est-ce simplement la crainte du châtiment ? Évidemment non ; mais chacun trouve en lui-même un sentiment d'horreur pour le sang répandu, sentiment qui peut tenir en partie au progrès de la police, mais qui tient surtout au développement d'un des sentiments les plus naturels et les meilleurs du cœur humain. Se refuser à appeler cela un progrès moral, c'est changer le sens des mots, c'est réduire la morale à une pure abstraction ; c'est même décourager l'action morale. Car pourquoi essayerais-je d'améliorer mes semblables, si, en définitive, quand je les ai rendus meilleurs, on vient me dire qu'ils sont les mêmes qu'auparavant?

La seule question à mes yeux est la question de fait : les hommes sont-ils meilleurs aujourd'hui qu'autrefois? Cette question n'est pas résolue parce qu'elle n'a pas été traitée par des méthodes convenables. Nous avons tous là-dessus des tendances et des sentiments, beaucoup plus que des opinions raisonnées. La politique joue aussi un rôle dans la question. Les libéraux sont optimistes ; les réactionnaires sont pessimistes. Je ne dis pas cela pour M. Bouillier ; mais enfin, on sait qu'en général, chacun obéit sur ce point à ses petites préventions.

Pour affaiblir l'impression de certains progrès qui sautent aux yeux, et qu'on ne peut nier sans paradoxe, on invoque le principe des compensations. A tel bien, on nous impose tel mal qui est en quelque sorte sa rançon. La civilisation s'améliore, mais en même temps elle pervertit. C'est la vieille thèse de J.-J. Rousseau : mais s'il a eu raison sur ce point, qui est toute sa philosophie, pourquoi ne cesse-t-on de l'accuser de paradoxe? Si ce sont des paradoxes dans Rousseau, pourquoi les reproduit-on comme des axiomes de sagesse? C'est d'ailleurs une très mauvaise méthode que celle de ces prétendues compensations. Chaque fait doit être étudié en lui-même; puis on prendra la moyenne. Il y a des médecins qui ont prétendu que la vaccine ne sert à rien et n'a pas été un progrès, parce que la petite vérole s'est tout simplement transformée en fièvre typhoïde. C'est là une pure hypothèse qui ne peut valoir contre un fait. Le fait, c'est que la petite vérole a cédé devant la vaccine : voilà qui est positif. Qu'il y ait un autre mal venu depuis, cela est possible; mais rien ne prouve qu'il soit la répercussion du premier. De même aussi vous direz : la société d'aujourd'hui n'aime plus le sang, mais elle aime l'argent. Croit-on que ce soit l'un de ces goûts qui se soit transformé dans l'autre?

Cela est bien peu probable ; car l'*auri sacra fames* ne paraît pas dater d'aujourd'hui. En supposant que nos pères n'aimassent pas l'argent autant que nous (ce dont je doute), c'est tout simplement parce qu'ils n'en avaient pas. La cupidité et l'avarice y avaient d'autres formes ; et le pillage exercé par les barons féodaux n'était pas un fait plus moral que l'agiotage de nos spéculateurs.

Tout en louant l'auteur d'avoir soulevé la question et de l'avoir posée avec précision, nous ne sommes donc pas de son avis pour la conclusion. Nous n'accordons pas que le bien moral ne soit pas susceptible d'être transmis et accumulé, par conséquent susceptible de progrès. M. Fr. Bouillier part d'un principe de défiance envers la nature humaine que nous ne pouvons pas partager. L'homme n'est pas un si méchant animal que l'on est tenté de le croire. Il est porté plutôt au bien qu'au mal, et cette tendance doit finir par l'emporter. Ceux qui ne croient ni à la doctrine de la chute, ni à la doctrine du hasard ou de la nécessité, peuvent difficilement échapper à cette conviction.

J'avoue cependant que la théorie du progrès renferme des difficultés insurmontables quand on la pousse à ses dernières conséquences. S'il y a une loi du progrès, il faut que le progrès soit indéfini : car un progrès qui s'arrêterait, ou qui même reculerait à un moment donné, ne serait plus un progrès. Mais comment le progrès pourrait-il être indéfini, si l'humanité n'était pas éternelle ; et comment l'humanité pourrait-elle être éternelle sans que la terre le fût également? Mais y a-t-il quelque chose d'éternel dans le monde, hormis les éléments? Si la terre doit finir, et l'humanité avec elle, ce progrès indéfini finirait donc subitement, brusquement? Y a-t-il des exemples de ces terminaisons brusques et tranchantes? Ne voit-on pas au contraire que la plupart du temps les choses finissent comme elles commencent, c'est-à-dire par degrés? En raisonnant d'après les lois de l'analogie, on est donc amené à penser que l'humanité aura sa décadence, sa vieillesse, et auparavant un âge mûr, un temps d'arrêt plus ou moins long, où elle resterait immobile. L'inventeur du phalanstère, Ch. Fourier, en avait jugé ainsi. Il admettait une époque d'apogée, qu'il appelait période pivotale, qui devait durer huit mille ans, et après laquelle devait commencer une période descendante, analogue en sens inverse à la période ascendante qui conduit au bonheur. Cette contre-partie de la doctrine avait été habilement voilée par les disciples : on était d'ailleurs si éloigné que ce n'était pas la peine d'en parler. On voit que si la comparaison de l'humanité à un seul homme a conduit Pascal à la notion du progrès, la même comparaison conduit à l'hypothèse d'un temps d'arrêt et d'une décadence. Or pour ceux qui ne croient pas, comme Fourier, à la possibilité du paradis sur la terre, rien ne prouve que ce temps d'arrêt, et même de décadence, n'a pas déjà commencé; et c'est ce qu'on pourra toujour soutenir. On voit combien une telle question est difficile à résoudre théoriquement : c'est pourquoi nous répétons qu'elle appartient à l'histoire plus qu'à la morale. Quant au doute soulevé plus haut, rien ne donne lieu à penser que l'humanité en soit encore arrivée à ce point d'arrêt, d'où elle n'aurait plus qu'à redescendre en vieillissant. Il lui reste, suivant toute apparence, bien des phases à traverser encore. De plus cette difficulté porte sur toute espèce de progrès, tout aussi bien sur ceux que l'auteur admet que sur celui qu'il nie : tout ce que nous tenons à maintenir, c'est que l'amélioration morale n'est nullement exclue du progrès possible, tant que l'humanité en sera encore à parcourir sa phase de progrès. Qu'arrivera-t-il ensuite? Nous sommes hors d'état de le dire; et sur ce point, suivant toute apparence, M. Bouillier n'en sait pas beaucoup plus que nous.

Les développements auxquels l'intérêt de la question soulevée par M. Fr. Bouillier nous a entraîné nous laissent peu de place pour parler d'un autre livre de morale d'une assez grande importance, la *Morale utilitaire*, par M. Ludovic Carrau. Cet ouvrage, couronné par l'Académie des sciences morales, a le mérite d'être bien composé et de nous mettre parfaitement au courant de l'état actuel de la question. On y reconnaît toutes les qualités qui distinguent la philosophie universitaire : la méthode, la clarté, le bon style, les idées sages et éclairées. Malgré un peu de lenteur, la discussion est bonne et habile. La nouveauté du livre consiste en deux points: d'une part, il expose très bien les phases nouvelles de l'utilitarisme dans l'école anglaise contemporaine, et montre que, malgré ces raffinements nouveaux, le principe reste toujours aussi insuffisant qu'auparavant; en second lieu, il ne se contente pas, comme on l'a fait généralement, de critiquer l'utilitarisme sur le terrain de la morale, il le poursuit dans ses conséquences sociales et économiques. Tels étaient les deux points qui rendaient opportun un travail nouveau sur une question qui semble aujourd'hui épuisée : et l'auteur s'est acquitté de sa tâche avec talent et succès.

Nous terminerons cette revue en indiquant à nos lecteurs un travail d'une autre nature que les précédents, mais qui n'est pas sans quelque rapport avec eux. On sait que l'éminent auteur de l'*Essai sur la métaphysique d'Aristote*, M. F. Ravaisson, partage ses amours entre la philosophie et l'esthétique : or l'esthétique l'a conduit à l'archéologie. C'est un travail d'archéologie qu'il a lu récemment à l'Académie des inscriptions, et qui a paru dans la *Gazette des Beaux-Arts,* sur les *Monuments funéraires chez les anciens.* Mais chez M. Ravaisson tout prend une valeur, une signification philosophique. Dans un travail de nature en apparence toute spéciale, il touche à une grande question, celle de la croyance, chez les anciens, à la vie future. On sait que les écoles de philosophie ont attaché une grande importance à ce qu'on a appelé l'argument du consentement universel. Sans exagérer la valeur de cet argument, on reconnaîtra cependant qu'il n'est pas sans intérêt de constater jusqu'où et combien une telle croyance a été répandue parmi les hommes : si cette croyance est rare et clairsemée, on peut supposer que c'est un accident : si elle est partout, elle témoignera au moins d'un instinct de la nature humaine. Or c'est une question de ce genre qu'a traitée M. Ravaisson. Il s'est appliqué à interpréter certaines scènes des monuments antiques que l'on appelle généralement des adieux : il y a vu, au contraire, des appels à une réunion ultérieure. Il a fait remarquer avec finesse que jamais ces prétendus adieux ne sont accompagnés d'un mouvement de séparation, mais toujours au contraire d'un mouvement de rapprochement. Beaucoup d'autres traits de ces monuments sont encore l'objet de son examen, et il en tire la même conclusion. En un mot, l'étude des faits rassemblés par lui sur les monuments vient à l'appui de ce qu'on sait déjà par les ouvrages littéraires, ceux des poètes en particulier, et de ce que M. Jules Girard avait démontré dans son livre si distingué sur le *Sentiment religieux des Grecs:* c'est que le peuple grec n'a pas été seulement, comme on le dit sans cesse, un peuple ami de la nature et des sens, mais un peuple religieux, qui a eu sa période de croyance et de piété. On voit combien de telles recherches intéressent les philosophes, en même temps que les archéologues. Au reste, le travail de M. Ravaisson est remarquable, comme tout ce qui sort de sa plume, par la largeur de la touche et la beauté des traits. Il est peut-être un peu trop enclin à trouver dans les choses (quand il les aime) plus qu'il n'y a ; mais c'est là un beau défaut, très préférable au défaut contraire qui est le signe infaillible d'un petit esprit.

X

M. A. MAGY

LA SCIENCE ET LA NATURE

15 avril 1874.

Dans un travail précédent, nous avons étudié un groupe de penseurs chez lesquels l'idée spiritualiste raffinée, subtilisée, vaporisée, au point d'être quelquefois à peine l'ombre d'elle-même, ne paraît subsister qu'à titre de tendance morale et religieuse. Nous voudrions étudier aujourd'hui un autre groupe d'écrivains, plus réglés, plus soucieux de la clarté et de la précision, plus fidèles à la tradition, et qui toutefois ont cherché aussi à rajeunir et à élargir la doctrine spiritualiste, à en tirer non seulement une philosophie de l'esprit, mais encore une philosophie de la nature. Ceux-ci relèvent de Leibniz, et leur principe est l'idée de force, que ce grand philosophe a introduite dans la philosophie et dans la science. Tout être est actif par essence. Ce qui n'agit pas n'existe pas, *quod non agit, non existit*. Or tout ce qui agit est force : tout est donc force ou composé de forces, et cela est vrai des corps comme des esprits. L'essence de la matière n'est pas l'étendue inerte, comme le croyait Descartes, c'est l'action, l'effort, l'énergie. De plus le corps est composé, et le composé suppose le simple. Les forces qui composent le corps sont donc des éléments simples, inétendus, des atomes incorporels. Ainsi l'univers est un vaste dynamisme, un savant système de forces individuelles, harmoniquement liées sous le gouvernement d'une force primordiale, dont l'activité absolue laisse subsister en dehors d'elle l'activité propre des créatures et les dirige sans les absorber.

C'est ce spiritualisme leibnizien, fondé sur la notion de force et de force individuelle, qui a de plus en plus prédominé dans nos écoles pendant les vingt ou trente dernières années, qui a produit de son côté et produit encore, en face d'un jeune idéalisme plus hardi et plus nuageux, des œuvres à la fois fortes et sages, libérales et circonspectes, s'inspirant de l'esprit du temps sans s'y asservir, préparant le retour des esprits aux idées saines sans les violenter. C'est ce courant d'opinions, d'enseignements, d'écrits, qui lutte depuis vingt ans contre les idées positivistes et sceptiques sans jamais lâcher pied, et qui a réussi, comme nous l'écrivait récemment un des hommes les plus éminents du parti adverse, à conserver au spiritualisme ses positions premières et à le maintenir « sinon victorieux, du moins invaincu. »

Parmi les ouvrages inspirés par la philosophie dynamiste, celui qui nous en présente sous une forme savante et nouvelle l'exposition la plus systématique est le livre de M. Magy, *la Science et la Nature*, l'un des meilleurs écrits philosophiques publiés en France depuis dix ans. M. Magy appartient à cette belle école française pour laquelle la clarté est non pas seulement un ornement, mais un devoir. Sa pensée, large et nourrie, se développe avec une suite et une ampleur qui rendent la lecture de son livre aussi facile qu'intéressante, et elle se traduit dans un style noble et grave, auquel on ne peut reprocher qu'un peu trop de solennité et de ce que les anciens appelaient *sermo rotundus*. Au lieu de ce byzantinisme obscur et subtil où se complaisent quelques-uns de nos jeunes novateurs dans leur mystico-nihilisme, vous avez affaire ici à une manière mâle, ferme, vraiment classique, dans laquelle la tradition sévère du xviie siècle s'unit au souvenir du noble style de M. Cousin [1].

L'objet de M. Magy, dans son livre : *la Science et la Nature*, n'est rien moins que de constituer la philosophie première, c'est-à-dire de déterminer les idées fondamentales qui sont à la fois et les principes de la connaissance et les principes de la nature. Or ces idées se ramènent, suivant lui, à deux essentielles, dont toutes les autres ne sont que des applications médiates ou immédiates. Ces deux idées sont l'étendue et la force. Toutes les sciences humaines, de près ou de loin, ont pour objet et n'ont pour objet que ces deux seules idées. Il y a six classes

---

[1]. Dans le même temps que M. Magy, un autre philosophe distingué, déjà placé au premier rang par ses études sur l'esthétique, M. Charles Lévêque, entrait résolument dans la même voie. Il faisait du dynamisme la base de son enseignement au Collège de France, en commentant la philosophie de la nature des anciens à l'aide de la science contemporaine. Il soutenait la même doctrine dans plusieurs travaux où il exposait la thèse de l'idéalité ou plutôt de la spiritualité de la matière, car la précision des termes veut que l'on réserve le nom d'*idéalistes* à ceux qui nient la réalité des choses extérieures et non à ceux qui transforment les atomes en forces et les corps en esprits. (*La Nature et la Philosophie idéaliste*, 15 janvier 1867; — *l'Atome et l'Esprit*, 1er juin 1869.)

de sciences : ce sont les sciences mathématiques, les sciences physico-chimiques, les sciences morphologiques (minéralogie, botanique, zoologie), les sciences anthropologiques et les sciences philologiques. Le problème est d'établir que, dans ces six classes de sciences, les deux seuls objets possibles de la démonstration scientifique sont l'étendue et la force.

Soient par exemple les sciences mathématiques ; ces sciences ont pour objet la quantité, c'est-à-dire tout ce qui est mesurable ; or il n'y a que quatre sortes de quantités ; ce sont d'abord précisément les deux idées en question, la *force,* objet de la mécanique, et l'*étendue,* objet de la géométrie ; ce sont en outre le *temps* et le *nombre.* Il s'agit de prouver que ces deux dernières quantités se ramènent aux deux premières. Pour ce qui est du temps par exemple, il n'est mesurable, c'est-à-dire il n'est une quantité mathématique qu'en tant qu'on le ramène à l'étendue et à la force. En effet, comment mesure-t-on le temps dans les pendules, les horloges, les chronomètres ? En le ramenant à l'espace parcouru par un mobile qui se meut par l'action plus ou moins directe de la pesanteur, c'est-à-dire de la force [1]. Quant au nombre, c'est le rapport

---

1. Nous avons quelques doutes sur la valeur de cette dé-

d'une quantité mathématique à son unité; mais, comme il n'y a pas d'autres grandeurs mathématiques que l'étendue, la force et le temps, réductible lui-même à l'étendue et à la force, on voit par là qu'il en est de même du nombre. On peut dire sans doute que je me forme le concept du nombre sans avoir besoin de la force et de l'étendue, et en voyant plusieurs objets différents, mais de même espèce, comme plusieurs arbres, plusieurs hommes, etc. Ce serait confondre l'idée du nombre et l'idée de multitude; or la multitude n'est pas une notion mathématique. Pour constituer un nombre, il faut que les unités qui le composent soient rigoureusement homogènes, ce qui n'est vrai que des quantités mathématiques, et encore une fois de l'étendue, de la force et du temps. Voilà pour les sciences mathématiques. Est-il nécessaire de démontrer que la physique et la chimie ne s'exercent que sur les notions d'étendue et de force ? Que sont la pesanteur, la lumière, la chaleur, l'électricité, sinon autant de forces, et qu'expriment les lois physiques, si ce n'est des relations dans l'espace ? Quant à la

---

monstration. De ce que le temps ne peut se mesurer que par le moyen de l'espace, s'ensuit-il qu'il ne soit pas une notion première et irréductible? S'il en était ainsi, la force elle-même ne serait pas une notion première, car elle ne se mesure aussi que par l'espace et par le temps.

chimie, qui étudie les actions moléculaires, elle les considère comme essentiellement dynamiques. La formation de l'eau par la combinaison de l'hydrogène et de l'oxygène est-elle autre chose que le résultat de leur action réciproque en vertu de leur force respective d'affinité ? Qu'est-ce que la loi des équivalents, sinon une formule par laquelle on exprime les conditions générales d'une certaine espèce d'équilibre qui constitue proprement la combinaison chimique, et dans laquelle tous les éléments agissent comme autant de forces qui se neutralisent réciproquement ? Considérons maintenant les sciences que M. Magy appelle morphologiques et parmi lesquelles il range la minéralogie, la botanique et la zoologie. La minéralogie n'est devenue une véritable science que par le moyen de la cristallographie, c'est-à-dire lorsqu'elle a pu définir chaque espèce minérale par sa forme cristalline, en d'autres termes géométrique, c'est-à-dire par la notion d'étendue; et la forme cristalline elle-même est le résultat de certaines forces chimiques qui, disposant les molécules suivant un plan, et comme d'après un rhythme déterminé selon chaque espèce, constituent ainsi les familles chimiques analogues aux espèces de la botanique et de la zoologie. Quant à ces deux sciences, on sait qu'elles étudient d'une part la structure des organes par l'anatomie, et de l'autre les fonctions de ces organes par la physiologie. Or la structure est une détermination de l'étendue, et la fonction est une détermination de la force. De plus, indépendamment de la force ou des forces agissant dans chaque organe, la forme générale des corps vivants suppose une force générale qui la détermine, et de plus encore une force qui, transmettant cette forme d'individu en individu, sert à la conservation de l'espèce ; enfin, remontant jusqu'à l'origine de l'être vivant, la physiologie a encore besoin de l'idée de force pour comprendre l'apparition de la vitalité.

Dans les sciences anthropologiques, la notion d'étendue disparaît, et laisse subsister seule la notion de force. L'âme est-elle une force ? et est-elle distincte des autres forces qui lui sont associées, par exemple du dynamisme cérébral, sans lequel elle ne peut s'exercer ? Peut-être cette seconde question n'était-elle pas nécessaire à traiter en ce lieu : que l'âme soit une force simple ou composée, cela est indifférent, il semble, à la proposition fondamentale de l'auteur ; mais, nécessaire ou non, cette discussion n'en est pas moins l'occasion d'une belle et savante démonstration de la spiritualité de l'âme [1]. Pour établir d'abord que l'âme

[1]. M. Magy a repris plus tard cette démonstration dans un livre sur *l'Âme*, dont nous parlerons plus loin.

est une force, M. Magy invoque le fait de l'activité scientifique ; il montre tous les obstacles qui s'opposent à cette activité : les exigences de la vie sociale, les besoins du corps, les passions égoïstes, le défaut d'aptitude, les difficultés propres de la science, chacun de ces obstacles exigeant un effort particulier pour le vaincre; et ce ne sont là que des efforts préliminaires, mais dans le travail lui-même que d'efforts nouveaux ! Autant d'actes d'attention que de propositions à comprendre ; autant d'efforts d'invention que de solutions à découvrir, sans parler des efforts consécutifs nécessaires pour conserver la science acquise et ne rien perdre de ce que l'on a appris ou trouvé. L'auteur arrive encore aux mêmes conséquences en analysant la méthode scientifique et en montrant que cette méthode n'est encore que l'action d'une force, bien plus, d'une force une, simple, irréductible, et non d'une résultante, comme l'enseignent les matérialistes. Nous ne pouvons suivre M. Magy dans les riches et savants développements qu'il donne ici à sa pensée. Contentons-nous de le résumer en disant que, pour lui, la pensée, sous quelque forme qu'elle s'exerce, est toujours une synthèse, comme l'a dit Kant, que toute méthode est ou une analyse synthétique ou une synthèse analytique, et qu'elle consiste toujours à aller de la pluralité à l'unité, ou de l'unité à la pluralité. Comment une telle opération serait-elle possible, si l'âme n'était pas elle-même une force, et si elle n'était qu'une résultante ? Quant à l'union du dynamisme cérébral avec l'âme pensante, elle n'a rien de particulièrement extraordinaire, car elle signifie tout simplement que l'âme n'est pas une substance séparée, absolument indépendante, qu'elle est en rapport avec le tout, et plus particulièrement avec le système de forces auquel elle est naturellement unie ; mais il n'est pas plus raisonnable d'identifier l'âme à son organe que l'oxygène à l'hydrogène, sous prétexte que ces deux gaz réunis perdent les propriétés qu'ils manifestent chacun à part. M. Magy se croit obligé de poursuivre encore la notion de force dans toutes les autres sciences anthropologiques, la logique, l'esthétique, la morale, la politique : travail peu nécessaire, à ce qu'il semble, toutes ces sciences n'étant que des dérivations et des applications de la science de l'âme, mais qui fournit à l'auteur l'occasion de répandre beaucoup de vues intéressantes sur divers objets.

Cette grande enquête sur les sciences humaines une fois achevée, M. Magy en cherche la contre-épreuve en comparant sa propre théorie avec celles des plus célèbres philosophes sur les idées fondamentales, notamment avec celles d'Aristote et de

Kant, et il s'efforce d'établir que les dix catégories du premier et les douze catégories du second se réduisent toutes à la notion d'étendue et à la notion de force.

Ainsi la première partie du problème est résolue ; nous savons quels sont les deux principes de la connaissance ; il reste à chercher quels sont les principes de l'existence. Ici, on est tenté de croire que ce sont les mêmes de part et d'autre ; mais ce serait, suivant l'auteur, la plus grave méprise. Les deux idées fondamentales en effet, bien loin de pouvoir coexister objectivement dans la réalité, sont dans un antagonisme radical et s'excluent l'une l'autre, de telle sorte que l'une des deux au moins est subjective ; il ne s'agit que de savoir laquelle des deux. Quant à supposer qu'elles le sont toutes deux, nous verrons bientôt que cela est impossible.

Le caractère propre de l'étendue est de tomber sous l'imagination. La force au contraire, comme l'a dit Leibniz, se conçoit, mais ne s'imagine pas. L'étendue a trois dimensions, la force n'en a aucune ; il est vrai qu'elle agit suivant une direction que l'on peut représenter par une ligne, mais les dimensions de l'étendue font partie intrinsèque de l'étendue elle-même, tandis que la direction de la force est étrangère à sa notion. En outre l'étendue est indéfiniment divisible ; la force est essentiellement indivisible. L'étendue est inerte ; la force est active. Les deux propriétés, étant ainsi opposées, ne peuvent être attribuées au même titre au même objet. Comment pourraient-elles s'associer ensemble ? La force sera-t-elle répandue sur toute la surface de l'étendue, ou concentrée en un point ? N'ayant pas de dimensions, comment se comportera-t-elle par rapport à la dimension ? Comment la force active agira-t-elle sur l'étendue inerte, et quel mode d'action peut-on concevoir de l'étendue inerte sur la force active ? Il y aurait donc action sans réaction. Ne serait-ce pas revenir aux vieilles cosmogonies des anciens, qui composaient la nature d'un principe mâle et d'un principe femelle, d'un élément actif et d'un élément neutre ? Toutes ces oppositions prouvent manifestement que ces deux notions ne peuvent pas être réelles à la fois, et que, si l'une est objective, l'autre ne l'est pas. Lequel des deux termes doit être tenu pour certain d'une certitude absolue ?

Ici nous croyons pouvoir dire que la discussion faiblit un peu, et que l'argumentation n'est plus assez serrée. Au lieu d'une discussion véritablement approfondie de l'opinion très accréditée aujourd'hui qui nie la réalité de la force et n'y voit qu'une pure dénomination représentant la cause inconnue des phénomènes ou même une simple relation entre les phénomènes, M. Magy se contente de considérations un peu trop générales à notre gré, et il ne fait guère que reprendre les arguments dont il s'est déjà servi pour établir l'idée de force comme conception de l'esprit. Cependant ici il s'agit d'autre chose : il s'agit de la réalité essentielle et objective de la force ; une nouvelle discussion, et plus profonde encore que la première, eût été nécessaire, car c'est là qu'est le nœud du système. Quoi qu'il en soit, l'auteur prouve la réalité intérieure de la force dans l'âme par l'activité de la pensée, par les impulsions de la passion et de l'instinct, par la lutte contre les instincts, par l'habitude, par la faculté locomotrice, par la force morale. Ce sont bien là sans doute les faits que l'on devait invoquer; mais il fallait les soumettre à une analyse plus approfondie. Voilà pour la force au dedans de nous-mêmes; il s'agit de savoir si elle existe aussi en dehors de nous : le dynamisme psychologique est-il une exception, une contradiction dans l'univers ? ou plutôt n'est-il pas un cas particulier du dynamisme universel ? Ici l'auteur invoque, pour prouver le dynamisme de la matière, les faits suivants, déjà mentionnés : l'action exercée par le monde extérieur sur notre âme, l'impossibilité de concevoir un corps sans lui prêter au moins l'attribut de l'impénétrabilité, le fait de la pesanteur qui m'impose un effort proportionné à la tension du poids, toutes les actions physiques et chimiques, qui toutes paraissent homogènes avec la pesanteur, puisque cette action est toujours comparable à celle d'un poids, puisque la chaleur, la lumière, l'électricité, sont des agents mécaniques, c'est-à-dire des causes de mouvement ou d'équilibre, et par conséquent des forces. Tous ces faits nous prouvent que le monde est un vaste dynamisme, un système de forces, et que sa réalité n'est que son activité.

Ainsi la force est un élément substantiel et réel, soit au dedans, soit en dehors de nous ; il s'ensuit d'après ce qui a été dit plus haut, que l'étendue est une notion subjective dont il ne s'agit plus que d'expliquer l'origine. L'étendue est perçue par deux de nos sens, par la vue et par le toucher. Il y a donc deux étendues, une étendue tactile et une étendue visible ; l'une et l'autre, pour être perçues, supposent trois conditions, une cause physique, une cause physiologique, une cause psychologique : d'abord le contact d'un corps extérieur, puis la transmission d'une certaine impression au cerveau par le moyen des nerfs, enfin la perception de cette impression par l'âme. Or nul contact sans une certaine action du corps extérieur sur nos organes, nulle impression physiologique sans une certaine action et énergie propre des nerfs, nulle sensation sans un certain degré d'attention. La perception de l'étendue n'est donc que la résultante d'un certain conflit de forces. Dès lors pourquoi n'admettrait-on pas que l'étendue n'est autre chose que le produit de la réaction de l'âme contre l'action des forces extérieures, en un mot qu'elle n'est qu'une intuition psychologique? C'est là une vérité aujourd'hui démontrée pour chacune de nos sensations. Il est établi que la saveur, la couleur, l'odeur, ne sont que les réactions de chaque système de nerfs (optique, gustatif, olfactif), et il ne s'agit que d'assimiler l'étendue aux autres sensations. Ajoutez à cela que la lumière étant reconnue d'un commun accord comme phénomène subjectif, comment n'en serait-il pas de même de l'étendue, qui l'accompagne nécessairement et qui en est en quelque sorte le support? L'expérience, dit-on, atteste la réalité de l'étendue; non, elle n'en atteste que la perception. De même que nous localisons dans nos organes des sensations qui n'ont pu être perçues que dans le cerveau, de même nous localisons en dehors de nous l'étendue perçue en dedans. Or les faits s'expliquent tout aussi bien dans cette hypothèse que dans celle de la réalité de l'étendue.

Si l'étendue n'est qu'une intuition subjective, une manifestation de la force, il s'ensuit que les corps, qui sont des composés, ne peuvent être composés que de forces et non d'atomes ; car ou bien ces atomes sont purement étendus et sans force, ce qui est contraire à la notion même de la matière, qui est active, puisqu'elle exerce une action — ou ils sont à la fois étendus et doués de force, ce qui est contradictoire, comme on l'a vu. L'auteur rencontre ici l'hypothèse de l'atomisme chimique, qui seul, dit-on, peut expliquer les deux lois fondamentales de la chimie, la loi des proportions multiples et celle des proportions définies ; mais ces lois n'expriment en définitive que des rapports pondéraux, et signifient seulement que tel poids déterminé d'un corps s'unit à tel poids déterminé d'un autre corps, que de plus les poids divers d'un même corps qui s'associent à un poids constant d'un autre corps sont entre eux dans des rapports simples et constants. Or ces lois subsistent tout aussi bien dans l'hypothèse des forces que dans celle des atomes.

Après avoir expliqué la notion d'étendue corporelle par l'action des forces extérieures sur l'âme et la réaction de celle-ci, M. Magy explique très ingénieusement l'idée d'espace ou d'étendue incorporelle par l'action directe des forces organiques sur l'âme et la réaction de l'âme sur ces forces mêmes. L'âme est en effet associée d'une manière continue à un système particulier de forces qui est son corps, et elle est dans un rapport d'action et de réaction incessant avec ce système. Si la représentation de l'étendue naît du conflit des forces en général, il doit y avoir une représentation de l'étendue indépendante de l'action des forces externes, et qui vient du commerce constant entre l'âme et le corps. L'espace sera donc immanent à l'âme, inséparable de l'âme, inné, comme on dit, tout aussi bien que l'union de l'âme et du corps est en quelque sorte innée, puisque nous n'avons jamais fait l'expérience d'un autre état. M. Magy montre avec finesse et habileté comment son hypothèse répond aux caractères propres à la notion d'espace, et il réfute fortement l'hypothèse de Leibniz et celle de Kant. Cette partie du livre, que nous ne pouvons qu'indiquer, est, à notre avis, celle où l'auteur a montré le plus de pénétration et d'originalité philosophique.

Si l'étendue, l'espace et toutes les qualités des corps, c'est-à-dire toutes les images que nous nous faisons des choses, sont les actes de notre esprit, l'auteur pourrait tout aussi bien dire que Schopenhauer : « Le monde est ma représentation, » et, en forçant le sens des mots, en appelant *volonté* avec le philosophe allemand, ce que tout le monde appelle *force*, c'est-à-dire l'activité inhérente aux choses, il dirait encore avec le même auteur : « Le monde est volonté ; » si l'on réunit enfin les deux idées, le monde sera la volonté objective devenue objet de représentation, *die Welt als Wille und Vorstetlung*. Un tel système pourra être caractérisé comme l'est en Allemagne le système de Schopenhauer, à savoir comme un réalisme idéaliste. Deux différences profondes séparent cependant le dynamisme de M. Magy et celui du philosophe de Francfort.

La première, c'est que pour Schopenhauer il n'y a qu'une seule force ; la volonté est une, et les individus ne sont que des moments, des accidents, des apparitions successives de cette volonté. Pour M. Magy au contraire, plus fidèle au point de vue leibnizien, les forces sont des éléments individuels, des simples, dont la réunion forme des composés ; l'âme est un de ces éléments simples, et elle se distingue du corps non seulement par la supériorité de ses attributs, mais comme le simple se distingue du composé. En outre, pour Schopenhauer, la force est antérieure à l'intelligence, la faculté représentative n'est qu'un accident de la volonté ; par conséquent la volonté prise en elle-même n'est pas une intelligence, elle est absolument irrationnelle et inconsciente. Pour le philosophe français au contraire, l'intelligence est la plus haute expression de la force. La force en soi doit donc être aussi intelligence en soi. Ainsi le dynamisme de Schopenhauer est un dynamisme panthéiste ou même athée, tandis que le dynamisme de M. Magy est spiritualiste et théiste. « Eh quoi ! s'écrie l'auteur dans une page vraiment éloquente, n'existe-t-il aucune intelligence qui soit non seulement raisonnable, mais la raison même ? La pure essence des choses, qui déjà dans le champ de l'étendue se traduit par tant de merveilles à la lumière de ce soleil visible, est-elle inaccessible à tous regards, plongée de toute éternité dans des ténèbres sacrilèges ? Cette nature qui s'ignore, qui ne sait pas qu'elle est digne du regard d'un dieu, retient-elle en soi, comme dans un abîme, le principe interne de sa beauté sans aucun témoin qui le voie de la claire vue, qui le contemple à découvert et sans voiles ? Pour moi, cette pure intelligence, à qui est présent tout intelligible, qu'elle embrasse et pénètre sans effort par une intuition toute-puissante, j'essaie en vain de supposer sa non-existence, contraint de reconnaître par une évidence irrésistible que de la part d'un être pensant le comble de la déraison est de supposer que la raison n'est pas. »

XI

M. TH. RIBOT

LA REVUE PHILOSOPHIQUE

2 mars 1876.

L'événement le plus important de ces derniers temps, dans l'ordre d'idées qui nous occupe, a été l'apparition de la *Revue philosophique de la France et de l'étranger*, dirigée par M. Th. Ribot. Cette publication est un fait entièrement nouveau dans le monde philosophique. Plusieurs revues de ce genre existaient déjà ou avaient existé; mais toutes consacrées à la défense d'une doctrine particulière, toutes inspirées par l'esprit d'une école exclusive :

la revue nouvelle, au contraire, se donne comme l'organe de la philosophie en général sans acception d'école; chaque écrivain y répond de ce qu'il signe; mais la revue n'engage pas sa responsabilité; elle est ouverte à tout philosophe sérieux, sincère, modéré dans son ton et dans ses formes; elle exclut les controverses agressives et passionnées, et se propose de faire parvenir au public toute pensée vraiment scientifique, quel que soit l'ordre d'idées auquel elle puisse se rattacher. Tel est du moins l'idéal qu'on se propose. Jusqu'à quel point la réalité sera-t-elle conforme à cet idéal? C'est ce que l'avenir nous apprendra.

Pour bien comprendre la portée de cette entreprise, il faut réfléchir que s'il est vrai que la philophie a toujours été partagée en sectes et en écoles plus ou moins hostiles les unes aux autres, il est vrai aussi que malgré ces divisions, il y a quelque chose de plus général que chacune de ces écoles prise à part, quelque chose qui les embrasse toutes, et qui les domine toutes, à savoir la philosophie elle-même. C'est le défaut de cette science, sans doute, d'être ainsi partagée; mais ce défaut, probablement inévitable, ne doit pas encore être exagéré par l'esprit de secte. La délicatesse extrême des idées, l'absence d'un critérium commun et accepté, la difficulté de traduire dans des mots humains des notions éminemment abstraites, l'affinité des études philosophiques avec les intérêts de l'âme qui émeuvent le plus les hommes, toutes ces causes expliquent la diversité des conclusions ; mais cette diversité empêche-t-elle que toutes ces écoles, tous ces systèmes n'aient une multitude de points de contact, un esprit commun, et, sous le conflit apparent de formules, d'innombrables analogies? Plus on médite sur les systèmes divergents des philosophes, plus on se persuade qu'il y a en réalité une philosophie objective, dont les membres épars existent dans tous les philosophes, une philosophie qui n'est pas, mais qui aspire à être, qui cherche à se faire jour, et qui se dégage de plus en plus du conflit des écoles, sans pouvoir jamais cependant réussir à trouver sa propre formule [1]. C'est à cette philosophie idéale et objective qu'il faut appartenir avant d'appartenir à sa propre école ; et si l'on est d'une école, c'est par la nécessité d'exprimer sous une forme concrète et nécessairement impar-

1. M. Herbert Spencer a exprimé cette vérité avec beaucoup de force dans les derniers chapitres de sa *Psychologie* : « La controverse métaphysique, dit-il, a pour objet la délimitation des frontières ; et son histoire a été celle de ces alternatives rhythmiques que produit toujours l'antagonisme des forces, entraînant un excès tantôt d'un côté, tantôt de l'autre. Mais *les oscillations deviennent de moins en moins fortes.* » (*Principes de psychologie*, VIIe part. ch. xix, trad. fr., p. 523).

faite cette vérité objective dont on a le sentiment, et qui, dans son absolu, échappe à nos prises.

Si l'on réfléchit à ces considérations, on verra qu'il peut être moins difficile et moins étrange qu'on ne croit de faire une revue ouverte à toutes les opinions. Si l'on a dans sa bibliothèque Aristote à côté de Platon, Bacon à côté de Descartes, Kant à côté de Leibniz et St. Mill à côté de Cousin, pourquoi cette impartialité rétrospective cesserait-elle d'être applicable quand il s'agit de nos philosophes contemporains? Pourquoi n'y aurait-il pas un lieu de neutralité et de désintéressement spéculatif où les représentants de ces diverses opinions pourraient se rencontrer et s'exprimer librement? Il est très vraisemblable que le voisinage seul amortirait le feu de leurs divisions et de leurs discordes, et que, retranchant tout ce que les passions y ajoutent malheureusement et inutilement, il ne laisserait subsister que l'essentiel. Il y aurait avantage, même pour la précision des problèmes, à ce que les oppositions soient circonscrites dans leurs plus étroites limites : c'est là l'intérêt de la philosophie en général, tandis qu'au contraire l'intérêt des écoles est d'élargir autant que possible l'intervalle des dissentiments.

Il semble qu'une telle entreprise corresponde à l'état actuel des esprits, puisque nous la voyons se produire à la fois en Angleterre et en France. Le même jour en effet, le 1er janvier, paraissaient au delà et en deçà du détroit, d'une part, une revue anglaise sous la direction de M. Al. Bain, et sous le titre de *the Mind* (l'Esprit) [1], et une revue française, celle que nous annonçons. Or, la revue de M. Bain, comme celle de M. Ribot, s'annonce comme ouverte à toutes les écoles et à toutes les opinions. Ce fait nous prouve qu'en Angleterre comme en France, on éprouve le besoin de concentrer et de faire converger tous les efforts des philosophes pour en tirer le plus grand parti possible. Il est incontestable que l'activité philosophique est très grande, et que plusieurs jeunes esprits travaillent avec ferveur et passion sur ces problèmes. Il leur faut un centre, où quiconque a quelque chose à dire puisse le dire, où les plus petites découvertes, si techniques qu'elles soient, puissent espérer trouver un public et des juges.

Indépendamment des raisons générales que nous venons d'indiquer, et qui valent pour tous les pays, il en est qui nous frappent plus particulièrement comme tenant à l'état actuel de notre pays. Les malheureux événements dont nous avons été

---

1. Elle a été signalée aux lecteurs du *Temps* dans la dernière Revue des livres étrangers.

les victimes, il y a cinq ans, ont dû avoir leurs conséquences dans toutes les branches de l'activité humaine.

La France a dû chercher par une concurrence généreuse à remédier à ce qui lui manquait dans l'ordre scientifique comme dans l'ordre administratif et politique. L'Allemagne, depuis longtemps, possède plusieurs revues philosophiques; l'Italie en a une; les États-Unis en ont une [1]; il était urgent que la France ne restât pas en arrière et qu'elle offrît à la sévère spéculation un asile et des encouragements.

Quant à l'esprit d'impartialité qui doit animer le nouveau recueil, il est encore justifié par les événements. Après les grands malheurs intérieurs et extérieurs qui ont frappé notre pays, les esprits ont dû s'interroger sur l'attitude que devaient avoir les écoles philosophiques les unes à l'égard des

---

[1]. Les revues philosophiques de l'Allemagne sont aujourd'hui au nombre de deux : *Die philosophische Monatshefte* (Cahiers mensuels de philosophie), et *Die Zeitschrift fur Philosophie und philosophische Kritik* (Journal de philosophie et de critique philosophique). — La revue italienne est intitulée : *La philosophia delle scuole italiane*, dirigée par M. Mamiani. Enfin, la revue américaine publiée à Saint-Louis, sous le titre de *Journal of speculativy philosophy,* est un journal de philosophie hégélienne fondé par la colonie allemande de cette ville.

autres ; or sur ce terrain, aussi bien que sur le terrain politique, deux attitudes différentes se sont manifestées.

En politique, par exemple, les uns, vivement émus des crises épouvantables traversées par le pays et des passions violentes qui ont rendu possibles de telles crises, ont vu la société livrée à un péril imminent et ont cru à la nécessité d'en prévenir les effets par une discipline sévère ; et redoutant la liberté et la démocratie comme portant la tempête dans leurs flancs, ils ont conclu à un gouvernement de combat. Les autres, non moins préoccupés du même mal, en ont cherché le remède dans de tout autres moyens. Ils ont cru qu'après de très grands malheurs où tous pouvaient avoir quelque chose à se reprocher, il fallait entrer dans une voie de rapprochement et de conciliation, que ce n'était pas par l'esprit de haine qu'il fallait combattre l'esprit de haine, que la politique de combat n'était que la guerre civile en permanence et en expectative, que partager le pays en deux camps, les bons et les méchants, et rejeter dans les rangs de ceux-ci tous les esprits modérés et libéraux était un triste moyen de pacification, qu'on obtient plus des hommes par la confiance que par la crainte et par le mépris, qu'en s'en rapportant au pays lui-même et à sa raison, on calmerait beaucoup mieux ce qui peut rester de passions dangereuses qu'en les irritant. Telle était la politique libérale dont était animé le premier gouvernement que les événements avaient appelé aux affaires et qu'un jour malheureux a renversé [1].

Eh bien, nous croyons que l'on peut appliquer les mêmes vues ou du moins des vues analogues à nos querelles philosophiques. Ici également, il y a des esprits frappés des dangers que font courir à la société les mauvaises doctrines mères des mauvaises passions. Fort indifférents à l'intérêt scientifique, à la difficulté des problèmes, à la diversité des relations, aux nuances intermédiaires, aux grandes hypothèses, en un mot à tout ce qui intéresse avant tout un esprit philosophique, ces esprits ne voient encore ici en présence que le bien et le mal. Toutes les tentatives novatrices se traduisent pour eux en doctrines subversives. Comme les conservateurs dans l'ordre politique (et ce ne sont pas toujours les mêmes), ils concluent à une philosophie de combat.

D'autres, au contraire, croient que toutes les philosophies ont un principe commun, un drapeau qui les rend sœurs, quelles que soient leurs opinions particulières : c'est la liberté de pensée, que ce lien

1. Ces lignes ont été écrites après le 24 mai.

général est plus important que les dissidences spéciales, qu'il est bien difficile, en pure philosophie, de classer rigoureusement les doctrines en bonnes et en mauvaises, que beaucoup d'opinions que l'on appelle mauvaises, ont été soutenues par les écoles que l'on appelle bonnes, que beaucoup d'opinions bonnes ont été défendues par des écoles que l'on appelle mauvaises [1]; que la préoccupation excessive de l'orthodoxie en philosophie rendrait la philosophie impossible ; qu'aucun grand philosophe n'échapperait à cette sorte d'ostracisme : Kant serait rejeté comme sceptique, Malebranche comme panthéiste, Leibniz comme déterministe, Aristote comme matérialiste. C'est ainsi qu'en théologie, Pascal est exclu comme janséniste, Fénelon comme quiétiste et Bossuet comme gallican. Une fois ce principe de triage adopté, nul ne pourra échapper à une qualification vitupérative. Le seul moyen de bien penser sera de ne pas penser. En outre, ces condamnations violentes auront le tort de multiplier parmi nous les causes de division et de discorde. Dans un pays malheu-

---

[1]. Par exemple, dans la lutte de l'épicurisme et du stoïcisme, c'étaient les épicuriens qui soutenaient le libre arbitre et les stoïciens la nécessité. Au XVII° siècle, c'était l'épicurien Gassendi qui défendait les causes finales, et le spiritualiste Descartes qui les niait.

reux et divisé, chacun doit pour sa part s'interdire d'ajouter, aux causes de haine qui ne naissent que trop facilement de la nature des choses, d'autres causes de haine et de dispute.

Les mêmes raisons qui justifient dans la politique une conduite d'apaisement et de conciliation, commandent une semblable conduite en philosophie. L'attitude modérée des écoles respectives est un des éléments, une des applications de cette politique et peut lui venir en aide. Je ne comparerai pas la nouvelle revue à ce que l'on appelle l'union des gauches : il ne s'agit pas ici précisément d'union ; mais il s'agit d'une rencontre volontaire, acceptée, d'esprits libres, éclairés, pacifiques, cherchant la vérité chacun dans sa voie et luttant à qui persuadera le mieux par la force des raisons, la solidité des méthodes et l'évidence des faits. Tel est du moins l'esprit dans lequel nous comprenons la nouvelle revue, et c'est en ce sens que nous lui donnons notre adhésion.

Le choix du directeur nous est d'ailleurs un garant du bon esprit qui doit l'inspirer. M. Th. Ribot, qui, par ses opinions, appartient aux écoles dites indépendantes, appartient d'un autre côté par ses origines, par ses titres scientifiques, par ses amitiés à l'Université. Il est donc très propre à faire vivre en bonne intelligence la philosophie du dehors et celle du dedans. Il est lui-même un esprit droit, honnête, sans passion de secte, éminemment bienveillant. Néanmoins, comme on tend toujours à verser du côté où l'on penche, il doit surveiller son propre penchant au positivisme. Le succès et l'originalité de sa revue sont à ce prix. L'intérêt doit résider précisément dans la diversité des points de vue : diversité qui ne doit pas aller jusqu'au conflit, mais qui ne doit pas permettre qu'un point de vue domine trop exclusivement par-dessus les autres. Nous aurions mauvaise grâce d'ailleurs à prévoir une sorte d'exclusivisme que rien n'annonce, puisque M. Ribot a bien voulu accueillir notre propre collaboration dans son premier numéro ; mais la sagesse, dans les choses humaines, consiste à prévoir et prévenir ce qu'il serait difficile plus tard de corriger.

Nous signalerons encore, peut-être avec un excès d'appréhension, un autre écueil. La préface nous apprend que la *Revue* se propose d'exclure tous les travaux qui n'exposeraient que des doctrines connues « rajeunies seulement par un talent d'exposition littéraire. » Nous reconnaissons ici la prévention exagérée des nouvelles écoles contre la forme littéraire ; et, quelque libéral que nous puissions être en tout le reste, nous sommes sur ce point inflexible et inaccessible à ce qui nous paraît un faux progrès. Que voulez-vous dire ? Que vous rejetterez la déclamation et la rhétorique ? Quel besoin de dire cela ? Ne va-t-il pas de soi que vous écarterez ce qui vous paraîtra mauvais ? Mais ce que vous condamnez d'avance, c'est le talent d'exposition ; or le talent d'exposition est ce qu'il y a de plus rare en philosophie et fait partie de la philosophie elle-même. Souvent la forme seule donne un aspect nouveau à une pensée connue et est une partie de sa nouveauté. L'élégance n'est-elle pas un mérite, même en géométrie ? L'art de faire entrer d'une manière aisée et naturelle dans l'esprit des vérités difficiles n'est-il pas un des éléments de la démonstration ? L'épaisseur des formules n'est-elle pas un moyen de couvrir le vide de la pensée, tout aussi bien que la métaphore et la périphrase ? Sur ces pentes glissantes, on arrive à écrire sans choix, sans distinction et bientôt sans justesse. On vous apportera des paquets de philosophie, où il suffira de parler d'action réflexe et d'évolution, pour paraître un profond penseur. Mais, dites-vous, ce n'est pas la forme que nous proscrivons : c'est le fond, lorsqu'il manque de nouveauté ; soit ; mais ne le supposez pas alors « rajeuni par la forme, » car cela même est une nouveauté.

Considérée par un autre côté, la *Revue philoso-*

phique offrira encore un intérêt très grand et une utilité indiscutable. Elle sera pour une bonne partie un recueil de renseignements. Elle tiendra note de tous les faits et de toutes les publications qui peuvent intéresser le monde philosophique. Elle se tiendra et nous tiendra au courant des revues étrangères, et de tout ce qui paraîtra en Allemagne, en Angleterre, en Italie, et dans les autres pays. A ce point de vue, elle comble une évidente lacune, et répond au besoin de plus en plus répandu parmi nous de s'enquérir de tout ce qui se passe ailleurs, et d'être exactement informé.

Parmi les divers articles, plus ou moins importants que contient le premier numéro de la *Revue philosophique*, nous nous contenterons de signaler celui de M. Taine sur « l'acquisition du langage chez les enfants et les peuples primitifs. » C'est un chapitre nouveau ajouté à son livre de l'*Intelligence*. L'objet de cette étude est une série d'observations sur de jeunes enfants, suivies pas à pas et au jour le jour, et qui marquent les différents degrés par lesquels passe le langage articulé. On sait quelle est la difficulté de ces sortes d'observations. Comment se transporter dans une conscience d'enfant de trois mois pour savoir ce qui s'y passe? C'est un point très délicat, et qui laissera toujours beaucoup de vague dans ces sortes d'études. M. Taine

n'insiste pas assez sur les moyens de la vaincre.
Cependant nous devons dire que la description des
faits et leur interprétation nous paraissent généralement exactes et assez conformes à ce que chacun de nous a pu observer dans de semblables
circonstances. Mais le point vraiment difficile de la
question est de savoir comment l'enfant passe d'un
langage purement machinal, qui n'est qu'une émis-
sion de voix, semblable à celui des perroquets, au
langage pensé et voulu, à celui qui exprime et qui
signifie des idées. M. Taine fait ressortir ici avec
justesse un trait caractéristique :

« L'enfant, dit-il, apprend la langue toute faite
comme le vrai musicien apprend le contre-point,
le vrai poète la prosodie; c'est un génie original
qui s'adapte à une forme construite pièce à pièce...
Il la retrouverait peu à peu, si elle lui manquait. »
C'est là une vue très importante. L'enfant invente
le langage en l'apprenant. Mais cette invention
elle-même, comment l'expliquer? Est-ce par « tâtonnement et sélection naturelle », comme M. Taine
semble le dire quelque part? Est-ce par « génie »,
comme il vient de le dire plus haut? Ce point ne
nous paraît pas suffisamment éclairci : or, il y a là
deux théories distinctes, et même profondément différentes : dans l'une, c'est le hasard; dans l'autre,
c'est une loi intérieure des choses qui est le prin-

cipe moteur. Néanmoins, il nous semble que de l'analyse même de M. Taine il résulte que le simple tâtonnement ne suffit pas; et comme il le dit de l'éducation et de l'imitation, nous le dirons aussi de la sélection : « La source en est plus haut. »

Dans la seconde partie de son travail, M. Taine cite un long passage, où le célèbre philologue Max Muller donne, comme la caractéristique de l'homme par rapport aux animaux, le langage articulé et l'invention des racines. A propos de cette citation, il touche en passant à la célèbre question de la différence de l'homme et de la bête. Il la résout, en disant qu'il ne voit là « qu'une différence de degré et non de nature. » C'est là, suivant nous, une simple question de mots. Nous n'attachons pas une si grande importance à la vieille distinction des écoles entre la différence de degré et la différence de nature. Lorsque l'intervalle entre deux choses est très grand, c'est-à-dire lorsque les deux degrés sont très éloignés l'un de l'autre, nous disons qu'il y a là une différence de nature. C'est ce qui a lieu pour l'homme et l'animal. Entre le cri du chien et les racines élémentaires qui composent le fond des langues, l'intervalle est très grand : il est certainement plus grand qu'entre le langage d'un Papou et celui d'Homère. Entre crier et parler, il y a plus de différence qu'entre parler bien et parler mal. Maintenant cet intervalle a-t-il pu être franchi par des intermédiaires historiques qui nous échappent? Nous n'en savons rien; mais dans l'absence absolue de documents, il reste que sur ce point, comme sur beaucoup d'autres, la différence de l'homme et de l'animal est une des plus grandes que l'on puisse signaler : aller plus loin, dans un sens comme dans l'autre, c'est dépasser le domaine de l'observation.

Indépendamment du travail de M. Taine, la *Revue philosophique* publie une sorte de programme de M. Herbert Spencer sur la *psychologie comparée*. Elle a tenu à montrer qu'elle faisait une part à la philosophie étrangère en même temps qu'à la philosophie française. Il nous semble que la revue anglaise, parue le même jour que la nôtre, n'a pas fait aux philosophes français la même politesse; mais il est bon que notre pays continue à donner des preuves de son esprit de sympathie et d'hospitalité qui ont tant contribué à répandre partout son influence et son génie.

La seconde livraison de la *Revue philosophique* n'est pas moins intéressante que la première. Elle contient un travail de M. Wundt, le célèbre physiologiste allemand, sur la *Mission de la philosophie au temps présent*. Ce morceau est intéressant, moins par les idées qu'il contient, que par son origine. L'auteur est un savant renfermé tout d'abord dans une science spéciale, que ses études ont conduit à la philosophie. Ce ne sont pas les raisons du dehors qui l'ont persuadé, ce sont les besoins mêmes de la science ; c'est en tant que physiologiste, qu'il est devenu philosophe. A la suite de ce travail, vient une étude de M. Bénard sur l'*Esthétique allemande depuis Hégel,* travail riche en renseignements nouveaux et en détails inconnus, et qui sera suivi d'une étude plus particulière sur chacun des philosophes mentionnés d'abord dans un tableau d'ensemble. Signalons encore l'article de M. Lewes, sur l'*énergie spécifique des nerfs :* un autre enfin, émanant d'un de nos jeunes mathématiciens des plus distingués, M. Taunery, sur le *nombre nuptial* dans Platon. Ce travail d'érudition mathématique et philosophique a pour but d'éclaircir l'un des passages les plus obscurs de Platon, et devra être mis à contribution par tout éditeur ou commentateur de ce philosophe. Enfin, parmi les analyses bibliographiques, on lira avec intérêt celle de M. Beurrier sur Albert Lemoine, et celle de M. Ribot sur le philosophe allemand Brentano. Ce philosophe original, qui appartient à l'Église catholique, n'en est pas moins en philosophie un esprit indépendant, et sa *psychologie expérimentale,* toute nourrie de l'école anglaise, marche dans les voies les plus libres. Ce sera l'un des mérites de la nouvelle revue de nous faire connaître ces individualités étrangères, dont les noms et les écrits mettent bien du temps à parvenir jusqu'à nous. On voit quelle est la variété, l'intérêt et l'utilité pratique de l'organe important que la philosophie vient d'acquérir en France. Maintenant, ce n'est pas seulement au directeur, c'est aux philosophes eux-mêmes à en assurer le succès, en lui apportant le contingent de leurs travaux et le meilleur de leurs pensées.

P. S. — Quoique notre principal objet, dans ces études, soit la philosophie française, nous ne croyons pas être infidèle à ce rôle en signalant les travaux d'un philosophe belge distingué, M. Delbœuf, professeur à l'université de Liége. Ce philosophe peut être considéré comme l'un des fondateurs d'une science nouvelle, ou du moins d'un ordre d'études nouveau, qui se donne comme science sous le titre de *psycho-physique*. Cette science n'est ni la psychologie, ni la physiologie. Elle n'est pas davantage cette science un peu vague désignée chez nous sous le nom de Science des rapports du physique et du moral; son objet est de rattacher les phénomènes psychiques aux phénomènes physiques par des expériences précises, et même, s'il est possible, des mesures exactes. L'une des découvertes de cette science, par exemple, a été l'évaluation de la *durée* des sensations ; mais elle a voulu aller plus loin, et elle a cru pouvoir mesurer jusqu'à l'*intensité* même des sensations. Nous n'avons pas à entrer dans ce débat très subtil et encore en voie de discussion. Contentons-nous de dire que les travaux de Weber, de Fechner, d'Helmolz, de Wundt, suffisent à établir qu'il y a là un ordre de recherches extrêmement sérieux, et dont la philosophie ne peut se désintéresser. Or, M. Delbœuf, venu un peu après les savants que je viens de nommer, quoique connu déjà par d'autres travaux, s'est fait une place dans cet ordre d'études ; notamment son mémoire *sur les sensations de lumière et de fatigue* (Bruxelles, 1873) est remarquable par l'emploi de méthodes qui lui sont propres et par de nombreuses expériences. Il résume aujourd'hui l'ensemble de ses vues dans un mémoire intitulé : *Théorie générale de la sensibilité* (Bruxelles, 1876). L'espace nous manque pour analyser et apprécier ce mémoire : contentons-nous de dire qu'il est rempli de vues qui nous paraissent intéressantes et neuves. L'auteur est un esprit vraiment scientifique et surtout d'une grande précision.

Nous le louerons surtout de la netteté avec laquelle il montre que l'on ne peut établir de rapports rigoureux entre deux termes, qu'à la condition que ces termes soient distincts, et qu'il n'y a pas par conséquent de psycho-physique, si on ne commence par isoler nettement la psychique et la physique : c'est ce qu'il fait avec soin. La plupart des psychologues, au contraire, qui veulent aujourd'hui fonder leur science sur la physiologie, ont le tort d'employer la méthode opposée qui rend tout incompréhensible : ils diront, par exemple, que le cerveau perçoit, que le plaisir est une décharge nerveuse, etc. Ces sortes de confusion n'ont pas seulement le tort de supposer démontré ce qui ne l'est pas, à savoir l'identité des substances ; mais de plus, elles rendent impossible la science même que l'on veut faire ; car on ne sait plus du tout de quoi l'on parle : comment, en effet, chercher un rapport entre deux choses qui sont identiques? et si vous dites que ce sont deux points de vue différents d'une même chose, ce qui est possible, commencez donc par maintenir la distinction des points de vue qui est donnée par l'expérience, et réservez à la conjoncture et à l'ontologie le problème de leur identité essentielle.

XII

M. RENOUVIER

ESSAIS DE CRITIQUE

8 mars 1876.

Les *Essais de critique générale* de M. Renouvier ont paru pour la première fois, il y a déjà un certain nombre d'années; l'auteur les reproduit aujourd'hui avec un nombre considérable d'accroissements et d'additions, qui tantôt servent à éclaircir et à développer quelques points nouveaux, tantôt et le plus souvent ont pour objet la critique et l'examen des nouvelles écoles philosophiques, surtout de l'école psychologique anglaise, Hamilton, Mill, Bain et Spencer. Ces additions et ces discussions sont évidemment pour nous la partie la plus intéressante de l'ouvrage, et ce qui lui donne un cachet de nouveauté et d'actualité.

M. Ch. Renouvier est un penseur sérieux et d'une certaine originalité ; et quoiqu'il ait fondé une Revue qui a pour office de livrer au mépris et au ridicule quiconque ne pense pas comme lui, nous croirions au-dessous de la philosophie de lui appliquer la même méthode, et nous n'hésitons pas à dire qu'il est un des philosophes dont notre pays a le plus droit de s'honorer devant la philosophie étrangère. Il a embrassé l'ensemble de la science d'une manière systématique dans trois ouvrages : *Logique générale* ; *Psychologie rationnelle* ; *Science morale* [1].

Dans cette large synthèse, il a manifesté un esprit indépendant et sévère, nourri à l'étude des sciences et apportant en philosophie un besoin de rigueur abstraite qui n'est pas l'esprit philosophique tout entier, mais qui en est un des éléments. Sa pensée, sans souplesse et sans finesse, a de la force et du poids. Ses connaissances en mathématiques lui permettent de traiter hardiment certaines questions, où il est impossible de le suivre à

---

[1]. Ce troisième ouvrage ne fait pas partie des *Essais de critique*, et a été publié séparément en 1869.

ceux qui n'ont pas eu la même éducation que lui, mais où il est permis de croire qu'il parle avec compétence et solidité. Sa philosophie est le criticisme de Kant; et, quoique à sa première apparition elle ait pu paraître trop hétérodoxe, cette impression n'a plus aucune valeur aujourd'hui; car nous en avons vu bien d'autres depuis; et, toutes réserves faites sur certaines conclusions trop négatives, nous trouvons en définitive dans ses écrits beaucoup de choses qui nous conviennent, et qui, sauf les formules, ne s'éloignent guère de notre propre manière de penser. C'est dire que nous n'avons aucune raison de ne pas apprécier la philosophie de M. Renouvier non seulement avec impartialité, mais même avec faveur.

Si l'auteur des *Essais de critique* a les mérites que l'opinion philosophique n'hésite pas à lui attribuer, comment se fait-il que sa philosophie ait eu tant de peine à se faire jour, et qu'encore aujourd'hui elle soit si peu répandue? La raison en est d'abord à l'extrême aridité des matières et à la méthode sévère employée par l'auteur. Mais ces matières sont les mêmes qu'ont traitées en Angleterre les philosophes des nouvelles écoles; et il les ont traitées aussi avec beaucoup de sévérité. Cependant ces écrits se sont immédiatement répandus en France avec une très grande rapidité. La vraie raison, que M. Renouvier veut se dissimuler à lui-même, mais qui est incontestable pour tout le monde, excepté pour lui, c'est qu'il manque du talent d'exposition. Pourquoi se fâcherait-il de cette vérité, puisqu'on lui reconnaît le talent du penseur, qui est d'une bien autre importance? Mais il est de ceux qui pensent pour eux-mêmes dans le silence du cabinet, ou pour quelques amis habitués à leur langue, et qui ne savent pas s'introduire dans la pensée d'autrui.

Il ne s'agit pas ici d'une dispute d'école; car le talent d'exposition est indépendant des écoles. Je citerai par exemple deux philosophes : Stuart Mill et Maine de Biran. Nous ne partageons en rien les idées du premier de ces deux philosophes, et cependant nous lui reconnaissons un rare talent d'exposition : il est quelquefois subtil ; mais si l'on veut suivre sa pensée pas à pas, elle est toujours d'une netteté parfaite, et il n'y a pas à se méprendre sur le sens de ses idées. Au contraire, Maine de Biran est un de nos maîtres ; nous partageons sa doctrine, et en même temps nous reconnaissons que c'est un écrivain empêtré et confus, extrêmement obscur. En Allemagne, nous aimons beaucoup mieux la philosophie de Fichte que celle de Schopenhauer ; cependant nous croyons que le second a un plus grand talent d'exposition que le premier.

M. Renouvier, pour expliquer son obscurité et le caractère pénible de son exposition, s'en tire en renvoyant le reproche aux autres. On ne peut être clair en philosophie, suivant lui, qu'en disant des banalités, ou par un usage intempérant de l'imagination. Or, il a rejeté ces deux moyens, sa prétention unique étant, dit-il, « de fonder la philosophie comme science. » Ce sont là de ces raisons comme on s'en donne à soi-même quand on ne veut pas s'avouer ses vérités. Dans toutes les sciences, même les plus sévères, il y a des savants qui ont le don de l'exposition, et d'autres qui ne l'ont pas. Arago, Cuvier avaient au plus haut degré le talent de l'exposition. En étaient-ils moins de grands savants? Geoffroy Saint-Hilaire au contraire, en était complètement dénué : cela ne diminue pas son génie ; mais il faut bien reconnaître qu'il manquait une corde à son arc. Pourquoi n'en serait-il pas de même en philosophie? Pourquoi n'y aurait-il pas des esprits enveloppés et pénibles? L'obscurité n'est pas une preuve d'erreur ; mais ce n'est pas non plus une preuve de vérité. On peut avoir du génie, quoique obscur ; mais on n'en a pas nécessairement parce qu'on est obscur.

Mais c'est assez parler de la forme. Entrons dans le fond de la doctrine, autant du moins qu'il nous est permis de le faire ici.

La philosophie de M. Renouvier est le kantisme, modifié sans doute, dans quelques parties, mais maintenu dans ses cadres généraux, et ses signes essentiels. C'est la critique appliquée à l'ordre spéculatif et métaphysique, et liée au dogmatisme moral. Peut-être M. Renouvier va-t-il plus loin encore que Kant en fait de critique ; et par là même son système aurait plus d'unité que celui du grand philosophe : car, ne laissant pas même subsister la possibilité d'une *chose en soi*, il est conduit à n'admettre rigoureusement que des êtres moraux, et la seule vraie réalité pour lui sera la personne morale.

Cependant quelques-unes des modifications apportées au système de Kant ne nous paraissent pas heureuses et peuvent prêter à la critique ; c'est ainsi que dans ce qu'il appelle avec Kant, les catégories, il fait entrer trois ordres d'idées ou de lois que Kant avait distinguées profondément, et selon nous avec raison : la loi d'*espace*, la loi de *cause*, et la loi de *finalité*. Or ce sont là trois points de vue de l'esprit tout à fait hétérogènes. La loi de finalité, en effet, n'est pas une loi nécessaire et objective comme la loi de causalité. Lorsqu'une pierre tombe, je conçois nécessairement que cette chute a une cause ; je ne conçois pas nécessairement qu'elle ait un but. La finalité est une hypothèse, la causalité une loi invincible de l'esprit [1].

Il y a également une très grande différence entre la notion d'espace et celle de cause : la première se représente à l'imagination, et la seconde est absolument irreprésentable. Je *construis* les figures dans l'espace ; je ne puis rien construire avec le concept de causalité. Telle est la différence profonde, selon Kant, des mathématiques et de la philosophie. Effacer cette différence, c'est détruire l'une des parties les plus originales et les plus vraies du système kantien.

En revanche, nous attachons une grande importance aux analyses faites par M. Renouvier sur la notion du continu. Cette notion qui a joué un si grand rôle dans la philosophie ancienne, et en particulier dans l'école d'Aristote, avait presque disparu dans la philosophie de Descartes. Elle reparut avec Leibniz, qui signale quelque part ce qu'il appelle les deux labyrinthes de la philosophie : le labyrinthe du libre arbitre, et le *labyrinthe du continu* [2]. Mais, quoique sa philosophie tout entière,

---

1. Ce n'est pas là tout à fait la distinction émise par Kant ; mais elle s'en rapproche, et, en tout cas, il y a pour lui une très grande différence entre les lois de l'esprit qu'il étudie dans la *Critique du jugement*, et celles qu'il expose dans la *Critique de la raison pure*, différence qu'il nous est impossible d'expliquer ici.

2. Ce sont les titres de deux ouvrages célèbres ; le *La-*

aussi bien que sa dynamique et sa géométrie, soit dominée par le principe de continuité, il n'a jamais cependant discuté et critiqué l'idée de continuité en elle-même : Kant, lui-même, ne s'en est pas non plus beaucoup occupé. Les recherches de M. Renouvier, sur ce sujet, sont donc particulièrement intéressantes, et il sera nécessaire d'en tenir compte à tout métaphysicien qui traitera de l'espace et du temps. Nous demandons seulement si l'incompréhensibilité d'une notion est une preuve suffisante de la non-réalité de son objet. En fait une multitude de choses nous sont données comme réalités, que la science n'a pas encore réussi à rendre compréhensibles, et qui échapperont peut-être indéfiniment à toute explication : par exemple, le fait si merveilleux de la communication du mouvement. Il n'y a que la contradiction pure qui puisse faire rejeter une notion ; mais une notion réellement contradictoire est aussi impossible comme loi de l'esprit que comme objet réel ; et nous ne pouvons pas plus la penser dans un sens que dans l'autre : un cercle carré est impossible en pensée aussi bien qu'en réalité. Si le continu était réellement contradictoire, nous ne pourrions pas

byrinthus liberi arbitrii, par Ochin, et le *Labyrinthus continui,* par Fromond.

même le penser ; or, non seulement nous le pensons, mais il nous est même absolument impossible de nous affranchir de cette notion : nous ne pouvons pas concevoir l'espace comme une addition de parties d'espace, le temps comme une addition de petits morceaux de temps. Kant l'a dit : « Il n'y a qu'un seul espace, il n'y a qu'un seul temps. » Propositions évidentes, et qui impliquent la notion du continu.

En général, la philosophie de M. Renouvier se fait remarquer par une singulière prévention contre l'idée d'unité. Il se refuse à admettre une conscience unique, un moi ; et il ne veut reconnaître dans l'esprit qu'une succession de représentations. De même, il rejette dans le monde l'idée d'une cause suprême : c'est ce qu'il appelle l'*autocratie céleste*, il ne veut qu'un *gouvernement des êtres par eux-mêmes*. Ainsi, pluralité phénoménale dans l'esprit, pluralité des êtres dans l'univers, pluralité partout : voilà le système de M. Renouvier. Mais y a-t-il un point fixe au moins dans cette pluralité des choses ? Chacun de ces êtres ne se divisera-t-il pas en plusieurs ? Chacune de mes représentations en plusieurs représentations ? Ne sommes-nous pas entraînés à la divisibilité à l'infini ? Et s'il y a une notion incompréhensible, n'est-ce pas celle-là ?

Hâtons-nous d'ajouter, que si M. Renouvier exclut assez sévèrement le théisme dogmatique, il exclut non moins hardiment l'athéisme dogmatique et le panthéisme dogmatique comme contraires l'un et l'autre à la personnalité humaine ; et il laisse subsister, à titre d'hypothèse libre et non contradictoire, le théisme moral. Ajoutons enfin qu'il est très décidé sur un autre dogme lié d'ordinaire au dogme de l'existence de Dieu, mais qu'il tient comme indépendant de celui-là, à savoir, l'immortalité de l'âme. C'est dire que sa philosophie est bien moins éloignée de la nôtre qu'on serait tenté de le croire.

Il reste toutefois les deux points de dissentiment que nous avons indiqués plus haut, et qui nous séparent absolument. D'une part, nous sommes dans l'impossibilité de comprendre que le moi ne soit « qu'un assemblage de représentations. » C'est la doctrine de Hume et de Condillac ; et les raisons que l'on a fait valoir contre cette doctrine, nous paraissent péremptoires. En second lieu, nous considérons comme inadmissible la doctrine d'une pluralité absolue sans unité finale : car comment tous ces êtres séparés se sont-ils entendus pour faire le monde ? Nous admettons donc une unité primitive et des unités subordonnées ; si l'on nous objecte que nous ne pouvons comprendre comment ces unités subordonnées sont sorties de l'unité première, nous répondons que nous ne comprenons pas davantage comment des représentations phénoménales sont liées à des lois *à priori*; et c'est là le système de M. Renouvier. L'incompréhensible est au fond de tout.

N'insistons pas davantage sur les principes de l'ouvrage ; et signalons plutôt ce qui caractérise et distingue la nouvelle édition. Ce sont, avons-nous dit, les dissertations par lesquelles l'auteur sépare sa doctrine des doctrines les plus récentes, et en particulier du positivisme anglais et français. Ici, l'attitude change : d'offensive elle devient défensive ; de novateur, l'auteur devient conservateur. Nous qui sommes du camp conservateur en philosophie, nous sommes loin de lui en faire un reproche ; et au contraire nous l'accompagnons presque partout, dans cette controverse, de nos sympathies et de notre adhésion. Il nous paraît avoir raison contre ses adversaires, car il leur oppose ce que nous leur opposons nous-mêmes. Nous nous contenterons de faire observer qu'il y a donc un moment où l'esprit de critique s'arrête, et se défend contre l'esprit ultra-critique, comme la démocratie est tenue souvent de se défendre contre l'ultra-démocratie. S'il en est ainsi, qui vous assure que vous-même n'avez pas poussé trop loin l'esprit critique? Par exemple, n'est-ce pas par des défiances empruntées à un autre domaine que vous soutenez, même en métaphysique « qu'il ne faut plus de rois » ; comme si les règles qui gouvernent la société humaine devaient être les mêmes que celles qui dirigent le gouvernement des choses.

Quoi qu'il en soit, signalons les principales discussions de M. Renouvier contre MM. Bain, Mill et Spencer, qui offriront beaucoup d'intérêt à tous ceux qui s'occupent sérieusement de philosophie : par exemple, la discussion contre M. Bain sur l'existence des sensations musculaires. L'auteur essaie par une analyse heureuse et qui, jusqu'à nouvel examen, nous paraît probante, de ramener ces prétendues sensations musculaires aux sensations déjà connues. Cependant nous ne voyons guère ici qu'une question de classification. Dans le fait, que ces sensations forment ou ne forment pas un ordre à part, il n'est pas moins vrai qu'elles jouent un rôle important et trop souvent négligé dans nos jugements d'extériorité. Disons encore que cette théorie du sens musculaire n'est nullement une découverte de M. Bain, qu'elle appartient en propre à Destutt de Tracy, d'où elle s'est transmise à Maine de Biran et à Adolphe Garnier ; mais la France, malheureusement, a un tel dédain de ses propres philosophes, qu'il faut qu'une doctrine nous revienne toujours avec l'estampille étrangère pour mériter l'attention : c'est ainsi que nous nous faisons nous-mêmes les complices de l'indifférence et de l'ignorance des étrangers à notre égard.

M. Renouvier critique également la théorie de M. Bain sur l'origine de la notion d'étendue; cependant sa discussion nous paraît ici peu probante et peu précise, non pas que nous donnions raison à M. Bain, qui a en effet le tort de vouloir expliquer une catégorie par une autre, et la notion d'espace par celle de temps; mais son opinion est d'une nature trop délicate et trop subtile pour être réfutée aussi sommairement que le fait ici le critique français : nous croyons comme lui que la doctrine de Bain implique un cercle vicieux perpétuel, mais il faut précisément faire voir où est le cercle; et c'est ce qui n'est pas facile. En général, la discussion chez M. Renouvier manque de finesse, et c'est un défaut quand on a affaire à des esprits aussi déliés et aussi fins que M. Mill et M. Bain. L'un est un dialecticien consommé, l'autre un analyste supérieur. Chez le philosophe français la pensée nous paraît plus forte et plus solide, mais la méthode est lourde, laborieuse, et n'emporte pas toujours la persuasion.

Une discussion mieux conduite est celle que l'auteur entreprend contre M. Mill sur la nature des notions universelles. Il montre bien que l'objet des sciences mathématiques, c'est « le rigoureusement exact et non pas l'à peu près exact. » Or, cette exactitude rigoureuse ne s'explique pas par la pure sensation. Ainsi des figures en géométrie, ainsi des nombres en arithmétique. Où prenons-nous la notion d'unités rigoureusement égales ? « C'est que nous avons tous l'idée du nombre abstrait, du nombre tout court. » De la doctrine de Mill l'auteur passe à celle de Spencer qui remplace, comme on sait, l'expérience individuelle par l'expérience de l'espèce, et l'innéité des écoles par l'hérédité. M. Renouvier nous paraît signaler ici l'erreur fondamentale avec autant de force que de justesse: « En adoptant l'opinion de M. Spencer, on se condamne à expliquer les commencements premiers et absolument élémentaires de la représensation, en partant des sujets [1] purs que l'on suppose, dans leur existence originelle, étrangers au monde et aux formes de la pensée. M. Spencer est obligé de fixer l'origine de toutes les catégories au sein de quelque chose qui n'a rien de commun avec elles. C'est là d'abord une grande illusion; car ce quelque chose ne saurait être pensé par nous qu'à l'aide

---

1. Il faut savoir que M. Renouvier est convenu d'appeler *sujet*, ce que tout le monde aujourd'hui appelle objet, à savoir, la chose non pensante.

des formes mêmes dont il voudrait atteindre les antécédents. C'est ensuite une prétention métaphysique exorbitante, d'expliquer les fonctions objectivantes par l'existence d'un sujet brut[1]. » Ces observations sont précisément celles que l'école dite spiritualiste oppose à l'école anglaise ; mais venant de l'école critique, elles se présenteront avec plus d'autorité et plus de poids.

Dans le même ordre d'idées, nous signalerons encore comme ayant une haute valeur la discussion de la doctrine transformiste et évolutionniste. Contre la première de ces doctrines, M. Renouvier fait valoir la nécessité d'un principe spécifique originel : c'est aller au cœur de la question. Le darwinisme, en effet, est né d'un besoin métaphysique de l'unité ; mais en supprimant les diversités spécifiques que donne l'expérience, on ne supprime pas pour cela la diversité primitive, sans laquelle l'unité serait absolument inféconde. Toute philosophie qui s'est placée au sein de l'unité absolue n'en est pas sortie. Il y a donc un principe de diversité. Dès lors pourquoi le placer ici plutôt que là, à tel degré plutôt qu'à tel autre degré de l'é-

---

[1]. Bossuet avait exprimé la même vérité dans un meilleur style : « D'où viendrait dans ce tout qui n'entend pas, cette partie qui entend, l'intelligence ne pouvant pas naître d'une chose brute et insensée ? » (*Connaissance de Dieu*, IV, VI.)

chelle des êtres ? Pourquoi chaque production primitive n'aurait-elle pas pu se faire aussi bien « à l'état de nombre et de tout varié qu'à l'état d'unité simple ? » L'un et le plusieurs, ces deux principes de la philosophie antique, sont inséparables. Vous ne supprimez les espèces apparentes qu'en imaginant d'autres espèces antérieures, car il faut toujours arriver à une pluralité. La théorie ne donne donc pas raison à l'hypothèse : il ne reste qu'une question expérimentale qui est du domaine de la zoologie positive. L'auteur critique également avec justesse l'équivoque fondamentale qui veut faire sortir l'esprit de la matière, en invoquant le principe de la transformation des forces. On invoque la prétendue transformation de la chaleur en mouvement, ou réciproquement ; mais en physique il est question « non pas de la chaleur-sensation, mais de la chaleur-vibration moléculaire ; il n'y a point de science de la chaleur-sensation. » Comment, dit-il encore, « un mode de mouvement peut-il *devenir* un mode de sentir ? » Comment « la *métamorphose* d'une vibration peut-elle *engendrer* une émotion ? » Toute cette philosophie n'est au fond que la cosmogonie antique : « Du Chaos naquirent l'Érèbe et la nuit ; de l'Érèbe et de la nuit, l'Éther, l'Amour et l'Entendement. » Tel est le dernier fond de l'hypothèse nébulaire de M. Spencer. Son vice fondamental est de faire sortir quelque chose de rien. Nous regrettons de ne pouvoir exposer avec plus de détails une discussion aussi importante; M. Renouvier y déploie, comme toujours, une grande vigueur de pensée, et son style même prend un caractère de précision et de netteté qu'il n'a pas d'ordinaire. Nous n'avons pas besoin de dire que, dans cette discussion, nous sommes entièrement avec lui. Remarquons seulement qu'il force un peu la pensée de M. Spencer, en lui imputant une sorte de matérialisme qui n'est pas dans la pensée du philosophe anglais : car celui-ci dit dans sa psychologie, aussi expressément que M. Renouvier lui-même, que la conscience ne peut être un mode de mouvement, et que s'il fallait absolument choisir entre ces deux modes de l'être, comme mode générateur et primitif, ce serait le premier qu'il choisirait : jusqu'à quel point cette assertion est-elle d'accord avec l'ensemble de sa philosophie, c'est une autre question que nous n'avons pas à examiner ici.

Nous avons indiqué en courant bien des points dans l'ouvrage de M. Renouvier; nous n'avons point touché cependant au point essentiel, c'est-à-dire à la doctrine même de l'auteur, qui se résume dans ce principe : « Rien n'existe que la représentation; il n'y a point de chose en soi ; » mais il nous serait impossible de discuter, ni même d'expliquer utilement ce principe, sans entrer dans des précisions techniques, qui ne seraient pas à leur place, et qui demanderaient trop de développement. Disons que cette maxime, qui paraît au premier abord d'un idéalisme effréné, n'a rien qui nous effraie beaucoup, et qui, bien expliqué, ne puisse être admis. En effet, ce que nous rejetons sous le nom d'idéalisme, c'est d'abord la doctrine qui ramène tout au sujet individuel, et à ses sensations propres : telle est la doctrine de Mill, que M. Renouvier rejette et combat aussi bien que nous ; c'est en second lieu la doctrine qui réduit tout aux conceptions de l'esprit humain, et qui n'admet les choses que sous la condition des lois de notre pensée. Or, il nous semble bien que M. Renouvier rejette également cette seconde conception ; car partout il parle des catégories, non comme lois exclusivement propres à l'esprit humain, mais comme lois de la pensée en général. Ces deux conceptions écartées, il est évident que l'on admet quelque chose, en dehors de l'esprit humain : ce quelque chose, nous l'appelons la *réalité*, et c'est en cela que nous sommes réalistes. Maintenant, en quoi consiste cette réalité ? C'est une autre question. Que sont les êtres en dehors de nous ? Suivant M. Renouvier, ce sont des êtres représentatifs comme nous-mêmes : ce sont des assemblages de représentations, soumis aux mêmes lois *à priori ;* en d'autres termes, il n'y a pas de matière, il n'y a que des êtres pensants. Une telle doctrine peut être appelée idéalisme ; mais elle peut être appelée tout aussi bien un spiritualisme absolu. C'est au fond la doctrine de Leibniz, qui attribuait aux derniers éléments de la matière la perception ou la faculté représentative. Or, nous n'avons aucune raison de nier une telle doctrine : tout au plus resterions-nous en suspens, pour ne pas pousser trop loin l'esprit de système ; mais aucun spiritualiste n'est engagé à défendre l'existence de la matière. Reste à savoir seulement si ces êtres représentatifs ne sont que des assemblages de perception ou de véritables sujets individuels : ce qui nous ramènerait à la difficulté déjà débattue.

Une dernière question, plus grave encore que toutes les autres, serait celle qui touche à la notion d'absolu. M. Renouvier, comme Proudhon, est énergiquement opposé à cette notion et il y voit la source de tous les despotismes. Nous ne pouvons pas même effleurer ici un tel débat : contentons-nous de constater les concessions involontaires de l'auteur : « L'absolu est une chimère, dit-il ; il faut cependant *un point fixe* au delà des phénomènes. » Ce point fixe, nous suffit, car c'est précisément ce que nous appelons l'absolu. Mais, dit l'auteur, ce point fixe, c'est la loi morale. Soit ; mais, ou bien la loi morale n'existe qu'en nous, et elle n'est pas alors au delà des phénomènes, ou bien elle existe hors de nous, au-dessus de nous, et elle est alors l'absolu lui-même.

D'aussi rapides considérations ne peuvent tenir lieu d'une étude directe ; mais nous en avons dit assez pour faire comprendre l'intérêt qui s'attache à l'ouvrage de M. Renouvier. L'esprit de raideur intolérante et de critique hautaine et malveillante dont sont animés ses amis n'est pas une raison pour nous de nier la pensée vigoureuse et le savoir philosophique de l'auteur des *Essais de critique générale*.

XIII

M. FRANCISQUE BOUILLIER

LA DOCTRINE ANIMISTE [1]

Autant il a pu être utile à une certaine période de notre siècle de montrer la distinction et l'indépendance réciproques de la psychologie et la physiologie, autant il est nécessaire aujourd'hui de s'efforcer de les allier et de les réunir dans une œuvre commune, à savoir la philosophie de l'homme, de l'homme tout entier, considéré à la fois dans ses facultés morales et dans ses fonctions corporelles, comme être pensant et comme être vivant et organisé. La

---

1. *Le principe vital et l'âme pensante*, 2e édition, 1873.

psychologie a pu se séparer de la physiologie, dans un temps où celle-ci prétendait être à elle seule la science de l'homme, et toutes les fois que les physiologistes renouvelleront cette prétention, les psychologues se sépareront de nouveau et proclameront leur indépendance. Ils mettront les physiologistes au défi de résoudre par la seule observation des organes la plus simple question de psychologie, par exemple celle-ci : « Les hommes ont-ils des sentiments naturels d'affection les uns pour les autres? » On n'a pas encore découvert, que je sache, des nerfs égoïstes et des nerfs affectueux. En supposant même, comme le pensent les phrénologues, que les facultés de l'âme aient chacune leur organe déterminé dans le cerveau, encore faut-il savoir que tel organe correspond à telle faculté; mais l'organe ne porte pas d'étiquette qui vous permette de reconnaître la faculté, et d'ailleurs, quand il en aurait une, elle serait inintelligible pour vous, si vous n'avez pas d'abord puisé dans votre propre conscience, l'idée de la faculté dont il s'agit. Sans doute, les physiologistes peuvent traiter des facultés tout aussi bien que des organes; mais alors, ils changent de méthode et deviennent psychologues. D'après ces considérations, il est impossible de nier l'existence d'une science distincte, plus ou moins liée à la physiologie, mais néanmoins indépendante, ayant elle-même ses problèmes, ses faits et ses méthodes. Mais si cette science à son tour, confondant la distinction avec l'isolement et l'indépendance avec la domination, sépare l'âme du corps, au point de rendre inexplicable leur union, élève l'homme à l'état d'esprit pur, égaré au milieu du corps, le définit « une intelligence servie par des organes, » sans remarquer combien il arrive souvent que ce sont les organes qui asservissent l'intelligence ; si, réduisant l'homme à cet être abstrait, placé au milieu du corps, selon l'expression d'Aristote, comme le pilote dans son navire, ou selon M. Bouillier, comme l'oiseau dans sa cage, elle ne lui reconnaît que des facultés intellectuelles et morales, oubliant à quel point cette âme immortelle plonge de tous côtés dans la matière, et combien elle lui est assujettie, c'est alors que les physiologistes protestent, comme le faisaient tout à l'heure les psychologues : ils opposent à ces spiritualistes excessifs, que l'âme ne pense pas sans cerveau, ne sent pas sans nerfs, n'agit pas sans muscles; ils leur montrent le progrès et la décadence des facultés, liés au développement et à la destruction des organes, la raison perdue par la suspension d'une sécrétion, retrouvée par un purgatif; la pensée interrompue par la compression du cerveau, et reprenant son jeu quand cet organe est rendu à son élasticité naturelle ; ils nous font voir combien l'explication des opérations de l'esprit laisse à désirer sans le concours des lois physiologiques : peut-on expliquer, par exemple, les perceptions de la vue sans l'étude des lois de la lumière, et ainsi des autres sens? Devant ces objections des physiologistes, la psychologie abstraite n'a rien à répondre ; elle voit peu à peu son influence et son empire diminuer, et l'opinion passe à ses adversaires. Mais alors, les esprits sages voyant que la psychologie et la physiologie ont réciproquement raison l'une contre l'autre, prennent le parti de se rapprocher. L'expérience leur apprend, comme elle fait partout, la nécessité des transactions, et laissant les esprits absolus s'entêter, les uns dans un matérialisme grossier, les autres dans un spiritualisme mystique, sans rapport avec la réalité et avec la vie, ils s'efforcent de fonder en commun cette science si belle et si nouvelle, et qui a tant d'avenir, la science des rapports du physique et du moral.

Mais la science des rapports du physique et du moral a, comme toute science, deux parties distinctes : l'une tout empirique, se borne à constater les faits, à les classer, à les enchaîner, à les généraliser, sans jamais dépasser la limite de l'observation ; l'autre bien plus ambitieuse, essaie de pénétrer jusqu'aux principes des phénomènes, jusqu'aux causes internes et cachées, dont ces phénomènes ne sont que les manifestations : cette seconde partie de la science est ce que l'on peut appeler la métaphysique de l'anthropologie.

Je sais quelles sont les difficultés, les défiances, les répugnances que soulève cette expression de métaphysique aussitôt qu'elle est prononcée ; mais il ne faut pas trop s'effrayer des mots. Il y a, dans toute science, quelque circonspecte qu'elle soit, une partie métaphysique absolument inévitable. Peut-on être géomètre sans s'interroger sur la nature de l'espace ; traiter du calcul différentiel et intégral, sans réfléchir à l'idée de l'infiniment petit et de l'infiniment grand ; s'occuper de la mécanique et des lois du mouvement, sans se faire une certaine idée abstraite et générale du mouvement, étudier les phénomènes physiques et chimiques, sans avoir une certaine conception de la matière, certaines hypothèses sur le plein et sur le vide, sur les atomes et sur les forces ; enfin, peut-on être médecin et physiologiste, étudier les phénomènes de la vie, soit pour les connaître, soit pour les diriger, sans avoir une notion plus ou moins vague, plus ou moins obscure, mais enfin une certaine notion de la vie, la rapporter à la matière ou l'en distinguer, la considérer comme une ou comme multiple, etc. Quelques efforts que fassent les savants pour écarter ces sortes de questions, ils les résolvent implicitement à leur insu, et même ils sont forcément amenés à se les poser; et ainsi, en rejetant la métaphysique sous son nom véritable, ils la reprennent pour leur propre compte.

Quoi qu'il en soit, c'est d'une question de ce genre que traite le livre du *Principe vital et de l'âme pensante*, par M. Francisque Bouillier, membre de l'Institut, auteur d'une très remarquable et curieuse *Histoire de la philosophie cartésienne*. M. Bouillier a surtout pour objet, dans son travail, d'établir que le principe vital est identique avec l'âme pensante, que la cause qui nous fait penser est la même que celle qui nous fait vivre, que l'unité vitale a sa raison dans l'unité métaphysique de l'être pensant; en un mot, il reprend et confirme par des arguments nouveaux, l'opinion bien connue dans les écoles de philosophie ou de médecine, et dont l'origine est attribuée au célèbre médecin et philosophe Stahl sous le nom d'*animisme*.

On sait qu'un très grand nombre d'explications diverses des phénomènes de la vie ont été proposées, soit par les écoles médicales, soit par les écoles philosophiques. De toutes ces explications, la plus simple et la plus claire, si elle était d'accord avec les faits, serait celle de Descartes. Suivant ce philosophe, le corps vivant n'est autre chose qu'une machine admirablement organisée, dont tous les mouvements s'expliquent par les lois de la mécanique. Supposez un automate dont tous les mouvements sont produits par des rouages coordonnés entre eux, et tous subordonnés à un rouage principal mis en mouvement lui-même par un ressort ou par un poids, en un mot, concevez une horloge montée, dont une main inconnue a mis en mouvement le balancier, cette horloge est le corps vivant : tant que les ressorts sont en bon état, l'horloge marche et l'être continue à vivre; quand le ressort est usé ou qu'il se casse, l'horloge s'arrête, l'être meurt.

Quelque belle et ingénieuse que soit cette hypothèse, elle ne tient pas devant les faits. Les phénomènes vivants sont beaucoup trop complexes pour pouvoir tous s'expliquer par la mécanique; et je ne saurais dire s'il en est un seul qui puisse s'expliquer entièrement par elle. Mais le mouvement n'est pas la seule propriété que la science découvre dans la matière : la physique et la chimie en reconnaissent d'autres, telles que l'électricité et le magnétisme, le calorique, les affinités. Ces diverses forces pourraient-elles elles-mêmes, par une analyse de plus en plus profonde des phénomènes, être ramenées aux forces mécaniques, et leurs lois aux lois du mouvement? Cela est possible, et on peut entrevoir pour l'avenir une telle réduction : la théorie mécanique de la chaleur en est un remarquable exemple. Toujours est-il que, dans l'état actuel de la science, la physique et la chimie se distinguent de la mécanique. Par conséquent, sans renoncer à croire que la vie s'explique par les propriétés générales de la matière, on peut cependant abandonner l'explication de Descartes comme beaucoup trop simple, et ramener à des actions physiques et chimiques tout ce qui dépasse le cercle de la mécanique proprement dite. De là diverses explications de la vie, soit physiques, soit chimiques, qui ont toutes un caractère commun, à savoir de considérer les phénomènes vitaux comme des applications particulières dans des conditions données, des propriétés de la matière. C'est ce que j'appellerai le matérialisme physiologique, bien différent du matérialisme proprement dit; car celui-ci explique par la matière l'homme tout entier, à savoir la pensée, le cœur, la volonté, la moralité; l'autre se borne à expliquer par la matière les phénomènes de la vie : on peut donc être matérialiste en ce sens, sans cesser d'être spiritualiste, quant à la nature du principe pensant : Descartes en est un remarquable exemple.

Cette explication physico-chimique des phénomènes de la vie, a été longtemps peu goûtée des physiologistes, des zoologistes et des médecins. Elle paraît cependant avoir repris faveur dans ces derniers temps. Les progrès de la physiologie expérimentale ont réveillé de nouveau l'espoir qu'il ne serait pas impossible de combler l'abîme qui a paru séparer jusqu'ici la matière brute de la matière vivante, et par conséquent de ramener un jour (quoiqu'on ne puisse pas le faire aujourd'hui) les lois de l'une aux lois de l'autre. Ces idées favorisées par beaucoup des causes, d'accord avec un certain esprit philosophique, ont dû inquiéter tous ceux qui, tenant surtout à séparer la pensée de la matière, verraient cependant tomber avec déplaisir quelques-uns des retranchements qui séparent l'une de l'autre, à savoir la sensation et la vie.

Il serait trop long d'examiner comme il conviendrait, ces nouvelles présomptions qui paraissent militer en faveur du matérialisme physiologique. Je n'en dirai que quelques mots. D'abord, quant à l'application de la synthèse à la chimie organique, je ne crois pas qu'elle ait aucune conséquence pour la question qui nous occupe. Tout le monde distingue les matériaux de la vie, de la vie elle-même. Or, que fait la chimie organique? Elle étudie les substances qui entrent dans le commerce de la vie. Ces substances, elle avait pu les analyser ; elle ne savait pas les recomposer. Le premier, Wœhler l'a fait pour l'urée. M. Berthelot a donné une méthode générale qui pourra s'appliquer à toutes les substances de ce genre. C'est là un résultat admirable sans doute, mais auquel on pouvait s'attendre d'avance. Autre chose est d'ailleurs produire artificiellement des substances organiques, autre chose est produire artificiellement des êtres organisés. De ces deux effets, le premier est acquis à la science. Le second serait en effet très décisif contre le vitalisme ; mais il n'est pas acquis à la science, et, au contraire, après un instant de succès, la thèse des générations spontanées paraît avoir été refoulée de nouveau par la science, par la science sérieuse, par la science exacte et précise. Les beaux travaux de M. Pasteur ont obtenu l'approbation de la plupart des savants sérieux ; bien peu prennent au sérieux la thèse des générations spontanées [1]. Quant à la résurrection des animaux microscopiques, le débat me paraît tourner dans un cercle dont il est impossible de sortir. Les uns disent : les animaux étaient morts et cependant ils revivent, donc ils sont ressuscités ; et les autres répondent : ces animaux sont res-

---

[1]. Pour le détail de cette question, voir notre livre du *Matérialisme contemporain*, 2ᵉ édition, 1875, ch. VI.

suscités : donc ils n'étaient point morts. On voit que tout roule ici sur la définition de la mort ; mais quand on ne sait pas ce que c'est que la vie, comment saurait-on mieux ce que c'est que la mort? Ce qui rend d'autant plus probable ici qu'on n'a devant les yeux qu'une mort apparente, c'est que la condition de la réviviscence est que l'organisation n'ait pas été détruite par la dessiccation [1]. Au moins faudrait-il reconnaître que l'organisation est nécessaire à la vie ; ce qui nous conduit, à une nouvelle doctrine, qui prétend se distinguer des précédentes, et qui est l'organicisme.

L'organicisme, si je ne me trompe, est bien la doctrine suivante. Il admet des propriétés vitales, ou, pour éviter toute abstraction métaphysique, des faits vitaux qui ne peuvent se ramener aux lois de la physique, de la chimie et de la mécanique. Mais en même temps, il considère ces faits vitaux comme ayant pour substance, pour substratum et pour siège les organes. La vie est un effet dont l'organisation est la cause ; la maladie est toujours produite par la lésion de quelque organe, et la mort par une lésion assez grande pour rendre les organes essentiels incapables d'action. Dans cette

[1]. Cette question des résurrections animales qui avait préoccupé quelque peu à l'époque où ce travail a été écrit, est aujourd'hui à peu près oubliée.

doctrine, on ne cesse jamais d'avoir devant les yeux quelque chose de saisissable : d'une part, les phénomènes vitaux, circulation, digestion, sécrétion, et de l'autre des organes, cerveau, cœur, poumons, les premiers liés aux seconds par un rapport que les sens peuvent imaginer distinctement, ou que l'on peut au moins concevoir, quand ils échappent à notre expérience immédiate. Dans cette doctrine, tout est clair et distinct ; rien ne dépasse l'expérience : rien n'est donné à l'abstraction, rien à l'imagination, en un mot, rien à la métaphysique, ce qui est le plus grand éloge que l'on puisse faire, à ce qu'il paraît, d'une doctrine médicale.

Cependant, je ne sais si cette doctrine est aussi claire en réalité qu'elle le paraît au premier abord. Sans doute, je comprends parfaitement que l'on explique la vie par l'organisation. En effet, étant donnée une certaine combinaison de matière, que j'appellerai organisation, il devra résulter de cette combinaison particulière des phénomènes nouveaux, qui n'auront pas leurs analogues dans les autres classes d'êtres que nous connaissons : par exemple, je comprends très bien que l'arbre, par cela seul qu'il est organisé, présente des phénomènes que ne présentent pas le fer ou la pierre. Mais la difficulté n'est que reculée : car la vie une fois expliquée par l'organisation, il reste à expliquer l'organisation elle-même. C'est ici que les organiciens sont forcés de choisir entre deux hypothèses; ou bien ils admettent que l'organisation n'est qu'une application particulière, dans des conditions données, des lois générales de la matière, et alors leur doctrine se ramène aux précédentes; ou bien, reconnaissant que l'organisation ne peut s'expliquer par aucune des lois connues, ni par aucune des forces que la physique étudie, ils admettront une force ou plusieurs forces spéciales, distinctes des forces mécaniques, physiques et chimiques; et cette force ou ces forces seront dès lors les causes de l'organisation, au lieu d'en être les effets; mais c'est alors le vitalisme proprement dit, et non plus l'organicisme. Remarquez bien qu'il n'y a pas de moyen terme. Car si l'on dit que ces forces vitales ne sont que les propriétés de la matière organisée, que l'on explique pourquoi ces propriétés ne se rencontrent que dans tel corps et non pas dans tel autre. Cela ne peut tenir évidemment qu'à un certain arrangement de matière, les matériaux de la vie étant après tout de même nature que les matériaux dont se composent les corps bruts; vous retombez donc dans le mécanisme ou dans le physico-chimisme. Si au contraire vous considérez cet arrangement de matière, à savoir l'organisation comme étant déjà par lui-même un fait vital, inexplicable par les propriétés générales de la matière, vous admettrez donc une cause spéciale de l'organisation, et distincte d'elle. La vie cesse d'être effet et devient cause : et dès lors, vous êtes vitaliste. L'organicisme, si je le comprends bien, ne me paraît donc pas pouvoir subsister, à titre de doctrine distincte et intermédiaire. Il faut qu'il se confonde soit avec le matérialisme physiologique que nous avons expliqué, soit avec le vitalisme dont nous allons parler.

Le vitalisme a pour caractère essentiel de soutenir que l'organisation n'est pas la cause, mais l'effet de la vie, que la vie est une force ou un ensemble de forces (quelle qu'en soit la nature) absolument distinctes de toutes les propriétés connues de la matière, bien plus, affranchissant en quelque sorte la matière de ses lois ordinaires; puis, à un moment donné, l'abandonnant à leur empire, et c'est ce qu'on appelle la mort. Lorsque Bichat a dit que la vie est « l'ensemble des fonctions par lesquelles l'animal résiste à la mort », c'est comme s'il eût dit, qu'elle est la force qui résiste aux lois générales de la matière, la mort n'étant autre chose que l'application victorieuse de ces lois. Telle est l'idée fondamentale du vitalisme. Mais que de nuances encore et que de degrés dans cette doctrine, depuis Bordeu qui admet la pluralité des centres vitaux, depuis Barthez pour qui la vie n'est autre chose qu'un x, la cause inconnue et inaccessible de certains phénomènes spéciaux, jusqu'à M. Lordat qui n'hésite pas à réaliser cette abstraction de Barthez, à la considérer comme une force immatérielle une et identique, ayant tous les caractères de l'âme, sans être l'âme, et enfin jusqu'au vitalisme animique, ou *animisme*, pour qui cette force se confond avec l'âme pensante elle-même, ce qui est, comme on sait, la doctrine de Stahl, et aussi de M. Bouillier dans le livre que nous analysons, avec cette différence toutefois que celui-ci attribue la vie à l'activité inconsciente et instinctive de l'âme; tandis que Stahl, par un paradoxe insoutenable, l'attribue à la volonté et à la réflexion.

M. Fr. Bouillier n'a pas pour objet, dans son livre, d'examiner et de discuter toutes les doctrines que nous venons d'exposer sur le principe de la vie. Il se contente d'emprunter aux médecins, soit organiciens, soit vitalistes, leurs arguments contre l'iatro-mécanisme, l'iatro-chimisme, le physico-chimisme; puis il emprunte aux vitalistes leurs arguments contre les organiciens, et enfin, dans le vitalisme même, il emprunte au vitalisme unitaire, qui n'admet qu'une seule force vitale, les arguments contre ce que j'appellerai le vitalisme diffus, celui de Bordeu, qui admet plusieurs propriétés vitales sans un centre directeur. En un mot, M. Bouillier prend pour accordée l'existence d'une force vitale, indépendante des organes, et il se demande si cette force ne serait pas tout simplement l'âme elle-même, si ce n'est pas revenir à la scolastique que d'admettre à la fois deux âmes dans l'homme, l'une vitale ou végétative, l'autre pensante, si ces deux âmes ne font pas double emploi, enfin si ce n'est pas là multiplier les êtres sans nécessité.

C'est ici que je crois devoir faire au livre de M. Bouillier une critique assez grave, car elle porte sur le principe même de toute la discussion. J'avoue que si on lui accorde ses prémisses, il est bien difficile de ne pas être de son avis dans toute la suite du travail. Mais ce sont ces prémisses elles-mêmes qui ne me paraissent pas assez fortement établies. Sans doute, étant une fois accordé que la vie est un principe distinct des organes, il est beaucoup plus simple d'en faire une fonction de l'âme que d'en faire une âme distincte. L'hypothèse de deux âmes coexistant à la fois dans un même corps, a certainement quelque chose de compliqué et de bizarre, qui résiste difficilement à la discussion. Mais ne voit-on pas que toute la force de l'argumentation repose sur une hypothèse, la distinction de la vie et des organes ? c'est cela même qui est en question, c'est là qu'il faut porter toutes les lumières de la philosophie et de la médecine ; c'est là-dessus enfin qu'il faut prendre parti. Or, sur cette question, M. Bouillier se contente, comme il nous le dit, « d'emprunter quelques résultats aux écoles les plus accréditées, aux maîtres les plus autorisés, sans avoir la prétention de rien décider par lui-même et par ses propres lumières. » On ne reconnaît pas là la méthode philosophique, la méthode d'examen ; je n'y vois que la méthode d'autorité. Sans doute, dans une question de ce genre, la philosophie doit emprunter les faits aux maîtres de la science physiologique ; mais c'est à elle qu'il appartient d'apprécier les faits, de juger et de décider. L'auteur nous rapporte les opinions des médecins ; mais, outre que ces opinions sont très divergentes et souvent très confuses, ce ne sont pas des opinions rapportées, mais les siennes propres que nous désirerions. En un mot, ayant une fois pris pour sujet de méditation la question du principe de la vie, il fallait, je crois, la creuser jusqu'au fond. Autrement, toute la discussion est hypothétique. Elle peut se résumer ainsi : « Étant donnée l'existence d'une force vitale distincte des organes, démontrer que cette force vitale est une propriété de l'âme pensante. » C'est là poser un problème à la manière des mathématiques, mais non à la manière des sciences empiriques, où il ne s'agit pas de savoir ce qui suivrait d'une hypothèse donnée, mais ce qui existe en réalité. Mais discuter cette hypothèse elle-même, ce serait, dit M. Bouillier, entrer dans la physiologie. Sans aucun doute. Aussi ne vois-je aucun moyen de traiter du principe de la vie, sans partir de la physiologie. C'est une question de philosophie physiologique. C'est donc une question où il me semble impossible à la philosophie, je ne dis pas, de s'abstraire de la physiologie, mais même de n'y pas entrer ouvertement. Sans doute, la psychologie a sa part dans cette question : elle peut fournir des inductions, des présomptions, des lumières précieuses ; et, sous ce rapport, le livre de M. Bouillier est très instructif. Mais elle ne peut pas tout. J'aurais donc aimé que M. Bouillier prît hardiment la question à son point de départ et qu'il employât la méthode philosophique à examiner, à généraliser, à interpréter les faits fournis par les diverses sciences dans le problème de la vie ; lui-même nous donne le modèle de ce qu'aurait pu être le travail que nous lui demandons, dans quelques pages excellentes où il analyse et explique à son point de vue et en son propre nom les faits que la physiologie la plus récente mettait à sa disposition.

Peut-être cependant est-il injuste de demander à

un auteur un autre livre que celui qu'il a voulu faire. Dans les termes mêmes où l'auteur a restreint son sujet, il aurait rendu un grand service à la science, s'il réussissait à la débarrasser d'une de ces hypothèses intermédiaires qui encombrent inutilement l'esprit et retardent par des moyens termes incertains la solution des questions ; et je crois en effet que l'hypothèse de Montpellier résistera difficilement à la discussion solide, pénétrante, inventive, que l'auteur dirige contre elle. C'est cette discussion que nous allons analyser.

Il y a deux parties dans le livre de M. Bouillier : l'une historique, l'autre polémique et critique. Dans la première, il nous expose l'histoire de la question ; dans la seconde, il discute la question elle-même.. Nous ne résumerons pas la partie historique de l'ouvrage : il nous suffit d'y faire remarquer une érudition exacte et abondante, une critique exercée, une habile interprétation des textes. Passons immédiatement à la partie dogmatique, bien plus importante à nos yeux.

Le principe de l'argumentation de M. Bouillier est celui-ci : l'âme est une force. Or, qu'est-ce qu'une force ? C'est un principe d'action : l'action, l'action incessante et sans relâche, voilà le caractère essentiel de la force : pour une force, cesser d'agir c'est cesser d'être. Or, puisque l'âme est unie au corps, et que son essence est l'action, ne s'ensuit-il pas qu'elle doit agir sur le corps? On l'accorde pour le mouvement volontaire ; mais on le nie pour les mouvements organiques. Mais n'y a-t-il pas quelque chose d'arbitraire à admettre que le corps est mû ici par l'âme, et là par quelque autre principe, que l'âme n'agit sur le corps que dans une certaine mesure, et pas au delà? Ne voyons-nous pas que l'action des forces physiques, pesanteur, électricité, affinité, n'a d'autres bornes que celles du corps lui-même sur lequel elles agissent? pourquoi n'en serait-il pas de même de l'âme?

A l'appui de cette assertion, M. Bouillier fait valoir l'autorité des physiologistes qui tous, suivant lui, sont de plus en plus disposés à admettre l'unité de la vie dans le corps. La distinction de Bichat entre la vie animale et la vie organique, la vie nerveuse et la vie ganglionnaire, l'une ayant son centre dans le cerveau et tout le système cérébro-spinal, la seconde dans le grand sympathique, cette distinction, suivant M. Bouillier, tend à disparaître devant le progrès de la physiologie moderne. « Aujourd'hui, dit M. Longet, la plupart des physiologistes regardent ce concours des deux vies comme indispensable et voient dans le grand sympathique un appareil nerveux qui, à l'aide d'innombrables racines, tire surtout son influence de l'axe cérébro-spinal. »

Ce qui est plus décisif encore que l'unité de l'organisme, c'est l'unité de l'être humain. Ici, M. Bouillier combat avec raison ce faux axiome, que la diversité des effets suppose la diversité des causes. Combien sont divers les effets d'un même agent physique, la lumière par exemple, ou l'électricité ? Sur une plaque d'argent, la lumière produit un effet chimique, sur la rétine une sensation lumineuse : ici l'électricité décompose l'eau ; là elle transmet un mouvement ; là elle produit la lumière. Enfin n'a-t-on pas réduit à un même principe, malgré leurs grandes différences, les phénomènes de l'électricité et du magnétisme ? Et n'est-on pas en voie de le faire pour la lumière et la chaleur ? On ne peut donc pas argumenter contre l'hypothèse d'un principe unique dans l'homme en invoquant la diversité des effets, d'une part, des mouvements inconscients, de l'autre des pensées et des sentiments ? Mais, en outre, cette diversité n'est-elle pas plus apparente que réelle ? Ne voit-on pas que chaque passion de l'âme produit immédiatement un changement, une altération dans les organes ; que le trouble des fonctions organiques réagit sur les facultés intellectuelles ? Dans cette corrélation si merveilleuse du physique et du moral, comment ne pas voir un même être, qui vit et qui pense à la fois, et dans lequel ce qui affecte la pensée, affecte en même temps la vie ?

A la vérité, on oppose la dualité de l'homme (*homo duplex*), cette dualité si souvent invoquée par les moralistes. Selon Buffon, selon Biran, selon Jouffroy, le sentiment d'une double nature apparaît, sous une forme ou sous une autre, dans les opinions de tous les peuples. Les théologiens, les poètes, les philosophes ont rivalisé d'éloquence pour peindre cette profonde et manifeste contradiction de l'homme avec lui-même : « C'est, nous dit M. Bouillier, l'esprit et la chair, la raison et les sens ; c'est le bon et le mauvais coursier de Platon, le bon et le mauvais ange des théologiens, l'homme nouveau et le vieil homme, les deux hommes de Saint-Paul, ces deux hommes que Louis XIV disait si bien connaître, et que nous connaissons tous, l'âme et la bête, l'âme et l'autre dans un certain roman de Xavier de Maistre. » Ainsi, la dualité humaine est incontestable ; mais dans quel sens faut-il l'entendre ? Voilà la question.

Il y a, selon M. Bouillier, deux manières d'entendre la dualité humaine, sans tomber toutefois dans l'hypothèse de deux principes immatériels coexistant à la fois dans le corps, à savoir le principe pensant et le principe vital. En un premier sens l'homme est double, au moins suivant les spiritualistes, par la distinction de l'âme et du corps : cette distinction subsiste dans l'animisme, tout aussi bien que dans le vitalisme. Dire que l'âme est le principe animateur du corps, ce n'est pas dire que l'âme soit le corps. En second lieu, la dualité humaine peut être entendue encore dans un sens moral. C'est l'opposition de la raison et des passions, du devoir et de l'intérêt, du bien et de la volupté. Dira-t-on que dans la lutte morale qui met aux prises l'homme avec lui-même, c'est un être qui voit le bien, et un autre qui voit l'utile, un être qui obéit à la raison, un autre à la passion ? Ne voit-on pas que la responsabilité morale exige précisément que ce soit un seul et même être qui soit partagé entre deux tendances contraires, et qui fasse le choix entre elles? Enfin, cette unité de l'être ne nous est-elle pas attestée par la conscience? Ainsi, la dualité morale est toute phénoménale, elle n'est pas substantielle. Quant à la dualité substantielle, elle n'est autre que celle de l'âme et du corps; et il n'est pas nécessaire de pousser la doctrine jusqu'à l'hypothèse des deux âmes.

On ne peut donc rien conclure de ce que l'on est convenu d'appeler l'*homo duplex,* en faveur du vitalisme de Montpellier, et, comme nous le dit M. Bouillier : « Si l'unité de l'univers a de tout temps témoigné d'une manière triomphante contre le manichéisme, combien plus encore l'unité de la nature humaine contre cette autre espèce de manichéisme qu'on veut introduire dans notre essence même. »

Mais voici le grand argument, l'argument capital de ceux qui veulent distinguer l'âme de la vie, par exemple de M. Jouffroy. Suivant ce philosophe, le fait caractéristique de l'âme, c'est la conscience : tout ce que nous savons de l'âme, nous le savons par là. Quant à ce qui est en dehors de la conscience nous n'en pouvons rien dire, et nous n'avons aucune raison de nous l'attribuer. Ainsi dans cette doctrine l'âme ne se distingue pas du moi : elle n'est autre chose que le moi, et les limites de la conscience sont les limites mêmes de l'âme.

A cet argument fondamental on peut répondre : 1° l'âme n'est pas le moi ; les limites de l'un ne sont pas les limites de l'autre, il peut y avoir dans l'âme une partie inconsciente ; 2° la vie n'est pas en dehors de la conscience, comme M. Jouffroy l'affirme d'une manière beaucoup trop absolue.

Sur le premier point, M. Bouillier soutient, et selon nous avec raison, que l'on ne peut pas démontrer que l'âme n'existe qu'autant qu'elle se connaît elle-même. La conscience suppose l'âme ; mais l'âme ne suppose pas la conscience. Si l'âme ne peut pas exister sans conscience, voyez à quoi vous vous engagez; ou bien, il vous faut soutenir avec les cartésiens, que l'âme pense toujours, même dans le plus profond sommeil, même dans l'évanouissement, même dans la vie utérine, et qu'au moment même de la conception, l'âme se connaît déjà à quelque degré; ou bien, il vous faut dire que là où la conscience fait défaut, l'âme n'existe pas ou qu'elle a cessé d'exister. Mais alors, à quel moment vient apparaître soit dans le fœtus, soit dans le nouveau-né cette âme pensante? Et que devient-elle quand elle perd la conscience d'elle-même? Il faut donc distinguer l'âme du moi. C'est là un progrès que la psychologie a fait depuis M. Jouffroy : « Le moi, nous dit M. Adolphe Garnier, c'est l'âme se percevant et se connaissant : tant que l'âme existe sans se connaître, elle n'est pas encore le moi ». L'âme peut donc exister sans se connaître; il peut y avoir en elle des opérations inconscientes; et par conséquent la vie peut être une de ces opérations. M. Bouillier, dans un chapitre excellent, l'un des plus curieux de son livre, parce qu'il est tout entier d'observation, nous montre la gradation insensible de l'inconscience à la conscience, et le retour également insensible de la conscience à l'inconscience, et il insiste par beaucoup d'exemples sur ce que Leibniz appelait les perceptions insensibles.

Mais ce qu'il y a de plus fort et de plus décisif contre M. Jouffroy, c'est que la vie n'est nullement en dehors de la conscience. Au contraire, la vie est dans la conscience. C'est là un fait capital mis en lumière d'une manière heureuse par un philosophe distingué, M. Louis Peisse. Celui-ci a soutenu contre M. Jouffroy, la doctrine d'une conscience de la vie : doctrine, il faut le dire, parfaitement conforme au sentiment naturel des hommes et à l'opinion commune. Voici comment il s'exprime :

« Le sujet, dit-il, peut connaître son corps ou son organisme de deux manières : en premier lieu, comme matière, c'est-à-dire comme une masse étendue et solide, semblable à tous les autres corps de l'univers. Dans ce mode de connaissances que j'appellerai objectif, le corps est perçu comme une chose étrangère au sujet percevant, il est connu comme un objet placé hors du moi, comme une partie du monde extérieur, du même genre que toutes les autres. Mais ce mode de connaissance n'est pas le seul. Le moi peut aussi connaître et connaître effectivement son organisme d'une manière toute différente, c'est-à-dire *subjectivement*. A ce point de vue subjectif, le corps n'est plus vu, ni touché, ni perçu ; il est simplement senti ; il n'est plus connu par le moi comme chose extérieure et étrangère, comme objet sensible, mais comme sujet ou siège de modifications qui sont celles du moi lui-même, en tant qu'il est sentant et voulant. »

« Il y a, au sens propre et réel, une conscience de la vie corporelle et de l'exercice des fonctions organiques..... Sans doute, l'exercice des fonctions telles qu'elles se révèlent en partie à l'observation sensible, comme mouvement, et l'organisme lui-même comme agrégat matériel, sont complètement inconnus du sujet; mais au point de vue subjectif, cet organisme, avec tout ce qu'il contient et tout ce qui s'y passe, est au contraire continuellement représenté au moi. Son état vital s'exprime dans la conscience par une sensation ou plutôt par une affection permanente, vaguement localisée dans tous les points à la fois de la masse vivante et animée. C'est ce retentissement, ce murmure perpétuel du travail vital universel qui, arrivant de tous les points du réseau nerveux à leur centre anatomique, et par celui-ci, au seul centre véritable, le centre psychique, moi, apparaît à ce moi, comme mode fondamental de son existence. C'est ce sentiment qui nous avertit, sans discontinuité ni rémission de l'existence et de la présence actuelle de notre corps, c'est par lui que le corps apparaît sans cesse au moi comme *sien*, et que le sujet spirituel se sent et s'aperçoit exister en quelque sorte localement dans l'étendue limitée de l'organisme ; moniteur perpétuel et indéfectible, il rend l'état du corps incessamment présent à sa conscience, et manifeste ainsi de la manière la plus intime l'indissoluble lien de la vie psychique et de la vie physiologique. Mais par cela même que ce sentiment est permanent, continu, uniforme, il coule, pour ainsi dire, sans bruit dans les profondeurs de la conscience, et ce n'est que par un acte réfléchi d'attention qu'on parvient à le saisir, et à en déterminer le caractère et l'essence. Tous les hommes l'éprouvent, mais très peu s'en rendent compte d'une manière expresse, de là vient qu'il se dérobe à l'observation des psychologistes qui, le cherchant où il n'est pas, et surtout comme il n'est pas, ne réussissent pas à le trouver dans la conscience.

» Cette conscience, il est vrai, n'est pas claire, distincte, expresse et localement déterminable, comme l'est celle de la plupart des impressions adventives de la sensibilité ; c'est une conscience sourde, obscure et, pour ainsi dire, latente, se dérobant sans cesse à l'attention qui veut la fixer, troublée qu'elle est par les impressions plus vives et plus intéressantes qui la masquent. Dans l'état d'équilibre ordinaire, le sentiment vital est uniforme, toujours égal ; pour être distinctement remarqué il faut qu'il acquière un certain degré d'intensité. Il s'exprime alors par une vague impression de bienêtre ou de malaise général, indiquant, le premier une simple exaltation de l'action vitale, le second sa perversion pathologique. Il passe ainsi par des nuances de clarté et d'obscurité relative ; toujours actif à des degrés divers dans la veille, très affaibli, mais non entièrement suspendu dans le sommeil; son abolition est la mort. »

M. Bouillier prenant pour point de départ cette vue remarquable de M. Peisse, confirmée par l'autorité de plusieurs philosophes, et qu'il confirme lui-même par d'importantes observations, essaie d'aller plus loin. Non seulement, il admet avec M. Louis Peisse, l'existence d'un sens vital; mais il croit en outre que l'âme a conscience d'être cause de la vie : c'est là le point le plus hardi et le plus conjectural de toute sa doctrine [1].

Non seulement, dit-il, nous avons conscience de la vie, mais nous avons conscience de l'énergie vitale. Ce qu'il y a d'essentiel dans l'âme, ce n'est pas la pensée, c'est l'énergie motrice, c'est l'effort permanent, c'est la tension de l'âme sur les organes. Voilà ce qui nous est donné par la conscience. Mais d'un autre côté, qu'est-ce que la vie au point de vue objectif? C'est une cause, un ἔνορμον, un *nisus*

---

1. Préface des œuvres de Cabanis.

formativus, une force, enfin, agissant sur toutes les molécules du corps, pour les disposer d'après un certain plan, pour les soustraire à l'action dissolvante des forces de la nature. On est donc amené, et par la conscience d'une part et par l'induction de l'autre, à considérer la vie comme une force. Mais alors, comment ne pas identifier ces deux principes ? Comment ne pas admettre que ce sens de l'effort vital est précisément la conscience que l'âme a d'elle-même, en tant que principe de la vie ? Ce fait fondamental nous explique comment la santé dépend en grande partie de notre volonté, comment l'âme par son abandon et sa mollesse, peut laisser envahir le corps par les puissances dissolvantes de la nature, comment au contraire par son énergie elle prévient le mal, ou le rejette, ou du moins en corrige et en ralentit les effets. Enfin, ce sentiment de l'effort vital qui étend l'activité motrice de l'âme bien au delà des limites qu'on lui attribue d'ordinaire, est singulièrement confirmée par une sorte de contre-épreuve, à savoir le sentiment que l'âme éprouve à la suite d'une paralysie, ou même d'un simple engourdissement, lorsqu'un membre est tout à coup soustrait à l'action de l'effort vital. « Il se fait, nous dit M. Bouillier, une sorte de vide au sein de cette énergie vitale que l'âme exerce sur toutes les parties de l'organisme. »..... « Cette sensation, dit également M. Peisse, est comme une lacune, un déchet, que subit le sentiment universel de la vie corporelle ; elle prouve que l'état de ce membre était très réellement, quoique très obscurément senti, et constituait un élément général de la vie. Ainsi en arrive-t-il d'un bruit continu, monotone, qui cesse d'être perçu quoiqu'il soit toujours entendu. Cet effet vient-il à cesser brusquement, tout aussitôt on s'aperçoit qu'il n'a pas lieu, et il fait pour ainsi dire défaut à notre oreille. »

Enfin, M. Bouillier termine ce savant et ingénieux travail par l'examen des objections que peut soulever l'animisme : indiquons seulement la principale. Suivant certains philosophes et certains médecins, c'est prêter les mains au matérialisme, que de rapporter à un seul et même principe les phénomènes de la pensée et les phénomènes de la vie. Si l'âme est la vie du corps, ne faut-il pas dire avec Aristote, qu'elle est « quelque chose du corps. » N'êtes-vous pas là sur la pente d'une grave confusion ? Quelques médecins ont exprimé cette objection avec une singulière énergie : « Le principe immatériel et libre, dit M. Trousseau, ne se charge pas du pot-au-feu de l'économie animale. » — « Je ne comprends pas, dit M. Amédée Latour, qu'on puisse mettre un cataplasme sur l'âme. » Et M. Pidoux s'écrie : « Une âme qui sécrète l'urine vous paraît-elle moins dégoûtante qu'une âme qui sécrète la pensée ? »

M. Bouillier répond avec raison que ce sont là de fausses idées de dignité et de pureté, que « rien n'est vil, comme l'a dit un ancien, dans la maison de Jupiter », que d'ailleurs on ne met pas de cataplasme sur l'âme, mais sur les organes animés par l'âme ; qu'en donnant à l'âme des facultés inférieures, on ne lui ôte point ses facultés supérieures ; qu'à quelque point de vue qu'on se place, il faut accorder que l'âme reçoit le contre-coup des actions corporelles, qu'il n'y a rien d'absurde à soutenir qu'une sécrétion peut avoir son origine dans le principe même de la pensée, puisqu'on voit la pensée modifiée, troublée, suspendue par le trouble des sécrétions ; que ce qui constitue l'âme, c'est l'unité ; que l'unité de l'âme ne serait pas compromise parce qu'on lui attribuerait l'énergie vitale, puisque c'est précisément de l'unité vitale que l'on partirait pour fonder cette supposition ; enfin, qu'on n'est pas entraîné au matérialisme qu'en supposant une âme et dans l'animal et dans la plante, puisque notre supériorité sur ces êtres consiste seulement à avoir des facultés supérieures aux leurs, et non pas à n'avoir rien de commun avec eux.

Telles sont les principales idées contenues dans

l'ouvrage de M. Bouillier. Je crains de les avoir affaiblies en les résumant ; j'espère cependant que cette analyse aura donné quelque idée de la finesse d'observation et de l'habileté dialectique dont l'auteur a fait preuve dans cet intéressant ouvrage, qui est d'ailleurs un symptôme heureux et un remarquable essai de rapprochement entre la physiologie et la psychologie.

Quant à la question en elle-même, quelles seront nos conclusions ? Nous ne les présenterons qu'avec une extrême réserve, le problème étant un des plus difficiles et des plus délicats que la science puisse soulever.

Nous dirons donc que s'il était une fois bien démontré que la vie est distincte des organes, nous inclinerions à la solution de M. Bouillier, car, pourquoi multiplier les êtres sans nécessité ? Mais cette hypothèse de la distinction de la vie et des organes est-elle suffisamment démontrée ? Au moins, cela ne ressort pas suffisamment pour nous du travail de M. Bouillier. Son livre, quelque remarquable qu'il soit, laisse cependant l'esprit en suspens, parce qu'il semble partir d'une hypothèse, je dirais presque de deux hypothèses, l'existence d'un principe vital et l'existence de l'âme pensante. Sans doute, l'existence de l'âme peut se prouver par la conscience, abstraction faite du principe de la vie. Mais quand on a montré, comme l'a fait M. Bouillier, à quel point ces deux principes sont liés l'un à l'autre, on est engagé encore plus fortement à démontrer de la manière la plus rigoureuse qui soit possible la distinction de la vie et des organes, car l'âme elle-même peut en dépendre.

Malgré ces réserves, nous croyons pouvoir dire que M. Bouillier a établi, ou du moins éclairci et développé deux résultats importants qui peuvent être l'un et l'autre de grave conséquence en psychologie, et étendre les horizons de cette science. C'est d'abord qu'il y a dans l'âme des parties inconscientes, et que la limite de la conscience et de l'inconscience n'est pas absolue; c'est en second lieu que l'âme n'a pas seulement conscience de la pensée, mais encore de la vie; et que la vie n'est pas seulement pour elle un phénomène passif, mais un phénomène actif, une tension, un effort, une énergie, et que l'âme en a conscience à ce titre. C'est là, il faut le reconnaître, un puissant argument en faveur de l'animisme, et, en tout cas, c'est un résultat psychologique d'une certaine importance. Je conclurai donc en disant que le livre de M. Bouillier témoigne d'un progrès notable dans la psychologie physiologique; quoiqu'il laisse encore un *desideratum* considérable dans la métaphysique de la vie.

XIV

M. CARO

30 juillet 1876.

Il fut un temps où l'un des reproches les plus ordinaires que l'on entendait faire aux philosophes, c'était de parler une langue scolastique et barbare, étrangère aux profanes, de se perdre dans des subtilités spéculatives, de faire de la philosophie une affaire d'école, et de la trop séparer de la vie. *Non scholæ sed vitæ docemus*, disait-on. On ajoutait que la philosophie ne doit pas s'isoler du mouvement général des esprits, qu'elle doit parler la langue de tout le monde, s'adresser à l'âme et à l'imagination aussi bien qu'à la raison pure. Sénèque et Plutarque, Rousseau et Pascal, voilà les vrais philosophes. Kant, Spinoza, Condillac sont des joueurs d'échecs; leurs philosophies sont des casse-têtes chinois, bons pour des séminaristes d'école normale, mais sans flamme, sans suc et sans vie. Innocents et pleins de candeur, les philosophes de ce temps écoutèrent ces insidieux conseils; ils se firent écrivains, ils étudièrent le cœur humain; ils se mêlèrent aux disputes du siècle; ils parlèrent une langue intelligible, et ne s'interdirent pas l'éloquence; ils cherchèrent à plaire, à émouvoir, à persuader. Ils crurent que la philosophie n'était pas seulement une science, mais une foi, et qu'elle ne pouvait pas se traiter comme l'algèbre. Ils se crurent obligés de défendre le vrai et de combattre le faux. Ils en étaient là, lorsque soudain ils se trouvèrent pris en flanc par de nouveaux critiques et adversaires qui, retournant l'objection, leur dirent à leur tour: « Vous n'êtes pas des philosophes; vous êtes des littérateurs; vos maîtres ne sont que des orateurs, votre philosophie, de la rhétorique. Tout cela n'a rien à faire avec la vérité pure. Il faut mépriser le vulgaire, fouler aux pieds les arguments du cœur, et ne pas reculer devant la langue aride de la science. » Ceux qui parlaient ainsi ne se privaient pas pour leur propre compte d'avoir de l'imagination et de l'esprit: ils faisaient des portraits, des dialogues, des descriptions spirituelles et colorées, oubliant que l'ironie et l'hypotypose sont encore des figures de rhétorique. Enfin ils écrivaient très littérairement contre la philosophie littéraire. Mais le public naïf ne vit pas la contradiction, et prit pour argent comptant cette objection piquante et inattendue, que de nos jours, Dieu et l'âme, le devoir et le droit, c'est de la littérature.

L'expérience nous a donc appris qu'en philosophie, comme dans la fable, « on ne peut contenter tout le monde et son père », qu'il faut prendre son parti, suivre son propre instinct, obéir à son talent, à sa conscience, dire les choses comme on les sent, et laisser dire. Mon style ne vous plaît pas : ne me lisez pas. Mes idées vous semblent banales : ayez-en d'autres, et de plus belles, si vous pouvez. Vous aimez mieux la philosophie de l'école que la philosophie du forum. Soit ; c'est votre droit. Mais laissez chacun libre d'écrire comme il lui convient, et de penser comme il lui plaît.

Nous faisions ces réflexions en lisant le dernier livre de M. Caro : *Les problèmes de morale sociale*, l'un des meilleurs de ses écrits. Cet écrivain est, de tous nos philosophes celui qui a le plus hardiment et le plus franchement arboré le drapeau de la philosophie militante, et qui a le plus fait pour introduire le grand public dans la philosophie, et réciproquement pour répandre la philosophie dans le grand public. Il a fort bien fait. C'est là son talent, son instinct, sa vocation. Pourquoi la combattrait-il? Nul n'expose et ne développe d'une manière plus vive et plus lumineuse les doctrines nouvelles ; nul n'en démêle les faiblesses avec plus de sagacité ; nul n'est plus habile, plus souple, plus enveloppant dans la discussion. Il est né polémiste, controversiste. Sa controverse n'a rien de cruel. Quiconque le lira sans prévention ne trouvera en lui aucune faute contre ce que les anciens appelaient « les mœurs », c'està- dire contre la convenance, et il n'en est pas toujours de même de ceux qui le critiquent. Chez lui pas un mot blessant : s'il combat les doctrines avec vivacité, jamais il ne touche à l'honneur, à la personne, au caractère ; il ne ménage même pas l'admiration au talent. Il n'en veut qu'aux idées quand elles ne lui plaisent pas. Lui-même serait bien loin de soutenir que son rôle est le seul que l'on puisse tenir en philosophie, même dans son propre sens. Les esprits sont différents, et la division du travail veut que les fonctions soient différentes ; mais par cette raison même, le rôle défensif est tout aussi légitime et nécessaire en philosophie qu'il peut l'être partout ailleurs. Défendre les vérités acquises contre les témérités dangereuses est une nécessité qui s'impose dans tous les ordres d'idées. Quelque libéralisme que l'on professe, il vient un moment où l'on passe de la critique à la défense. Ce qui est nouveau n'a pas toujours raison contre ce qui est ancien. Il est tout aussi philosophique d'être conservateur que novateur, si c'est la conservation qui a raison et l'innovation qui a tort. Il faut donc considérer le fond des choses et non l'étiquette. D'ordinaire, au contraire, on se contente d'un procès de tendance et, il semble qu'il suffise d'être à droite ou à gauche pour avoir raison soit pour les uns, soit pour les autres. Ces jugements sont trop faciles, puisqu'ils dispensent de tout examen. La vérité demande plus d'efforts.

M. Caro, dans son nouveau livre, a choisi avec une grande habileté son point d'attaque contre les écoles nouvelles. Tant qu'on se contentait de défendre contre ces écoles le concept de l'âme ou de Dieu, l'affinité de ces concepts avec ceux de la théologie prévenait contre eux tous ceux qui, sans examiner le fond des choses, se défient des prétentions cléricales et se refusent aux dogmes des diverses églises. C'est là une étrange manière de résoudre les problèmes métaphysiques; mais cependant elle est très répandue, et parmi ceux-là qui prêchent le plus haut l'indépendance spéculative de la philosophie. Mais enfin, si peu raisonnable que soit un tel préjugé, c'est néanmoins un préjugé contre lequel il est malaisé de se prémunir. Mais la question ici est tout autre, et bien autrement grave. Il faut la regarder en face, et c'est ce que l'on n'ose pas faire généralement. Il s'agit ici en effet d'un concept qui, non seulement n'est pas théologique, mais que la philosophie, au contraire, jusqu'ici revendiquait énergiquement comme sa propre conquête contre la théologie; un concept qui n'est en aucune façon lié au passé, et qui avait paru devoir être le symbole et le drapeau de l'humanité future, qui enfin nous était donné comme le résumé de toute la philosophie du xviiie siècle et de la Révolution française : le concept du droit. Ce concept peut-il subsister dans une philosophie empirique qui ramène tout au fait, et une ontologie qui réduit tout à la matière et à la force? Ce n'est plus ici le siècle présent cherchant à s'affranchir de ce qu'il considère à tort ou à raison comme une tyrannie des siècles passés : c'est le siècle aux prises avec lui-même; ce sont ses meilleures aspirations en conflit avec les moins bonnes; c'est le libéralisme en lutte avec l'esprit positif. Toutes les illusions métaphysiques ont disparu l'une après l'autre : soit. Mais aujourd'hui l'idée du droit et de la dignité humaine doit-elle disparaître à son tour comme la dernière des illusions?

Un monde sec, froid, dur, contemplant un ciel

vide et sourd, remplaçant les droits et les devoirs par « l'assurance sociale », sacrifiant les faibles à la « sélection naturelle » des meilleurs, c'est-à-dire des mieux organisés, est-ce là l'idéal pour lequel sont morts en Hollande, en Angleterre, en Amérique, en France, tant de martyrs de la liberté de conscience, du droit de propriété et du droit national ? pourquoi n'ont-ils pas joui paisiblement de la vie, laissant l'élection naturelle accomplir toute seule ses irrésistibles triages ? Était-il donc nécessaire qu'ils mourussent pour assurer « la survivance des plus aptes ? » Si l'on dit que le temps est venu pour l'humanité de renoncer aux illusions et aux chimères sentimentales, qu'avons-nous besoin de ces chimères de bien public, d'honneur national, de justice sociale, de pitié et d'humanité, que nous avions cru devoir être l'honneur des temps modernes, et leur conquête sur les siècles passés ? Telle est l'antithèse perpétuelle que M. Caro poursuit dans son livre à travers une suite d'études du plus grand intérêt sur la morale indépendante, le droit naturel, le droit de punir, le progrès social, la destinée humaine. Il n'exclut certainement pas le point de vue religieux, j'entends le point de vue de la philosophie religieuse non de la théologie proprement dite. Il ouvre des perspectives de ce côté, soit dans le premier, soit dans le dernier des chapitres de son livre. Mais le plus fort de sa discussion, et la plus large part de son ouvrage porte sur la philosophie sociale. C'est l'antithèse du droit et du fait qui est le fond de sa polémique.

Pour la résumer en deux mots, nous demanderons avec lui : d'où peut venir l'idée du *droit*, si l'on ne reconnaît que des *faits*? Que les hommes croient au droit, c'est là sans doute un fait; mais pourquoi y croient-ils? Sur quoi repose cette croyance? Quelle en est l'autorité? Autant de questions insolubles dans la doctrine brutale du fait. Ou plutôt ces questions sont faciles à résoudre : l'idée du droit n'est qu'une superstition comme les autres. La seule règle des relations sociales comme du droit des gens, est le droit du plus fort, tempéré par des conventions provisoires, qui maintiennent un certain état de sécurité relative, jusqu'à ce que le plus faible devienne le plus fort à son tour.

On voit quelle est l'idée fondamentale du livre de M. Caro; résumons-en les diverses parties. La première question traitée est celle de la morale indépendante. Cette doctrine qui a fait quelque bruit il y a plusieurs années, a eu pour principal promoteur Proudhon, dans son livre de la *Justice dans la Révolution et dans l'Église*. La réfutation de M. Caro nous paraît victorieuse. Il montre solidement comment la morale indépendante suppose à la fois et « des problèmes métaphysiques *résolus* et des problèmes métaphysiques *éludés*. » Rien de plus vrai. La morale est inséparable de la métaphysique. Même lorsque dans un intérêt de méthode on essaye non de les séparer, mais de les distinguer, on y a beaucoup de peine, tant les idées morales glissent aisément dans les idées métaphysiques; et c'est ce que Proudhon aurait compris s'il avait eu quelque notion précise de philosophie, au lieu d'intuitions que je reconnais avoir été quelquefois profondes, mais sans aucune culture.

De même que Proudhon essayait de fonder la morale sans métaphysique, M. de Girardin essaye de fonder le droit sans morale, en établissant ce qu'il appelle une « assurance sociale », qui garantit chacun contre les entreprises de chacun. M. Caro prend à partie cette théorie des « risques sociaux » » corrigés par la « prime d'assurance » et montre que, tout en voulant être exclusivement expérimentale, elle aboutit de toutes parts à l'utopie.

Vient ensuite la grande discussion sur la nature du droit, qui est le cœur du livre et dont nous avons déjà résumé la pensée principale. M. Caro poursuit les altérations que font subir à l'idée du droit les matérialistes, les positivistes, les évolutionnistes, les utilitaires. Pour les premiers le droit ne serait que le besoin clairvoyant opposé au besoin aveugle. Pour les seconds, la vie morale se résume en deux besoins, l'*égoïsme* et l'*altruisme,* l'un naissant du fait de la nutrition, l'autre du fait de la génération, l'un et l'autre ramenés ainsi à « une base biologique, » et fondés sur l'organisation « tant viscérale que cérébrale. » Ce n'est là cependant qu'une première forme confuse des idées du positivisme sur ce point. Mieux inspiré dans un autre écrit, M. Littré essaye de ramener l'idée de justice à l'idée mathématique de l'égalité. M. Caro tout en reconnaissant la supériorité de cette théorie sur les précédentes, et faisant remarquer avec raison l'analogie de cette idée avec celles des Pythagoriciens sur la même question, objecte solidement que l'égalité morale n'est pas du même ordre que l'égalité mathématique, et que l'élément moral proprement dit est ici sacrifié à l'élément intellectuel. Avec les évolutionnistes, qui ne voient dans le fait moral que la transformation des instincts de l'animalité, la discussion est plus étendue ; elle se ramène à cette conclusion ; qu'une règle qui n'est qu'une « résultante de l'éducation » et un « produit du temps », n'a aucun des caractères de la loi du droit et n'aura jamais qu'une autorité contestable et une sanction précaire.

Sur la question du droit de punir, la discussion sera particulièrement intéressante pour les philosophes, car M. Caro y touche à un point très important ; peut-on supprimer dans le droit pénal tout élément moral, et se borner au principe pur de l'intimidation et du droit de défense ? La question est difficile : ce ne sont pas seulement les utilitaires et les positivistes ; ce sont encore quelques philosophes spiritualistes qui pensent que la société n'est pas chargée de punir dans le vrai sens du mot, mais seulement de protéger. Tout en rejetant avec M. Caro le principe de l'expiation, on peut croire aussi avec lui que l'appréciation morale des actes délictueux entre comme élément nécessaire dans l'application des peines sociales. — Dans la question du progrès moral et social, M. Caro se montre des plus familiers avec les nouvelles recherches des écoles anglaises et les travaux de MM. Buckle, Bagehot, Lubbock, etc. Il discute avec sagacité la thèse de M. Fr. Bouillier, très opposé, comme on sait, non au progrès en général, mais à l'idée d'un progrès moral [1]. M. Caro introduit un élément nouveau dans la question, en disant que la vertu peut s'accroître sinon en *quantité*, du moins en *qualité*. Enfin, toutes ces belles recherches se terminent par une étude sur la destinée humaine, où, pour interpréter des doctrines naturalistes mo-

[1]. Voir plus haut.

dernes, l'auteur évoque non plus des philosophes et des savants, mais un poète et une femme poète, madame Ackerman, dont quelques vers admirables semblent dérobés à la flamme du génie de Lucrèce. L'auteur a pensé sans doute qu'il n'eût pas été de bon goût d'opposer une discussion d'école à une poésie toute d'inspiration et de sentiment, et il s'est borné à signaler dans les angoisses mêmes et les colères du poète révolté le signe irréfutable d'une destinée supérieure au monde qui l'écrase.

On voit que, sur la plupart des points touchés par M. Caro, nos conclusions seraient en général conformes aux siennes. Est-ce à dire cependant, que nous y arriverions par les mêmes moyens et que nous les formulerions toujours de même? Non sans doute; car, ainsi que nous le disions plus haut, la diversité des esprits leur impose des voies différentes.

Guidé par l'instinct de son talent, M. Caro s'est placé au point de vue de la défensive en philosophie. Sans méconnaître la nécessité de la défense, nous ne nous sentons pas aussi inquiet des tentatives et des entreprises nouvelles. Son point de vue, très légitime assurément, est celui de la défense : le nôtre, trop indulgent peut-être, serait plutôt, toutes réserves faites, celui d'une certaine confiance. Il combat le faux, et craint par-dessus tout d'être dupe de quelque erreur : nous pensons qu'il faut craindre aussi de laisser échapper quelque vérité : et sans renoncer à prouver aux autres qu'ils se trompent, nous sommes surtout préoccupé de nous prouver à nous-même que nous ne nous trompons pas.

Les philosophes qu'il combat ne sont pour lui que des adversaires ; pour nous, ce seraient plutôt des conseillers durs, difficiles, souvent très désagréables, mais qui nous rappellent à nous-même, et nous font voir nos lacunes, comme nous essayons de leur faire voir les leurs ; et le peu de cas qu'ils font de nos avis n'est pas pour une raison de ne pas tenir compte des leurs : car c'est en quoi nous croyons valoir mieux qu'eux. Au fond, nous ne pensons pas qu'il y ait autant de différence que l'on dit entre les opinions les plus différentes ; et dans les écoles les plus opposées on voit toujours reparaître dans le fond l'élément qui, au premier plan, paraît supprimé ; d'ailleurs, nous préférons la philosophie à notre propre école, à notre propre opinion. Pour nous, la philosophie, c'est l'amour des idées. Tout ce qui est pensé par les hommes est intéressant. Quand ces hommes sont Herb. Spencer, Aug. Comte, Hégel, nous craignons toujours de nous tromper en ne voyant en eux que des égarés. Nous craignons d'affaiblir la foi en la raison humaine, et par là même en la Providence divine, en ne cherchant que leurs fautes sans chercher en même temps à nous instruire auprès d'eux : car pourquoi se tromperaient-ils et non pas nous ?

Il ne serait pas facile de justifier ici dans le détail cette sorte de méthode, qui est plutôt une tendance, une disposition, qu'un procédé logique. Montrons seulement sur un point capital comment, tout en maintenant des conclusions dogmatiques, analogues ou même identiques à celles de M. Caro, nous les présenterions peut-être à un point de vue différent.

Soit, par exemple, la grande doctrine évolutionniste. Cette doctrine qui peut, mal entendue, engendrer de fausses conséquences, n'en répond pas moins à un vrai et légitime besoin de l'esprit. Elle répond à ce problème qui est le problème philosophique par excellence ; comment les choses naissent-elle les unes des autres ? Leibniz dont on ne peut accuser les tendances, a toujours dit que l'on ne comprend les choses que lorsqu'on s'explique comment elles ont pu se produire. Les vraies définitions, suivant lui, sont les définitions génétiques, c'est-à-dire celles qui expliquent les choses par leur origine, qui nous en montrent, dit-il, « la possibilité. » La vraie définition de la ligne est celle qui nous la montre engendrée par un point mobile ; celle de la surface, celle qui nous la montre engendrée par une ligne, et ainsi de suite. Descartes, pour expliquer le monde, montrait comment il avait pu arriver à prendre peu à peu la forme qu'il a. La physiologie trouve l'explication d'un grand nombre de phénomènes, dans l'embryologie, c'est-à-dire dans la science qui nous apprend comment se forme l'être vivant. C'est ainsi que les institutions des peuples s'expliquent par l'histoire. La science a pour but de pousser aussi loin que possible ce mode d'explication. L'évolutionnisme a eu pour toute ambition d'univ. aliser ce point de vue. Il était dans son droit. Évidemment, il a dû franchir bien souvent les bornes de l'expérience : et c'est pourquoi les plus autorisés des positivistes français n'ont pas voulu suivre les hypothèses nouvelles dans toutes leurs témérités ; mais cet excès hypothétique ne fait après tout que pousser la science dans sa propre voie.

Il faut convenir que nos maîtres en philosophie n'étaient pas préoccupés de ce point de vue comme on l'a été depuis. Ils s'attachaient surtout à démontrer qu'une chose n'est pas une autre ; mais comment ces choses se lient-elles ensemble pour former une chaîne, un système, un univers ? C'est ce qu'on ne se demandait pas. Le lien des choses disparaissait. La nature n'était composée que de fragments. Nous sommes loin d'en faire un reproche à ces philosophes. Il y avait mille raisons inutiles à expliquer ici qui les justifient suffisamment ; mais autres temps, autres problèmes. Il s'agit aujourd'hui de concilier les droits de la métaphysique et de la morale avec les droits de la science, comme l'a dit M. Vacherot, dans son beau livre : *Science et Conscience.* Dans ce conflit qui a éclaté tout à coup avec une si vive intensité entre les deux puissances, l'une appuyée sur le monde extérieur, l'autre sur la raison pure et sur la conscience, le premier mouvement a été une tentative d'exclusion réciproque ; mais plus de science et plus de métaphysique ramèneront sans doute la paix et l'union.

Si l'évolutionnisme, envisagé théoriquement, répond à un besoin légitime de l'esprit, sauf, bien entendu, toutes réserves sur l'emploi de cette hypothèse, d'un autre côté, au point de vue pratique il peut rendre les plus grands services, et dans beaucoup de circonstances, il nous servira d'allié. En apprenant, en effet, que les choses ne peuvent se faire que « peu à peu, » et « pas à pas, » il est devenu le plus efficace dissolvant de l'esprit révolutionnaire. Depuis un siècle, les sages se tuent à répéter qu'on ne travaille pas sur une société comme sur une œuvre morte, qu'on ne peut faire violence aux faits, qu'il faut tenir compte de l'histoire, du passé, des habitudes acquises, des faiblesses humaines; que le bien pour être durable, doit se faire lentement, etc. Tant que ces vérités n'ont été que des axiomes de bon sens et de sagesse vulgaire, tant qu'elles n'ont été débitées que par les conservateurs, elles n'ont produit aucun effet. Les écoles novatrices, pleines d'enthousiasme, de foi et d'espérance, se croyant appelées à renouveler le monde à la manière des grandes religions, ont fait la sourde oreille ; elles ne voyaient de progrès que par les révolutions, et la géologie elle-même par sa théorie des cataclysmes, semblait leur donner raison, Dieu ayant lui-même procédé au perfectionnement de l'univers par une suite de « révolutions ; » c'était le mot de Cuvier. Mais aujourd'hui que l'on nous propose de remplacer partout dans la nature la révolution par l'évolution, on peut espérer qu'il en sera de même dans l'ordre social. La théorie du « peu à peu » (si vulgaire dans la bouche des conservateurs), reprend une valeur considérable quand on la rattache à un vaste système qui enveloppe toute la genèse de l'univers, et qui se donne lui-même comme le dernier mot de l'audace de la pensée. L'évolutionnisme est appelé, croyons-nous, à porter un coup mortel et décisif à l'esprit d'utopie. Ce que nous n'avions pas pu faire avec notre bon sens, il le fera par ses exagérations mêmes : car les hommes qui sont guidés par l'imagination tout autant que par la raison ne croient vivement qu'à ce qui est exagéré.

On voit que, si nous avions à examiner les problèmes que discute M. Caro, nous ferions valoir beaucoup de circonstances atténuantes en faveur des idées qu'il discute si habilement. Mais ce n'est pas sa méthode : il aime, au contraire, à frapper d'estoc et de taille ; et au lieu de chercher à mettre les gens d'accord, il les bat les uns par les autres, et puis ensuite les uns après les autres. C'est ainsi qu'il montre la contradiction du radicalisme et de l'évolutionnisme ; puis, au lieu de montrer comment la doctrine d'un droit idéal n'exclut point celle d'une évolution progressive, ce qui pourrait concilier tout le monde, il condamne d'une part l'évolutionnisme à la négation des droits absolus, tandis qu'il condamne en même temps le radicalisme à la revendication éternellement violente des droits absolus. Ainsi tout le monde a tort. On reconnaît là le droit distinctif de ce talent, qui est essentiellement militant. Comme tous les esprits belliqueux, il aime la guerre parce qu'il y réussit. Il y déploie de la bravoure, de l'adresse, de l'audace et de la science. Il ne se contente pas de faire des plans de campagne ; il va lui-même au feu. Les esprits pacifiques aiment mieux des procédés plus lents et plus paisibles, mais ce qu'on ne peut refuser à ce talent toujours armé en guerre, c'est le mouvement et la vie.

A part ces quelques réserves, nous ne pouvons donc que louer et signaler comme un des plus nobles écrits de ces derniers temps le livre de M. Caro. Nous voyons avec joie que, dans toutes les directions de la pensée philosophique, les esprits, bien loin de se laisser décourager par les événements, se sont remis à l'œuvre avec intrépidité et sévérité. Le travail de ces dernières années a été fécond. M. Taine, dans un livre éminent, étudie les origines de la société contemporaine. M. Renan, dans son nouvel ouvrage,[1] se livre à toutes les audaces de sa riche imagination. M. Caro, dans un autre ordre d'idées, discute avec pénétration et expose avec ampleur tous les grands problèmes de l'ordre social. Nous nous félicitons d'une preuve si éclatante de la vitalité de l'esprit français ; et nous ne sommes pas de ceux qui, dans l'intérêt d'une petite Église, veulent « que nul n'ait de l'esprit, hors eux et leurs amis. »

---

1. Voir plus loin, XVI.

M. Caro rend service à tous, même à ses adversaires, s'ils sont sages, en signalant peut-être avec quelque excès d'inquiétude, ce qu'il appelle « le mouvement d'invasion des sciences physiques dans les sciences morales. » Nous sommes loin de croire, comme il le dit, « qu'il ait consulté dans cette étude ses convictions plutôt que ses forces ; » mais nul n'hésitera à y reconnaître, comme il le demande, « le souci passionné des grands problèmes. »

XV

MM. AD. FRANCK, VERA, ETC.

Signalons d'abord, parmi les publications philosophiques de ces derniers temps, la seconde édition du *Dictionnaire des sciences philosophiques*, édition augmentée et enrichie à peu près d'un tiers d'articles nouveaux. Depuis longtemps cet utile recueil était épuisé, et on en réclamait la réimpression. Il reparaît en un format nouveau (un seul volume in-4°), qui en permettra l'accès à un plus grand nombre. Ce livre, qui fait le plus grand honneur à son savant directeur, M. Ad. Franck, peut être considéré comme l'encyclopédie philosophique du spiritualisme universitaire français. C'est dire qu'il se recommande par toutes les qualités de sagesse, de modération, de bonne méthode qui caractérisent cette école. Ce n'est pas, bien entendu, dans un dictionnaire qu'il faut chercher de grandes hardiesses spéculatives, et des conceptions personnelles aventureuses. En revanche, on y trouvera une grande richesse de renseignements et des indications exactes sur tous les points obscurs de la philosophie. La partie historique y est notamment très considérable. Il est des parties tout à fait originales, par exemple, les belles études de M. Munk sur la philosophie juive et arabe. La philosophie allemande a été traitée avec sûreté par M. Wilm, si compétent en cette matière. Mais si l'histoire se prête plus que la doctrine à cette exposition impersonnelle qui est le caractère d'un dictionnaire, il s'en faut de beaucoup cependant que la partie théorique du recueil soit sans originalité et sans valeur. L'article *Esprit* de M. de Rémusat; l'article *Conscience*, de M. Vacherot; l'article *Passion*, de M. Franck; les articles *Probabilités et Mathématiques*, de M. Cournot; les articles *Matière et Sens*, de M. Em. Saisset ; et, parmi les mots nouveaux, l'article *Positivisme*, de M. Em. Charles ; beaucoup d'autres encore que nous ne pouvons pas citer, contiennent des vues personnelles et instructives, qui même aujourd'hui n'ont pas encore suffisamment passé dans le domaine public et dans la philosophie de tout le monde. Ajoutons que cette édition renferme un grand nombre d'articles consacrés à mettre le recueil au courant des questions nouvelles. C'est ainsi que la part faite aux savants est plus grande que dans la première édition. Ampère, Buffon, Cuvier, G. Saint-Hilaire, Lamarck, ont leur notice. Galilée y est l'objet d'une savante étude de M. Henri Martin (de Rennes). Des articles spéciaux ont été consacrés aux philosophes contemporains morts depuis la première édition, notamment : MM. Cousin, Schopenhauer, Pierre Leroux, Lamennais, Auguste Comte, de Résumat, Émile Saisset, Ad. Garnier, etc. Quant aux doctrines générales du dictionnaire, s'il paraissait aujourd'hui pour la première fois, peut-être serait-il opportun de lui attribuer un caractère un peu moins dogmatique. Mais il faut se transporter à l'époque où la première édition a été conçue (1840). Il ne faut pas oublier que sans cette correction d'orthodoxie que l'on reproche, à tort ou à raison, à la philosophie de ce temps-là l'enseignement laïque de la philosophie eût été impossible. Si nos jeunes philosophes ont aujourd'hui plus de liberté, ils ne doivent pas oublier qu'ils le doivent surtout à la sagesse de leurs aînés.

Dans un tout autre ordre d'idées, nous nous plairons à signaler également une grande œuvre commencée depuis plusieurs années, et continuée avec patience et ténacité. Nous voulons parler de la traduction française des œuvres de Hégel, par M. Vera, collection qui comprend déjà trois ouvrages ; — *Logique; Philosophie de la Nature; la Philosophie de l'Esprit;* — et à laquelle l'auteur vient d'ajouter un nouveau volume, à savoir le premier *De la Philosophie de la Religion*. Quoique M. Vera appartienne à l'Italie par sa nationalité et par ses fonctions actuelles (il est professeur à l'Université de Naples), il relève cependant de notre critique à plusieurs titres : d'abord parce que sa publication est faite en français ; en second lieu parce qu'il a longtemps appartenu à l'Université française, où nous l'avons eu autrefois pour collègue. On ne saurait d'ailleurs trop encourager une œuvre aussi aride et aussi ingrate, qui ne peut évidemment procurer à son auteur d'autre satisfaction que de contribuer aux progrès de la science, et à la propagation d'une idée favorite. Il est difficile, en effet, de trouver aujourd'hui, même en Allemagne, un hégélien aussi fidèle, aussi décidé, aussi correct que M. Vera, ne penchant ni à gauche, ni à droite, n'ayant rien accueilli des révolutions philosophiques ultérieures, nullement ébranlé par le progrès de la philosophie expérimentale, et par le discrédit croissant de la philosophie de son maître. Cette intrépidité de croyance a quelque chose de noble et d'attachant. Reconnaissons d'ailleurs l'éminent service rendu par l'auteur en accommodant à notre langue un penseur aussi hérissé que Hégel ; car quoiqu'on puisse dire qu'il est aussi obscur en français qu'en allemand, et quoiqu'il faille quelquefois consulter l'allemand pour comprendre le français, il n'est pas douteux toutefois qu'il ne soit fort utile, pour se donner la première vue d'un système, de l'étudier dans la langue qui nous est le plus familière. Quant aux éclaircissements donnés par M. Vera, ils sont de deux sortes : introductions et commentaires. Nous préférons de beaucoup les premières aux seconds. Dans ses notes, ou commentaires, M. Vera explique Hégel par Hégel ; il en emploie la langue et les formules pour interpréter ce qu'il y a d'obscur précisément dans cette langue et dans ces formules. C'est ici que M. Vera nous paraît trop sous le charme. Il ne veut pas voir que, dans bien des cas, nous n'avons devant nous que des mots et non des idées. Il se repaît de ces mots, les transforme les uns dans les autres, les prend les uns pour les autres et croit avoir expliqué des idées. Il n'en est pas de même de ses introductions, qui sont de lui. Ici, il s'affranchit de la terminologie et de la trichotomie hégélienne. Il n'en conserve que la pensée et l'esprit ; et il nous fait bien sentir, même lorsqu'il ne nous persuade pas, la portée et l'intérêt de cette vaste conception. Au reste, à mesure que notre sphère d'études et de réflexion s'est étendue, nous avons pensé, pour notre part, que ce serait un tort grave de se borner à voir dans Hégel un adversaire : il est tout autant pour nous et plus encore un auxiliaire qu'un ennemi. Car si la philosophie expérimentale nous sert à démasquer ce qu'il y avait d'arbitraire et de chimérique dans le pur hégélianisme, la philosophie hégélienne, à son tour, nous rend le service de démontrer ce qu'il y a de pauvre et de médiocre dans le pur empirisme : ainsi, toute philosophie a son bon côté.

Le nouveau volume de M. Vera porte, avons-nous dit, sur la philosophie de la religion : c'est le premier volume d'un ouvrage qui en aura quatre. Celui-ci comprend l'idée de la religion en général; le second contiendra l'histoire de la religion; le troisième, la religion chrétienne en particulier; et le quatrième, les leçons sur les preuves de l'existence de Dieu. Chacun de ces volumes sera précédé d'une introduction du traducteur. On voit que c'est une vaste entreprise, qui mettra entre les mains des lecteurs français une des parties les plus curieuses et les moins connues de la philosophie de Hégel. Dans l'introduction du volume actuel, M. Vera essaye de serrer de près, d'après la méthode hégélienne, l'idée de la religion, et les rapports de la religion et de la philosophie. L'auteur proteste contre ceux qui prophétisent la fin des religions : « Les Dieux s'en vont, dit-on; mais en un sens tout s'en va. Tout est malade; tout souffre; tout menace ruine : c'est la vie de l'humanité. L'amour ne serait pas ce qu'il est, cette puissance toujours jeune, l'amour immortel, s'il ne se renouvelait sans cesse, s'il ne se donnait sans cesse la mort pour se donner la vie. Il s'en va, et il revient. Ainsi les Dieux s'en vont, mais c'est pour revenir. Ce départ n'est qu'un départ apparent : c'est, pour me servir d'une expression de Hégel, *une ruse de la raison.* » Il combat le docteur Strauss qui, dans la dernière phase de sa pensée, est allé jusqu'à la négation radicale de la religion, et jusqu'à l'affirmation d'un chaos absolu. Au contraire, la religion est nécessaire, parce qu'il y a une *idée* éternelle de la religion. Quelle est cette idée? C'est ce qu'on ne saisit pas très clairement dans les explications de l'auteur. Nous croyons ne pas être infidèle à sa pensée en disant que la religion, suivant lui et suivant Hégel, est la révélation de Dieu dans l'esprit, en d'autres termes l'identité de l'esprit fini et de l'esprit infini. Mais cette définition convient tout aussi bien à la philosophie qu'à la religion. Quelle est donc la différence qui les sépare?

L'auteur encore ici, est fort dans la discussion, vague et obscur dans la conclusion. Il résume très bien toutes les manières de se représenter le rapport de la religion et de la philosophie ; mais on ne voit pas trop quelle est la vraie. On peut trouver encore que les belles considérations de l'auteur passent un peu par-dessus nos têtes et ne portent pas assez sur le côté concret de la question. La vraie question en effet est celle-ci : Jusqu'ici la religion n'a existé dans le monde que sous la forme du surnaturel, appuyé par l'idée de la révélation et des miracles. Comment pourra-t-elle subsister, si ces deux croyances viennent à disparaître ? Or, la philosophie hégélienne, tout en défendant l'idée de la religion en général, a contribué pour sa part, comme toutes les autres, à affaiblir, pour ne pas dire à supprimer entièrement la croyance au surnaturel historique. Supposer que le peuple continuera à croire quand les philosophes s'en seront dispensés, est une pure illusion. En quoi donc peut consister la forme religieuse de l'avenir ? C'est ce dont nous n'avons aucune idée, puisque l'expérience ne nous a jamais fait connaître de religion sans surnaturel. M. Vera ne résout pas le problème, ce que nous comprenons aisément ; mais au moins fallait-il le poser. C'est ce qu'il ne fait pas. Les formules hégéliennes ne suffisent donc pas à tout. Cette objection n'empêche pas que nous ne fassions grand cas de son travail, et que nous n'admettions en partie ses conclusions, sauf à les trouver insuffisantes.

Puisque nous sommes sur le terrain de la philosophie allemande, nous devons signaler les études récentes qu'a suscitées parmi nous la philosophie de Kant. Jamais on ne s'est tant occupé de cet illustre philosophe. Il a repris parmi nous une faveur inattendue. L'Académie des sciences morales a mis au concours l'étude de cette philosophie. L'un des concurrents couronnés, M. Desdouits, a publié son travail sous ce titre : *la Philosophie de Kant, d'après les trois critiques*[1]. Un autre écrivain, M. Nolen a traité le même sujet à un autre point de vue, dans un livre étendu intitulé : *la Critique de Kant et la métaphysique de Leibniz*. Ces deux ouvrages, émanés l'un et l'autre de l'Université française, prouvent combien les études profondes et sérieuses y sont cultivées, malgré tout ce qu'a pu dire, de divers côtés, une critique étroite et sans lumières.

M. Désiré Nolen s'est surtout appliqué dans son

---

[1]. L'autre concurrent couronné, M. Tissot, qui n'a pas publié son ouvrage, est, on le sait, un Kantien émérite, bien connu de tous ceux qui ont eu commerce avec la philosophie de Kant.

livre à une conciliation de Kant et de Leibniz. Il pense et essaye de démontrer que l'opposition de ces deux philosophes n'est pas aussi grande qu'on l'a cru, que si Kant a combattu la métaphysique de Leibniz, c'est qu'il ne l'a guère connue qu'à travers son disciple Wolf qui l'avait gâtée et altérée ; que Kant et Leibniz peuvent se concilier dans une doctrine commune d'idéalisme ; que cette conciliation a été au fond la pensée de tous les philosophes qui ont suivi Kant, notamment de Fichte, Schelling, Schopenhauer. Cette thèse est suivie et développée avec une forte connaissance de la matière. On y trouve des parties relativement nouvelles, notamment l'histoire des premiers écrits de Kant dont l'étude sert de passage d'une des philosophies à l'autre. M. Nolen témoigne en outre d'une science très étendue de la philosophie allemande postérieure à Kant, et même contemporaine[1]. Quant à la thèse essentielle de son ouvrage, il faudrait, pour en apprécier la valeur, entrer dans des précisions qui nous sont interdites. Disons seulement que, malgré des vues justes et un effort souvent heureux, on peut trouver que sa théorie laisse à désirer sur deux points ; 1° L'auteur n'a pas suffisamment dé-

---

1. M. Nolen nous a donné depuis une traduction française de la *Philosophie de l'inconscient* de Hartmann, faite sur la dernière édition allemande.

montré la différence de Wolf et de Leibniz ; 2° Il n'a pas non plus suffisamment établi, pour qui n'est pas convaincu d'avance, l'identité fondamentale de Leibniz et de Kant. Il montre avec raison que ces deux philosophies reposent sur la distinction du phénomène et du noumène ; mais c'est dans un sens tellement différent, qu'on ne va pas loin sur ce terrain-là. Il fallait d'abord bien signaler la différence pour montrer ensuite comment se fait l'accord. Néanmoins il y a là un grand fond de vérité ; et l'impression générale est favorable. On ne peut que louer, d'ailleurs, cette tentative de conciliation entre des systèmes opposés. Tout ce qui se fait en ce sens est bon à la philosophie, les discordes intestines de cette science étant la principale objection qui dépose contre elle.

L'ouvrage de M. Desdouits, *la Philosophie de Kant et les trois critiques,* a un objet à la fois plus limité et plus étendu que le travail précédent : plus limité, en ce que l'auteur s'est borné à Kant ; plus étendu, en ce que d'abord il l'étudie complètement, et de plus qu'il joint l'appréciation et la discussion à l'interprétation de la doctrine. C'est même plutôt une critique qu'une exposition. Comme l'auteur précédent, M. Desdouits a cru devoir revenir sur les premiers écrits de Kant, avec moins de développements, mais une suffisante exactitude. La partie d'analyse est généralement nette et élégante. L'auteur montre de l'aisance, et une certaine pénétration dans l'exposition de cette pensée subtile et profonde. Je signalerai notamment le passage relatif à la déduction des catégories, qui peut passer pour la *crux philosophorum*, et qu'il nous paraît avoir assez bien expliquée. On pourrait demander plus de détails dans un travail spécial ; mais, dans une exposition d'ensemble, ce chapitre est excellent. Pour la seconde partie, la partie critique, elle contient également des parties louables, et même distinguées. En général, nous trouverions cependant que l'auteur s'est un peu trop placé au point de vue critique. S'il a plus de précision et de netteté que l'auteur précédent, en revanche il lui manque un peu de largeur. Les deux ouvrages se complètent et se corrigent l'un l'autre, et font tous les deux honneur à la science et à l'esprit philosophique de la jeune Université.

Le dernier ouvrage que nous avons à signaler est une *Histoire de la philosophie moderne dans son rapport avec les sciences de la nature* [1], ouvrage posthume d'un jeune philosophe enlevé prématurément à la science et à la philosophie, Fernand Papillon. M. Charles Lévêque, de l'Institut,

---

1. 2 vol, in- 8°.

son ami, chargé de la publication, de cet ouvrage, y a mis une *Introduction* en se servant, de la manière la plus intéressante, d'extraits empruntés au *Journal* de ce jeune écrivain, extraits qui ne peuvent qu'ajouter à la sympathie de tous ceux qui l'ont connu.

Fernand Papillon a offert le remarquable exemple d'un jeune homme nourri pendant longtemps dans les sciences et dans des idées toutes matérialistes, et qui, de lui-même, par la force naturelle de sa pensée, s'était élevé à la philosophie d'abord et, en philosophie, à la métaphysique spiritualiste la plus élevée. Le spiritualisme avait fait sur lui le même effet, mais en sens inverse, que fait d'ordinaire le matérialisme sur les jeunes esprits habitués aux idées opposées ; il avait été pour lui une nouveauté, une lumière, un affranchissement. Comme c'est là, paraît-il, un assez mauvais exemple, quelques-uns de ses anciens amis l'ont quelquefois jugé sévèrement. Pour dire vrai, il manquait de maturité (qui s'en étonnerait dans un jeune homme de vingt-cinq ans ?) ; mais il était plein d'imagination, d'une ardeur incroyable pour le travail ; et, quoique n'ayant fait que des études littéraires assez faibles, il était arrivé par une vocation d'instinct au talent d'écrire. Il s'était livré aux sciences avec une grande ardeur ; et les sciences l'avaient conduit à la philosophie. Il s'était fait une place importante à la *Revue des Deux Mondes* dans toutes les questions de science et de philosophie mêlées, etc. ; il avait déjà publié sur ces matières, en 1874, un volume brillant et plein de talent, sous ce titre, *la Nature et la Vie*. Il était donc très préparé pour le grand et important ouvrage que l'on nous donne aujourd'hui et qui contient concurremment l'histoire des sciences et de la philosophie depuis le xviie siècle jusqu'au commencement du nôtre, depuis Descartes jusqu'à Gœthe. C'était un vaste plan dont quelques fragments avaient été lus à l'Académie des sciences morales et politiques, et écoutés avec un vif intérêt. Le premier volume va de Galilée à Leibniz, le second de Leibniz à Gœthe. Le principal mérite de l'ouvrage est le plan. L'auteur y distingue trois écoles de philosophie scientifique : l'école de l'expérience, l'école de l'analyse, l'école de l'intuition. Quoiqu'il ne soit pas facile de suivre dans le détail cette distinction, et qu'elle paraisse souvent arbitraire, on ne peut nier qu'elle ne caractérise assez heureusement les trois grands génies de Galilée, de Descartes et de Leibniz. Du reste, toutes les distinctions ont toujours quelque chose d'artificiel : il suffit qu'elles indiquent des tendances et qu'elles fournissent des cadres pour bien disposer les idées. Ces cadres, si l'auteur avait vécu, eussent été remplis d'une manière plus complète et plus riche. Il y avait évidemment bien des lacunes encore dans les idées de l'auteur. Tout n'y est pas entièrement fondu. Le philosophique et le scientifique sont plutôt juxtaposés qu'intimement unis. Mais le souffle général est noble et chaleureux. L'ardeur de la science et de la philosophie anime toutes les pages. Les connaissances scientifiques de l'auteur lui permettent de s'avancer sur un terrain où la plupart des philosophes purs craignent de se compromettre. Sa langue est peut-être un peu trop brillantée, et, comme on dit, mouvementée. Il avait besoin de se mûrir et de se calmer : regrets d'autant plus vifs, puisque ces lacunes d'un vrai talent ne pourront pas être comblées. Tel qu'il est, l'ouvrage doit compter : il a des parties neuves; l'ensemble a de la largeur et les pages de talent y sont nombreuses. Ce livre enfin comble une lacune dans l'histoire de la philosophie moderne.

Un autre ouvrage posthume est le livre de M. Frédéric Morin, intitulé: *Politique et Philosophie*. A vrai dire, il y a dans ce livre moins de philosophie que de politique. A l'exception d'un travail assez étendu et bien fait sur Proudhon, le reste est en général consacré à des sujets de polémique courante. Il est à regretter qu'on n'ait pas sacrifié quelques-uns de ces morceaux qui n'ont qu'un intérêt de circonstance pour faire place au travail le plus original qu'ait écrit Frédéric Morin sous le titre de *la Génèse de la science moderne.* Ce travail est un chaos, mais un chaos où bouillonnent et fermentent beaucoup d'idées. C'est avec son *Dictionnaire de philosophie scolastique,* son titre philosophique le plus sérieux. M. Jules Simon, le maître et l'ami de Frédéric Morin, a mis en tête de l'écrit posthume que nous signalons une notice intéressante où il apprécie avec justesse, et en toute connaissance de cause, le rôle philosophique de l'auteur.

Ne terminons pas ce rapide résumé sans mentionner une œuvre noble et utile qu'apprécieront tous les amis de la philosophie : c'est une traduction nouvelle des *Pensées de Marc-Aurèle,* par M. Barthélemy Saint-Hilaire. Le but de l'auteur dans cet ouvrage n'est pas un but scientifique, mais pratique et moral. Il veut donner à notre jeune république un manuel de courage, de grandeur, de simplicité, d'humanité qui, fondé sur la seule raison humaine, puisse servir de Code pratique à ceux que la foi a abandonnés. Ce n'est pas cependant dans une vue d'agression antichrétienne que M. Barthélemy Saint-Hilaire cherche à vulgariser ce chef-d'œuvre de la philosophie païenne. Il démande au contraire qu'on n'exclue pas les païens au nom de la foi, ni les chrétiens au nom de la philosophie. « Paganisme, christianisme, toutes ces distinctions s'évanouissent dans l'intérêt suprême de la vérité. La raison reconnaît son bien partout où elle le rencontre. » Cet appel à la tolérance ne saurait être trop approuvé dans un temps où les questions les plus simples sont envenimées souvent de part et d'autre par un égal fanatisme. L'admirable ouvrage de Marc-Aurèle est pour tous une école de paix, de concorde et de perfectionnement personnel. Au point de vue purement philosophique, on peut trouver que le traducteur interprète un peu trop facilement la métaphysique de Marc-Aurèle dans le sens du spiritualisme; mais cela importe peu ici; car il s'agit, non de métaphysique, mais de morale et de piété pratique; et, à ce point de vue, il n'y a pas, même dans la littérature chrétienne, de livre plus fortifiant et plus édifiant que les *Pensées* de l'empereur stoïcien.

XVI

M. RENAN — M. LE DOCTEUR LUYS — M. LE DOCTEUR BOUCHUT

29 janvier 1877.

Un illustre écrivain, un éminent critique, madame Sand et M. Scherer, ont analysé et apprécié les *Dialogues philosophiques* de M. Renan; et après de tels juges, nous serions malvenu à insister à notre tour sur ce sujet, quelque séduisant qu'il puisse être; mais comment pourrions-nous faire la revue du mouvement philosophique en France, sans signaler au moins, et rapidement caractériser le plus brillant écrit de ces derniers temps, et qui, par le nom seul de l'auteur est déjà un événement? Toute le monde sait aujourd'hui quel est le plan adopté par M. Renan dans ses dialogues : *Certitudes, Probabilités* et *Rêves*, telle est la trilogie de l'auteur. Elle fait penser au fameux ouvrage de Fichte : *la Destination de l'homme*, divisé également en trois parties : le *Doute*, la *Science* et la *Foi*. Mais quelle différence entre les deux ouvrages ! l'un finit par la foi, l'autre par le rêve. L'un nous relève par une philosophie mâle et virile ; l'autre nous énerverait plutôt par les langueurs d'un mystérieux nihilisme. Nous subissons autant que personne la séduction d'un talent sans rival ; mais nous osons nous demander si c'est bien le moment de jouer avec les idées, d'exécuter, avec toute la dextérité d'un Liszt ou d'un Paganini, les fantaisies les plus capricieuses sur les cordes de la philosophie. Que dans un cénacle fermé, loin du peuple et des bourgeois, les aristocrates de la pensée pensent et se disent entre eux ces belles choses, nous le comprenons. Mais cette philosophie de haut raffinement et de mépris suprême pour les idées vulgaires n'a de valeur que si elle est secrète : une fois révélée, elle se détruit elle-même. Car on trouve toujours un plus méprisant que soi.

Si nous dégageons de cette étincelante improvisation l'idée sérieuse qui y est enveloppée, c'est que le but suprême de l'univers et de la vie humaine est la science. Mais, puisque l'auteur cite souvent Kant, il n'aurait pas dû oublier que celui-ci avait discuté cette thèse, et il aurait dû répondre à ses objections. Kant dit que la connaissance d'une chose sans valeur n'a elle-même aucune valeur. Si le monde par lui-même est sans but, et n'a aucun prix, comment la contemplation du monde aurait-elle un prix? L'univers doit déjà être beau et bon par lui-même pour mériter d'être connu. Il a donc un autre but que d'être connu. Ce but, suivant Kant, c'est la moralité : c'est la réalisation du droit et de la justice. Ce but ne serait pas la jouissance de quelques-uns aux dépens de tous, par exemple, la construction des pyramides par de pauvres esclaves heureux de donner leur vie, pour que plus tard quarante siècles viennent contempler l'armée française du haut de ces monuments gigantesques ; ce but ne serait pas de produire une sorte de canon Krupp absolu, pour foudroyer les imbéciles aux pieds du savant : ce serait d'élever la conscience humaine jusqu'au point où elle respecte toute conscience humaine et toute personne humaine. Qu'un philosophe blasé s'amuse en un jour d'ennui à regretter que le grand nombre ne soit plus sacrifié à quelques-uns, c'est une de ces thèses comme les Diderot et les Duclos aimaient à en soutenir aux soupers de madame d'Épinay, mais qui ne peuvent se défendre sérieusement ; car s'il est vrai que l'immolation volontaire est ce qu'il y a de plus beau au monde, qui nous fera croire que les esclaves qui ont fait les pyramides se sont immolés volontairement ? Partout où les esclaves ont pu se révolter, ils l'ont fait ; ils n'étaient donc pas si heureux de souffrir pour leurs maîtres.

Pour se dévouer il faut avoir une conscience, un esclave n'en a pas ; si le serf est dévoué pour son maître, c'est qu'il n'est plus tout à fait son esclave. Si le Romain se dévoue pour sa patrie, c'est qu'il est devenu citoyen. Rien ne prouve qu'un citoyen américain ne soit pas aussi capable de dévouement et de sacrifice qu'un paysan du temps de Louis XIV, ou qu'un pêcheur de l'Adriatique, sous le despotisme du conseil des Dix. Si les Anglais aiment leur aristocratie, c'est qu'elle leur a donné des droits. L'idée que l'égoïsme grandit à mesure que le droit est plus respecté, est une pure hypothèse, pour laquelle il n'y a pas même un commencement de démonstration : c'est un vieux préjugé de château de province, qui n'a l'air d'un paradoxe qu'à Paris.

La philosophie démocratique et humanitaire n'est donc pas si fausse. Elle ne l'est que dans ses exagérations et ses impatiences, dans son ignorance des lois concrètes des sociétés, ou encore quand, méconnaissant ses propres principes et obéissant à la colère plus qu'à la justice, elle ne fait que retourner l'idée du despotisme et le placer en bas au lieu d'en haut; mais ce sont là des erreurs de la politique, et non de la philosophie. Théoriquement, le plus grand but que l'on puisse proposer (sinon à l'univers qui suit ses voies sans nous, et n'a pas besoin de nous), au moins à la vie humaine qui seule dépend de nous, c'est de répandre l'idée du devoir et du droit dans un nombre de plus en plus grand de consciences humaines. Telle est la conclusion de Fichte dans le grand livre que nous opposions tout à l'heure à celui de M. Renan. C'est par l'idée du droit qu'il a consolé et relevé sa patrie. Sa philosophie venait à l'appui de son patriotisme. Les *Discours à la nation allemande* sont la noble traduction du livre de la *Destination de l'homme*. Les nations heureuses peuvent se plaire aux paradoxes mais, dans les grandes épreuves de la vie, ce sont surtout les vérités simples et graves qui ont du prix.

S'il est bon de se défier d'un certain libertinage d'esprit, quelque subtil et brillant qu'il soit, il faut respecter toute philosophie qui est le résultat d'études sévères et consciencieuses. Voilà un médecin, M. le docteur Luys, qui passe sa vie dans l'étude si difficile du cerveau. Il introduit dans l'anatomie de cet organe délicat des méthodes nouvelles; il démêle ce qu'on n'a pas vu avant lui, et dans cette machine que nous portons en nous et par laquelle nous pensons, il aperçoit des rouages inconnus. Le même homme qui, comme savant, est anatomiste, comme praticien est un de nos meilleurs aliénistes. Ainsi, tandis qu'il vit d'une part avec la machine de la pensée, de l'autre il vit avec des pensées détraquées, et l'expérience lui apprend chaque jour des rapports nouveaux entre les désordres de l'esprit et les désordres de la machine. Qu'un tel homme, dominé, obsédé par de telles études, en vienne à ne plus voir dans la pensée qu'un mode cérébral, comment pourrais-je lui en faire un crime? Puis-je savoir ce que je penserais moi-même, si, au lieu de contempler le moi pur et l'âme pensante, j'étais perpétuellement occupé à disséquer des cerveaux et à soigner des malades?

Mais si nous respectons la pensée et les intentions de l'auteur, si nous recueillons avec intérêt les nouveautés anatomiques qu'il a introduites dans l'étude du cerveau, nous devons dire que la partie philosophique de son livre est loin de nous satisfaire. En effet, dans cette seconde partie, sa méthode n'est autre chose qu'une traduction continue de la psychologie vulgaire en langage physiologique. Par exemple, là où nous disons : *l'esprit,* l'auteur dira : les *centres nerveux*. Au lieu de : la *reproduction des images*, ce sera la *phosphorescence des cellules nerveuses*. Au lieu de l'*activité intellectuelle*, il dira : l'*éréthisme cérébral*. En un mot, prenez le traité de psychologie le plus élémentaire, traduisez-le d'un bout à l'autre de cette façon, dans une langue exclusivement physiologique, vous aurez la psychologie de M. le docteur Luys. Cette confusion de langues n'a pas seulement le très grave tort de résoudre *à priori* et de supposer tranché le grand problème de la distinction des substances; elle a encore de grands inconvénients scientifiques : c'est de ne vous satisfaire ni physiologiquement ni psychologiquement. Ainsi, au moment où vous croyez que vous allez surprendre quelque vue précise sur le mécanisme physiologique, vous tombez dans un développement banal de psychologie; au moment où vous espérez surprendre quelque fait psychologique nouveau et bien observé, vous tombez sur des hypothèses physiologiques. En physiologie même, la distinction entre les faits précis établis et démontrés (ils sont bien rares), et les conceptions de l'imagination, n'est nulle part indiquée avec précision. Il semble que l'auteur ait vu tout ce qu'il décrit, tandis qu'il ne fait souvent que le supposer. Or, rien de plus antiscientifique que la confusion perpétuelle de l'hypothèse et du fait.

Une autre critique que nous ne saurions passer sous silence, c'est celle qui est relative au style. Il est impossible d'avoir un style plus confus, plus diffus, plus obscur, je dirai même plus barbare. C'est une exubérance de métaphores techniques, un enchevêtrement d'incises, un amas de mots inutiles et redondants, qui rendent la lecture je ne dis pas fatigante, mais presque impossible. C'est comme une langue étrangère que l'on ne lit qu'en traduisant. Par exemple, veut-il exprimer cette pensée très claire, que la persistance de l'excitation nerveuse a lieu non seulement à l'extrémité périphérique des nerfs, mais encore et surtout dans les centres nerveux, le cerveau et la moelle épinière, et que c'est de cette persistance même que dépend l'activité de ces organes, voici comment il traduira cette pensée : « Cette espèce de catalepsie histologique qui polarise en quelque sorte les cellules nerveuses dans la situation où elles ont été immédiatement placées lors de leur imprégnation première n'est pas seulement un phénomène unique qui se rencontre dans les régions périphériques du système nerveux ; — on la rencontre aussi avec un développement croissant dans les régions centrales du système, où alors elle apparaît avec des caractères tellement accusés, tellement fixes, que l'on peut dire que c'est elle qui, dans la moelle, domine les manifestations de la vie automatique, et dans le cerveau, dirige celles de l'activité intellectuelle. » On conviendra qu'une « catalepsie » qui « domine des manifestations » est d'une langue un peu étrange.

Veut-il dire encore que le système nerveux n'est pas seulement capable de recevoir des impressions, de les conserver et de les reproduire, mais encore de réagir et d'entrer spontanément en action, voilà comment il exprimera cette pensée si vulgaire : « Partout, en un mot, où des phénomènes de la vie nerveuse se développent, ils apparaissent non seulement avec ces caractères généraux de sensibilité propre, de phosphorescence organique que nous avons reconnus jusqu'ici comme étant les attributs essentiels de toute cellule nerveuse vivante, mais encore avec un coefficient nouveau, avec cette propriété si caractéristique de l'activité automatique, en vertu de laquelle ils sont aptes à s'ébranler spontanément par le fait de la mise en émoi de leur sensibilité intime préalablement sollicitée, à rayonner à distance, et à projeter au loin l'expression de cette sensibilité histologique mise en émoi, sous forme de réaction automatique complètement indépendante du système nerveux et plus tard sous forme de décharges nerveuses. » On voit que dans un livre écrit d'un bout à l'autre de ce style, il serait facile d'en retrancher les trois quarts sans diminuer, d'une manière notable, la somme de pensées réelles qu'il contient.

Cette perpétuelle confusion de la langue physiologique et de la langue psychologique, cette interversion perpétuelle des deux mondes fait que l'auteur tranche, sans avoir presque l'air d'en apercevoir les difficultés, les plus grosses questions de la psychologie et même de la métaphysique. Rien ne lui paraît plus simple que le passage de l'inconscient au conscient et du passif à l'actif. Les phénomènes physiologiques sont des faits dans l'espace ; ils consistent en mouvements que l'on pourrait voir de ses yeux, si l'on avait des instruments assez grossissants. Tout à coup ces mouvements deviennent des pensées, des plaisirs, des douleurs, faits que nul ne peut apercevoir que celui-là seul qui les éprouve. Ce passage ne provoque chez l'auteur aucune espèce d'étonnement : il croit toujours parler de la même chose. De même lorsque à la sensation succède l'attention, passage qui a tant préoccupé les psychologues, l'auteur s'en tire en nous disant que c'est là « un phénomène intime d'imprégnation ou de transformation de forces. » Toujours des métaphores physiques mises à la place des faits : qu'est-ce qu'une transformation de forces ? Ce que les physiciens appellent ainsi n'est jamais que la même force manifestée par des phénomènes différents. Mais ici comment une même force peut-elle être à la fois extérieure et intérieure? Comment peut-elle réagir sur elle-même, et passive jusque-là, devenir tout à coup active? L'auteur rattache le fait de l'attention à ce qu'il appelle «l'automatisme cérébral. » Mais il semble que ces deux faits soient le contraire l'un de l'autre. Être attentif, c'est précisément rompre l'automatisme cérébral! Lorsque l'enfant récite machinalement sans faire attention à ce qu'il dit, c'est alors qu'il est dans un état automatique. C'est l'automatisme qui l'emporte sur l'attention dans tous les cas de maladies mentales, et M. Baillarger, cité par M. le docteur Luys, mais dont le témoignage me paraît ici la condamnation même de son opinion, a mis précisément en relief, dans un mémoire célèbre, l'opposition de l'automatisme et de l'attention.

Au lieu de prolonger ces critiques, j'aime mieux insister sur les parties du livre de M. le docteur Luys, qui sont intéressantes pour tout le monde, philosophes et physiologistes, et qui sont vraiment neuves. C'est sur la question de localisation des fonctions cérébrales que M. le docteur Luys paraît avoir fait faire un pas important à la science. On sait que cette théorie, si compromise par la légèreté et la témérité du docteur Gall, a repris peu à peu sa place dans la science sous une forme plus tempérée, à mesure des progrès nouveaux de l'anatomie pathologique. Au lieu de vouloir localiser grossièrement dans chaque circonvolution du cerveau des facultés arbitrairement séparées, on se contente, et c'est déjà beaucoup, de chercher à délimiter les fonctions les plus générales des différents centres nerveux : moelle épinière, moelle allongée, cervelet, hémisphère, substance grise, etc. Tels sont les grands et vastes départements dont on a d'abord essayé de caractériser les usages.

L'encéphale lui-même se compose d'un grand nombre d'organes, dont quelques-uns peuvent jouer le rôle de centres, au moins subordonnés. De ce genre sont les organes que M. Luys appelle les *noyaux optostriés*, et qui se composent d'une part des *couches optiques,* de l'autre du *corps strié.* Une anatomie délicate (et sur ce terrain M. le docteur Luys est un maître incontesté), lui a permis de suivre les ramifications des filets nerveux plus loin qu'on ne l'avait fait avant lui. De la direction de ces filets nerveux, tout en s'aidant de l'anatomie pathologique, il a été amené à introduire les fonctions des différents centres, et en particulier des deux que nous venons de mentionner. C'est ainsi qu'il a pu conclure d'une part que les couches optiques sont en quelque sorte le vestibule du cerveau proprement dit, qu'elles servent de lieu de condensation aux impressions venues des sens extérieurs, et qui trouvent, dit-il, dans leurs réseaux, un lieu de passage « et un champ de transformation : c'est de là, comme d'un dernier stage, qu'elles sont dardées dans les différentes régions de l'écorce cérébrale, et *spiritualisées* en quelque sorte pour servir de matériaux à l'activité de la substance corticale. » Tel serait le rôle des couches optiques ; celui du corps strié est tout à fait inverse. De même que les *sensations* s'élaborent dans les couches optiques avant de passer au cerveau, de même et réciproquement les *volitions*, partie du centre, se communiquent par le corps strié aux centres moteurs. « C'est la première halte de l'évolution descendante », comme les couches optiques, étaient la dernière étape de l'évolution ascendante. De même que les impressions des sens étaient en quelque sorte spiritualisées par les couches optiques les incitations motrices sont absorbées, condensées, *matérialisées* par le corps strié qui après les avoir amplifiées, les « projettent vers les différents noyaux moteurs de l'axe cérébro-spinal, où elles deviennent ainsi autant de stimulations destinées à mettre en jeu la fibre musculaire. »

Le docteur Luys a donc contribué à déterminer avec plus de précision qu'on n'avait fait encore avant lui les différents moments de ce *circulus*, qui part de l'excitation externe pour reparaître sous la forme de l'action motrice, après avoir traversé les centres nerveux. Il a mieux décrit que personne cet appareil télégraphique. C'est là un honneur assez considérable et un rôle assez important pour qu'il s'en contente, et qu'il nous permette de lui dire qu'il nous paraît avoir peu de vocation pour la psychologie proprement dite.

Si M. le docteur Luys nous semble trop versé du côté du matérialisme, nous serions tenté d'adresser le reproche inverse à M. le docteur Bouchut, qui vient de nous donner une nouvelle édition de son livre sur la *Vie et ses attributs*. Dans ce livre, en effet, il nous paraît trop engager le spiritualisme dans la question si débattue de l'existence d'une force vitale. Autre chose est le principe de la vie, autre chose est le principe de la pensée. On peut être matérialiste sur la première de ces deux questions, et très spiritualiste sur la seconde. Descartes en est un mémorable exemple. Qu'il eût eu tort ou raison en cette affaire, ce n'est pas la question : ce qui est incontestable par son exemple, c'est qu'on peut nier la force vitale, sans être entraîné à toutes les conséquences que dénonce l'auteur, à savoir la négation de la liberté, de la vie future, de la responsabilité. En attendant la force vitale, on compromet au contraire l'une par les difficultés qui peuvent s'élever contre l'autre. Bien plus, nous savons que l'on peut admettre une force vitale comme le faisait l'école de Montpellier, sans la confondre avec l'âme pensante. Il semblerait, selon M. Bouchut, que si l'on n'est pas animiste, on serait nécessairement matérialiste. Mais l'histoire de la philosophie témoigne contre ses conclusions forcées. Barthez et Lordat admettaient un principe vital autre que l'âme ; ils n'étaient nullement matérialistes. Avant que M. Francisque Bouillier eût réveillé la thèse de l'animisme, l'école spiritualiste française penchait vers le vitalisme de Montpellier. S'il en est ainsi, la question de la nature de la vie reste une question libre ; le mécanisme, l'organisme, le duodynamisme peuvent être soutenus sans engager la solution définitive sur la nature de l'âme pensante.

Soutiendra-t-on que les deux questions sont connexes et inséparables, que par conséquent le matérialisme physiologique entraîne forcément le matérialisme psychologique ? Je le veux bien, mais au moins faudrait-il le démontrer, ce que ne fait pas l'auteur. En second lieu, une telle thèse, fût-elle démontrée, serait beaucoup plus préjudiciable en définitive aux spiritualistes qu'aux matérialistes, car elle annulerait l'argument décisif sur lequel s'appuient les premiers, à savoir ce caractère propre et incomparable de la pensée. Si ce caractère suffit, nous n'avons que faire du vitalisme ; s'il ne suffit pas, on aurait enlevé la principale barrière qui jusqu'ici avait séparé d'une manière infranchissable le physique et le moral. La physiologie, en voulant nous prêter son appui en cette circonstance, nous rendrait au contraire un assez mauvais service en nous engageant dans ses propres affaires ; elle nous enlève nos propres armes, auxquelles nous tenons et dont nous connaissons la vertu, pour nous prêter les siennes, qui peuvent être excellentes, mais dont l'efficacité ne nous paraît pas assez éprouvée pour que nous acceptions l'échange.

Une fois ce débat écarté, nous ne pouvons que louer le plaidoyer abondant, varié, riche de faits, que l'auteur a consacré à la défense de la force vitale. Il lui reconnaît trois attributs fondamentaux : l'*impressibilité*, l'*autocinésie* ou mouvement spontané, et la *promorphose* ou faculté d'organiser les éléments amorphes suivant une forme déterminée à l'avance. Nous admettons sans aucune discussion ces deux derniers attributs ; mais, si le temps et l'espace ne nous faisaient défaut, nous élèverions des difficultés sur le premier. Nous ne voyons pas clairement dans le livre de M. Bouchut en quoi consiste ce qu'il appelle *impressibilité*, et en quoi cette propriété diffère de celle qu'ont également les corps inorganiques de recevoir des impressions du dehors et de réagir contre ces impressions, car il n'y a jamais d'action sans réaction. Cet attribut étant la première des propriétés vitales et la base de toutes les autres, c'était là surtout qu'il importait de porter la lumière, et de démontrer l'impossibilité d'un passage entre les forces physiques et les forces de la vie. A part ces quelques réserves, nous devons dire que le livre de M. le docteur Bouchut offre beaucoup d'intérêt. Il est incomparablement mieux écrit que celui du docteur Luys, et il fournit un très riche arsenal de faits à ceux qui voudront démontrer d'une manière plus philosophique qu'il ne l'a fait l'existence d'une force vitale.

XVII

M. LITTRÉ — M. FUNCK-BRENTANO

1ᵉʳ février 1877.

M. Littré vient de réunir en un grand et fort volume un certain nombre de travaux divers se rapportant à la philosophie, et à ce qu'il appelle la sociologie contemporaine [1], c'est-à-dire à la politique. Le suivre sur tous les sujets qu'il traite, nous entraînerait bien loin; la préface seule, quoique très courte, touche à tant et de si grandes questions : la finalité, l'évolution, la psychologie, que si nous nous engagions dans ces problèmes,

---

[1]. *Fragments de philosophie positive et de sociologie contemporaine.*

nous aurions bien vite fait un volume aussi gros que le sien. M. Littré persiste, bien entendu, dans les convictions de toute sa vie. De notre côté, nous persistons dans l'opinion que nous avons souvent émise, c'est que la philosophie positive n'en est pas une ; ou, si vous voulez, c'est une philosophie qui consiste à dire qu'il n'y a pas de philosophie. M. Littré exclut toutes les questions qui ne sont pas susceptibles de vérification expérimentale : or, de telles questions appartiennent aux sciences physiques, non à la philosophie. Les lois de la chute des corps, les lois de Képler ne sont pas des questions philosophiques, mais de physique et d'astronomie. S'il n'y a que de telles questions, il n'y a de légitime que la science, et il n'y a pas lieu de philosopher : rien n'est plus négatif.

L'expression même de philosophie positive implique, selon nous, contradiction. Ce qui est philosophique n'est pas positif ; ce qui est positif n'est pas philosophique. Quel est le critérium d'une notion positive, selon M. Comte et M. Littré ? C'est de trancher les débats, de couper court aux discussions. Or, le positivisme, comme philosophie, a-t-il tranché aucun débat, a-t-il coupé court à aucune discussion, même dans son sein ? Si on l'affirme, que l'on nous explique pourquoi il y a un positivisme anglais et un positivisme français. Y a-t-il deux physiques, deux astronomies, l'une en France, l'autre en Angleterre ? Pourquoi les positivistes anglais soutiennent-ils la légitimité de la psychologie subjective, tandis que les positivistes français la nient ? Pourquoi la classification des sciences d'Auguste Comte est-elle rejetée par Herbet Spencer ? Pourquoi celui-ci a-t-il embrassé l'ensemble des choses dans une vaste synthèse qui ressemble à tous les systèmes de métaphysique passés, présents ou futurs ? Rien n'a été tranché en réalité, parce que rien dans ce domaine ne peut être tranché expérimentalement.

Le positivisme anglais est une philosophie, parce qu'il a une psychologie et une métaphysique, et traite par conséquent de questions qui ne sont pas du domaine des sciences positives. Le positivisme français n'est pas une philosophie, parce que, n'ayant ni psychologie ni métaphysique, il n'a pas d'objet propre. Il se contente d'affirmer qu'on ne peut rien savoir de ce qui dépasse l'expérience ; mais cela convenu, il n'a plus rien à dire, et laisse la parole aux sciences proprement dites.

M. Littré essaye de répondre à la difficulté précédente et de prouver que les sciences ne suffisent pas : « Ce sont, dit-il, deux départements distincts : à l'un appartient la particularité, à l'autre appartient la généralité... A quelles conditions la science devient-elle philosophie et la philosophie devient-elle positive ?... La première condition, c'est que le tout incohérent de la science soit coordonné par une méthode générale : ici la philosophie pénètre la science, et de fragmentaire qu'elle était, la fait une. La seconde condition, c'est que la philosophie soit limitée par les bornes du savoir : ici la science pénètre la philosophie, et, d'absolue qu'elle était, la fait relative. » Malgré cette explication, la même contradiction, selon nous, subsiste toujours : car la philosophie, en tant qu'elle donne l'unité aux sciences, ne se laisse pas « limiter » par elles : elle les domine, elle les explique, elle les généralise. Où prend-elle cette unité, cette généralisation? Les sciences par elles-mêmes, nous dit on, forment un « tout incohérent. » N'est-ce pas comme si on disait que les vérités expérimentales pures forment un tout incohérent ? Or, ce que vous ajoutez n'est pas expérimental : ce sont les conceptions de votre esprit. Si la philosophie était absolument « limitée par les bornes du savoir, » elle n'irait pas plus loin que la science elle-même. Or, qui ne sait la distance qu'il y a entre telle vérité expérimentale démontrée par les savants, et les généralisations philosophiques que l'on tire de cette vérité? Ces généralisations ne sont pas expérimentales, et c'est en cela qu'elles sont philosophiques. Le positivisme, en se livrant à de telles généralisations, n'a donc rien qui le distingue des autres doctrines de philosophie : il n'est ni plus ni moins positif qu'elles. Il induit, il déduit, il analyse, il généralise ; il applique tous les procédés de la méthode discursive, dont aucun n'est l'expérimentation rigoureuse. Il n'a donc rien de positif que le nom.

Nous ne méconnaissons pas le mérite éminent d'Auguste Comte, et nous n'avons jamais hésité à le reconnaître : ce mérite, c'est d'avoir renoué l'alliance de la philosophie et des sciences. Mais, quelque grand que soit ce service, il n'est pas une découverte : ce n'est qu'un retour à la tradition. A toutes les époques, les grandes philosophies ont essayé de généraliser et de ramener à l'unité toutes les données des sciences. Aristote, Albert le Grand, Descartes ont eu tous cette ambition. Que M. Auguste Comte y ait mieux réussi qu'eux, cela est fort douteux : en tout cas, il n'a voulu que ce qu'on avait voulu avant lui, en ajoutant cette contradiction fondamentale que nous ne saurions trop relever, à savoir qu'il ne faut rien admettre que ce qui est vérifiable expérimentalement, ce qui, une fois dit, supprime précisément toute philosophie.

Il est d'ailleurs remarquable que la rupture de la philosophie et des sciences n'a pas eu pour cause, comme on le repète sans cesse, un spiritualisme excessif, ou une ambitieuse ontologie; nullement : elle a été au contraire l'œuvre de l'école expérimentale elle-même. Ni Descartes, ni Malebranche, ni Leibniz n'ont jamais séparé la philosophie des sciences. C'est le chef de l'empirisme, c'est Locke (qui cependant était médecin), c'est Berkeley l'idéaliste, c'est le sceptique D. Hume qui ont consommé cette séparation, et qui ont essayé de fonder une psychologie subjective indépendamment de toute considération physiologique. Il en a été de même de Condillac en France. Bien plus, c'était précisément par rigueur scientifique que ces différents penseurs avaient essayé d'affranchir la psychologie des hypothèses arbitraires dont la physiologie cartésienne l'avait encombrée.

Mais j'ai hâte d'abandonner le terrain où je ne puis être d'accord avec M. Littré, pour recueillir et signaler dans son livre tout ce qui m'agrée et tout ce qui nous rapproche. Je signalerai surtout ce qui a été écrit depuis 1870. Toutes ces pages sont animées du sentiment patriotique le plus profond et le plus élevé. M. Littré croit que c'est sa philosophie qui lui inspire ces belles pensées et ces solides jugements. Nous croyons, nous, que c'est son âme, laquelle est fort supérieure à sa philosophie. Nous signalerons par exemple les pages où, tout en reconnaissant la chute de la France, il proteste contre ce qu'on appelle sa décadence, mot fatal et imprudent que rien n'autorise, et que les faits commencent déjà notablement à démentir. Nous signalerons encore un travail, un peu plus ancien, et d'un très haut caractère, sur la morale publique et le serment. La contradiction insultante d'un gouvernement fondé sur la violation du serment, et imposant ce serment aux citoyens, a dicté à M. Littré de nobles et mâles paroles, venues en droite ligne des plus généreux moralistes de l'antiquité. Dans l'ordre de la philosophie politique, nous trouvons encore beaucoup de pages à notre gré, soit dans les deux grandes études consacrées aux œuvres de M. Dupont-White, soit dans l'étude sur le socialisme. Dans cette dernière question, on ne saurait trop admirer la sincérité, pleine de dignité, avec laquelle M. Littré a rétracté ses anciennes conceptions, où il avait trop docilement suivi la direction de M. Comte. Aujourd'hui ses vues sur le socialisme sont celles de tous les esprits sensés. Ne se refuser à aucun progrès qui puisse s'opérer pas à pas, sur la base de l'expérience, et d'accord avec les faits généraux de la société actuelle : qui pourrait rejeter un tel programme? M. Littré ne voit encore, à l'heure qu'il est, que trois faits, et encore bien modestes, qui puissent être utilisés pour servir à une transformation future : ce sont la « coopération, la participation et les sociétés de secours mutuels. » Il eût pu encore y joindre les essais de crédit populaire, qui ont été tentés en Allemagne et qui y ont réussi. Voilà le bilan de ce que l'on peut appeler le socialisme expérimental. C'est peu de chose en comparaison des vues ambitieuses du socialisme théorique ; mais c'est beaucoup pour ceux qui savent avec combien de peine et combien de temps se transforment les sociétés. M. Littré croit encore voir ici une justification de sa thèse philosophique. Nous ne voudrions pas revenir sur notre querelle précisément au moment où nous cherchons à être le plus d'accord avec lui ; mais franchement, avait-on besoin de M. Comte pour savoir que les réformes sociales doivent tenir compte de l'expérience, et ne pas se mettre en contradiction avec l'ordre existant des sociétés ?

La sociologie de M. Littré nous conduit assez naturellement à un autre livre récent, qui porte aussi sur la société et sur les lois de son développement. Il est intitulé : *De la civilisation et de ses lois*. L'auteur, M. Funck-Brentano, est un Luxembourgeois, devenu Français depuis la guerre et du droit de son dévouement à notre pays : et ce fait seul, indépendamment du mérite de son livre, suffirait pour lui obtenir toute notre sympathie. M. Funck-Brentano n'appartient à aucune école : c'est un penseur libre et individuel; il pense à ses risques et périls, et, il faut le dire, un peu comme il lui plaît. Il trouve assez volontiers que tout le monde a tort, et frappe à droite, à gauche, de tous les côtés, sans qu'on voie toujours bien clairement ce qu'il voudrait qu'on pensât. Mais son livre a du mouvement, du brillant, du style. Ajoutez-y beaucoup de connaissances et de lecture : c'est assez pour faire un livre intéressant et distingué.

Si nous essayons de dégager la pensée dominante de l'auteur des développements riches et variés, mais quelquefois un peu touffus, qu'il lui a donnés, la voici. Ainsi que beaucoup d'esprits appartenant aujourd'hui à des écoles et à des opinions très différentes, M. Funck-Brentano a été frappé de ce qu'il y a de vague, de creux quelquefois, d'inefficace et même de dangereux dans ce qu'on appelle le droit absolu, les droits abstraits, imprescriptibles, inaliénables, antérieurs et supérieurs à toutes les lois écrites et à tous les gouvernements. C'est cette notion du droit absolu qui a été le mirage des partis révolutionnaires dans notre pays, et qui leur a mis si souvent les armes à la main ; et, en effet, quand on ne reconnaît pas pour point de départ et pour terrain commun les lois positives, le droit n'a plus d'autre sanction que la force. M. Funck-Brentano a donc été frappé de cette idée qui, nous le répétons, a frappé également, de nos jours, beaucoup d'esprits dans des camps bien différents. En veut-on la preuve ? On a voté, il y a un an, une Constitution ; eh bien, contrairement à tous les précédents, il ne s'est pas trouvé une voix, même dans les partis les plus extrêmes, pour réclamer une déclaration des droits : preuve manifeste que l'on sent aujourd'hui dans tous les partis à quel point de telles déclarations sont inutiles et dangereuses. Notre auteur a donc eu le sentiment vif de la vérité précédente. Il a vu l'Angleterre, avec son esprit pratique, son respect des traditions et du passé, son peu de goût pour les idées abstraites et générales, et sans proclamer aucun droit *à priori*, marcher d'une manière sûre et constante dans la voie de la liberté, tandis que nous piétinons d'un manière stérile, ballottés entre les révolutions et les réactions. L'auteur a donc conclu de ces faits que les *mœurs* plus que les idées et les théories sont le garant des bonnes lois ; que nous devons surtout travailler à former un esprit public, des mœurs publiques. Dans les nations, comme dans les individus, c'est le caractère qui importe. Les plus belles théories ne font pas un peuple libre.

Nous adhérons pour notre part sans hésiter à tout ce que l'auteur dit de la puissance des mœurs, et nous accorderons encore, si l'on veut, que les philosophes, placés à un point de vue exclusivement abstrait, ont trop cru que les idées et la raison pure gouvernent les hommes ; nous sommes aussi d'avis qu'en politique le concret vaut mieux que l'abstrait ; qu'il faut tenir compte du passé, des traditions, des coutumes : nous ne contesterons pas non plus que des droits indéterminés, exprimés sous une forme trop générale, trop idéale, peuvent, lorsqu'ils sont interprétés par des esprits naïfs, ignorants ou grossiers, ou encore par des esprits subtils, haineux et révoltés, mettre le feu à la société. Mais, tout cela dit, faut-il aller plus loin, faut-il, avec l'auteur, déclarer qu'il n'y a pas de droit naturel. Faut-il emprunter aux sceptiques la banale énumération des contradictions morales des peuples et des siècles ? C'est là que l'auteur commet une confusion d'idées, qu'avec un peu plus de rigueur philosophique il eût aisément démêlée. Ceux qui soutiennent qu'il y a un droit absolu ne sont pas engagés par là à soutenir que toutes les interprétations humaines que l'on a données de ce droit soient elles-mêmes infaillibles et absolues. De ce que les hommes se trompent, il ne s'ensuit pas qu'il n'y ait pas de vérité; de même, de ce qu'ils ont cru justes des choses injustes, il ne s'ensuit nullement qu'il n'y ait pas de justice; il s'ensuit seulement qu'ils se sont trompés. Les hommes ont cru longtemps que la terre était immobile; ils croient aujourd'hui qu'elle tourne. Faut-il croire que ces deux opinions se valent? Non, l'une est vraie, l'autre est fausse. Pourquoi n'en serait-il pas de même du droit et de la justice?

Mais, dira-t-on, en physique, il y a un critérium : l'expérience. En morale, en droit naturel, il n'y en a pas. Je crois, au contraire, qu'il y a pour le droit un critérium et même un double critérium : c'est, d'une part, l'adhésion successive de toutes les consciences humaines à une même vérité morale ; de l'autre, la supériorité morale et matérielle des peuples qui ont adopté cette vérité sur ceux qui la repoussent. Soit par exemple l'esclavage. Autrefois, on le croyait juste; aujourd'hui, nous le croyons injuste. Qui a raison? c'est nous ; et ce qui le prouve c'est, d'une part, que toutes les consciences humaines, tous les hommes éclairés sont arrivés successivement à cette conviction ; et, de l'autre, que les peuples qui l'ont supprimé ont gagné par là même en moralité et en puissance. Mais dira-t-on, l'esclavage lui-même dans son temps a été un bien, car il vaut mieux que l'extermination des vaincus ; la même chose peut donc être à la fois bonne et mauvaise ; elle n'est donc pas bonne en soi, mais bonne selon les circonstances. C'est encore une confusion d'idées. Il y a ici deux choses : la vie et la liberté. La conservation des vaincus a été un premier hommage rendu au principe du respect de la vie humaine, qui est une chose bonne en soi : il ne s'ensuit pas que la servitude, comme telle, soit une chose bonne. Seulement, les hommes ont commencé à voir ce qu'il y a de sacré dans la vie humaine avant de voir ce qu'il y a de sacré dans la liberté, parce que c'est là une idée plus délicate, qui ne pouvait pas frapper d'abord. C'est ainsi que, le plus souvent, on peut aisément démêler les nuages qui obscurcissent ce sujet. J'avoue qu'il y a des cas plus ou moins difficiles ; mais n'y a-t-il pas aussi des difficultés en physique ? N'y a-t-il pas des résultantes où tant de lois se trouvent mêlées, que l'expérience n'y peut rien dégager ? J'ajoute que la doctrine du droit naturel ne conduit nullement, comme on paraît le croire, au droit d'insurrection en permanence : car chacun sachant qu'il peut se tromper dans l'interprétation du droit, comme il prétend que son voisin se trompe, doit comprendre que les lois sont faites pour protéger chacun contre les fausses interprétations de ses semblables. Les lois sont donc les garanties qui protègent tout le monde, et sans lesquelles il n'y a plus de sécurité pour personne. Cependant comme les lois elles-mêmes sont faillibles, et qu'il peut y avoir une autre justice que la justice écrite, les sociétés modernes ont voulu garantir les droits de la conscience à la poursuite d'une justice meilleure que celle qui existe : et là est le fondement de ce qu'on appelle liberté de conscience, liberté d'écrire, liberté de penser.

L'auteur, toujours placé au point de vue de l'histoire et de la politique plus que de la philosophie pure, s'en prend à la morale abstraite comme au droit abstrait. Il l'accuse également d'impuissance et de stérilité. L'expérience lui apprend que l'idée du devoir pur a peu d'efficacité pratique, que les hommes sont plus gouvernés par les habitudes, les sentiments, l'éducation, les influences sociales, en un mot, encore une fois par les mœurs que par les idées. Une morale trop ambitieuse détourne de la morale concrète, pratique, réelle, celle qui est fondée sur les affections, sur les sentiments généraux de la société, celle qui respire dans la famille, dans les traditions des peuples. L'auteur s'exprime même avec tant de vivacité dans ce sens, qu'il semble parler quelquefois comme l'école traditionnaliste ; il ne paraît pas très sensible à ce que l'on appelle le progrès moderne ; il nous parle des « fortes mœurs » du passé, sans nous dire précisément en quoi consistaient ces fortes mœurs, et sans se demander si même elles étaient bien telles qu'on nous les dépeint. Par exemple, on nous parle toujours de la grande et sévère magistrature d'autrefois ; cependant, si nous lisons le *Journal de* l'Étoile, nous verrons que ces austères magistrats étaient de bons vivants, et même quelquefois d'assez mauvais sujets : et le sage Mounier donne à entendre quelque part que les vénérables membres du parlement n'étaient pas toujours à l'abri du soupçon de vénalité. En quoi les mœurs de nos magistrats d'aujourd'hui sont-elles donc inférieures à celles-là ? Mais laissons cette querelle qui nous entraînerait trop loin. Contentons-nous de dire que l'auteur nous paraît parler d'or, lorsqu'il dit à nos contemporains que ce n'est ni par la force matérielle, ni par la richesse, ni par les abstractions, ni par les formes du gouvernement qu'un peuple se relève : c'est par la volonté, par le caractère, par le dévouement, par l'union des âmes, par les mœurs domestiques et patriotiques.

Il est étrange qu'un livre qui conclut par une morale si haute et si généreuse, commence en nous disant qu'il n'y a pas de morale. C'est encore là une confusion de mots : ce que l'auteur entend par morale, c'est la morale abstraite et théorique, la morale des philosophes. L'auteur paraît en vouloir aux philosophes. Passons-lui cette faiblesse. Peut-être en est-il de lui comme de ceux qui en veulent à une beauté qu'ils ont adorée, et qui les a méconnus. La vérité est que M. Funck Brentano n'a pas toujours dédaigné la spéculation pure. Il a fait des livres de métaphysique qui n'ont pas été assez remarqués. Il y avait des idées dans ces livres, comme il y en a dans celui qu'il nous donne aujourd'hui ; mais les premiers péchaient par l'excès d'abstraction, comme celui-ci pèche par l'excès d'imagination. Il s'est puni lui-même et nous a peut-être aussi un peu punis (je parle des philosophes), de sa première ivresse idéologique ; il a voulu brûler ce qu'il avait adoré. Il avait abusé de la logique abstraite, il a condamné toute la logique abstraite.

Mieux inspiré plus tard, il réunira et réconciliera les deux facultés qu'il a si brusquement et si violemment séparées. Quoi qu'il en soit des réserves que nous avons dû faire *pro domo nostra*, nous n'hésitons pas à penser que cet esprit riche et fougueux, ouvert de tant de côtés, plein de candeur dans ses incohérences, saura, en se mûrissant et en se surveillant, se faire sa place dans la philosophie sociale de notre pays. Ajoutons encore que l'homme qui s'est donné à la France dans son malheur même, mérite d'être accueilli parmi nous comme un concitoyen et comme un frère.

L'espace nous manque pour parler d'un livre dont le sujet n'est pas très éloigné du précédent, et qui, quoique venant d'une source très différente, se rencontre sur beaucoup de points avec lui. C'est l'ouvrage de M. André Albrespy : *Comment les peuples deviennent libres*. Ici encore nous voyons un plaidoyer, cette fois presque exclusivement historique, contre l'abus des généralisations idéales, des droits *à priori* et en même temps contre l'idée romaine et latine de l'État. L'auteur essaie de montrer par l'histoire pourquoi l'Angleterre, la Hollande, les États-Unis, la Suisse sont devenus libres, et pourquoi la France n'y a pas encore réussi. Il y a beaucoup de choses excellentes dans ce livre, beaucoup de vérités utiles : on le lira avec fruit. Nous n'avons le droit de dédaigner aucune leçon. Disons seulement que l'esprit de l'auteur est trop exclusivement protestant pour être réellement utile. Quoique notre compatriote, il nous paraît trop fermé aux génies qui sont tout français, par exemple, Rabelais, Montaigne, Voltaire. Il ne voit dans ces génies que le côté frivole, railleur, gouailleur. Les protestants n'aiment pas à rire, et l'auteur ne devine pas ce qu'il y a de sérieux, de large, d'humain sous ces apparences légères. Sans doute Luther et Calvin sont de grands hommes, le premier surtout ; mais nous ne savons pas si le genre humain n'eût pas pu s'en passer plus aisément que de Voltaire. Espérons que la France pourra conquérir sa liberté sans renier une des plus belles parties de son génie. L'échange serait trop cruel.

XVIII

M. DE RÉMUSAT, — M. DUPONT-WHITE, ETC.

26 décembre 1877.

La philosophie peut prendre toute espèce de formes, et la forme littéraire et dramatique ne lui est pas interdite. Comment donc pourrions-nous ne pas rappeler, comme l'une des œuvres philosophiques les plus remarquables de ces derniers temps, le drame d'*Abélard?* Ce n'est pas seulement parce que l'auteur était un philosophe de premier rang, ou parce que ce drame a été pour lui l'occasion de son savant ouvrage sur la philosophie d'Abélard ; c'est qu'en lui-même il touche de la manière la plus intime à la philosophie. C'est la peinture profonde d'une âme de philosophe et en même temps la peinture animée et vivante de la vie philosophique et scolastique au moyen âge. L'ivresse de la dialectique, l'orgueil et la vanité de la science d'école, l'insolence de la jeunesse jetant à bas le vieux maître et le foulant aux pieds sans respect et sans pitié, l'égoïsme implacable du penseur abstrait, pour qui l'amour n'est qu'un jeu d'un instant, tous ces traits sont saisis et dessinés dans le personnage d'Abélard avec une vérité profonde. Un autre trait non moins remarquable c'est l'affaissement subit d'Abélard, lorsque après avoir triomphé partout dans les luttes de la parole il se trouve tout à coup dompté, devant le concile, par un pouvoir qu'il ne connaissait pas, celui de la force matérielle.

La vie des écoles est également représentée d'une manière intéressante : le pédantisme et la licence, le mélange des syllogismes et des filles de joie nous offre un tableau plein de couleur et de vérité. Il fallait un philosophe pour sentir aussi vivement toutes ces choses, pour y mêler le langage de la scolastique, sans contresens et sans exagération. Sans doute, de tels tableaux ne peuvent pas être mis au théâtre ; on n'y supporterait pas des discussions logiques aussi abstraites, mais c'est là qu'éclate le talent de l'auteur : il sait animer la mort elle-même en y mêlant les passions humaines.

On peut se demander si la philosophie, peut comme la religion, être un sujet de drame. Pour la religion, il n'y a pas de doute : car c'est d'elle que le drame est sorti, et nous avons dans notre littérature même d'admirables exemples de drames religieux. Quant aux drames philosophiques, on n'en connaissait jusqu'ici qu'un modèle : c'est *Faust*. Loin de nous la pensée de compromettre le drame d'*Abélard*, en le comparant au chef-d'œuvre de Gœthe ! Mais c'est l'honneur de l'œuvre de M. Rémusat de pouvoir être rapprochée du grand poème allemand par l'analogie de la pensée inspiratrice et d'être le seul ouvrage que l'on puisse citer, après *Faust*, comme essai de drame philosophique ; car, dans *Hamlet* même, la philosophie n'est encore qu'un accessoire. Ici, elle est tout : elle y paraît même plus que dans *Faust*. Celui-ci nous paraît, dès le début, comme un philosophe désenchanté et blasé, qui demande à jouir de la vie. Dans *Abélard*, au contraire, malgré l'épisode d'Héloïse, qui n'est qu'un incident secondaire pour le vaniteux conquérant, l'orgueil et l'égoïsme du penseur dominent toute l'œuvre. Nous le voyons escalader sa chaire, y régner, en tomber avec désespoir et jusqu'à la fin représenter à la fois la liberté de l'esprit, et ce que nous appellerions aujourd'hui la vanité de l'homme de lettres. Nous n'avons de scrupules que sur le dernier trait, le mot d'Abélard mourant, qui ne nous paraît pas conforme à la vérité historique. Rien ne nous autorise à croire qu'Abélard ait douté de Jésus-Christ. Ce mot à part, le personnage est peint de main de maître. L'auteur a lu dans cette âme, comme s'il l'avait habitée. Une telle œuvre est un accroissement non seulement pour la gloire de M. de Rémusat, mais encore pour notre littérature.

Le nom de M. de Rémusat, qui nous rappelle à la fois un philosophe éminent et un éminent politique, ramène notre pensée à un travail curieux d'un de nos publicistes les plus chercheurs et les plus originaux, M. Dupont-White : je veux parler de ses études insérées dans la *Revue de France* sur l'*Impuissance politique de la philosophie*. C'est une question neuve soulevée par l'auteur. Il reproche à la philosophie de n'avoir pas assez fait pour apprendre la politique, d'avoir prêché des généralités au lieu d'étudier les conditions psychologiques et morales qui rendent les hommes capables d'être des citoyens.

Il semble que le nom de M. de Résumat réponde déjà à une telle imputation : car ne vaut-il pas mieux encore prêcher d'exemple que de précepte ? et une telle vie, qui nous a montré l'union constante du libéralisme et de la sagesse, ne nous apprend-elle pas mieux que des manuels comment on est citoyen ? D'autres philosophes, que je n'ai pas besoin de nommer, ne nous ont-ils pas donné les mêmes exemples ? Cependant il faut reconnaître qu'il y a du vrai dans la pensée de M. Dupont-White. Bacon a dit quelque chose de semblable sur les moralistes, qui nous montrent bien, dit-il, quel est le but, mais qui ne nous font pas connaître les moyens d'y atteindre. Il les compare à des maîtres d'écriture qui mettraient en nos mains de beaux exemples, sans nous apprendre ce qu'il faut faire pour les imiter. Aussi Bacon nous propose-t-il, à côté de la science du modèle ou de l'idéal, une science toute pratique, qu'il appelle, dans sa langue à la fois prétentieuse et spirituelle, la *Géorgique de l'âme*. N'y aurait-il pas aussi une sorte de géorgique sociale qui nous enseignerait la culture des vertus politiques, et qui en chercherait les principes dans ce que l'on pourrait appeler la psychologie politique ? les éléments d'une telle science sont certainement dans les grands publicistes, et principalement dans Aristote, dans Machiavel et dans Montesquieu ; on pourrait les en extraire, les compléter à l'aide de nos expériences, malheureusement trop riches, et constituer ainsi une véritable science. C'est là une voie nouvelle à indiquer aux jeunes esprits qui aimeraient à la fois l'étude de la politique et celle de la philosophie.

Puisque nous en sommes à cette question : *Comment les peuples deviennent-ils libres ?* on nous permettra de revenir sur le livre de M. Albrespy, dont nous parlions récemment[1] et qui porte précisément ce titre. Nous avons affligé l'auteur sans le vouloir, en lui disant qu'il avait trouvé le moyen de rendre son livre « inutile. » Nous voudrions nous expliquer; car il y a trop de sympathie entre ses idées et les nôtres pour exagérer le dissentiment qui nous sépare. Sans doute, il n'est pas inutile, il est même au contraire des plus utiles, de nous apprendre comment de grands peuples, tels que l'Angleterre, l'Amérique, la Suisse et la Hollande, sont devenus libres. A défaut de la philosophie, l'histoire est le meilleur des maîtres. A ce point de vue, le livre de M. Albrespy est certainement instructif. Mais, en ramenant tout au principe protestant, l'auteur détruit d'une main ce qu'il édifie de l'autre. Car que veut-il ? que la France devienne protestante ? Est-ce raisonnable ? Est-ce possible ? L'heure n'est-elle pas passée depuis trois siècles ? Est-il un esprit assez naïf pour croire que la patrie de Bos-

---

1. Voir plus haut.

uet et de Voltaire puisse redevenir disciple de Luther et de Calvin! Qu'on déplore dans le passé que les choses ne se soient pas passées ainsi, je le veux bien : mais qu'y faire? La question est résolue. Avant de convertir la France, le protestantisme devrait trouver le moyen de se conserver lui-même : or, quand il va de toutes parts à la libre pensée, comment pourrait-il demander à la libre pensée de revenir à lui? et comment pourrait-il l'obtenir de l'ultramontanisme catholique? Dans ces conditions, nous faire entendre qu'un peuple ne peut être libre qu'à la condition d'être protestant, n'est-ce pas comme si on disait à la France qu'elle ne sera jamais libre? Or comme il faut à un peuple un gouvernement, n'est-ce pas par là-même la vouer au despotisme? De plus nous avions reproché à l'auteur d'avoir méconnu la signification propre du génie français et de n'avoir pas compris ce qu'il y a de philosophie saine sous l'enjouement et la gaieté de quelques-uns de nos grands maîtres. Rabelais, Montaigne, Molière et Voltaire, sous le masque de la plaisanterie, sont des sages de la même famille que les Descartes, les Montesquieu et les Turgot. Ils ont des idées générales et généreuses, le sens de ce qui est humain sans esprit de secte. Telle est leur grandeur. C'est là encore maintenant qu'est l'espoir des amis de la liberté : c'est par là que la France sera libre. Les désordres par lesquels elle a passé n'ont pas manqué au protestantisme : tout le xvi⁰ et le xvii⁰ siècle ont été pour lui, en Allemagne et en Angleterre, une période révolutionnaire. Lorsque Bossuet parle des Anglais, on croirait entendre un évêque de nos jours parler de nous-mêmes. Une société fondée sur la philosophie, avec libre exercice des cultes, voilà le type rêvé par l'esprit français, et qu'il essaye de réaliser à ses risques et périls : il en vaut bien un autre, et il n'y en a pas d'autre possible ; c'est donc celui-là qu'il faut faire réussir. Pour ce but, nous reconnaissons que les protestants peuvent beaucoup, car ils sont admirablement préparés par leurs habitudes religieuses ; mais il faut qu'ils se dépouillent de l'esprit de secte, du moins en tant que citoyens : car toute croyance est sacrée.

En attendant que la philosophie s'occupe du travail de pédagogie politique dont nous parlions plus haut, elle fait de son mieux pour nous instruire en s'unissant à l'histoire et à la législation. Elle fait l'historique des idées soit dans les systèmes, soit dans les lois. Un savant professeur, M. Ferraz, deux membres éminents et éclairés de nos Assemblées politiques, MM. Bardoux et Bertauld, se rencontrent plus ou moins sur un terrain commun : le premier, dans son *Étude sur la philosophie en France au* XIX° *siècle*, dont le socialisme forme la plus grande part ; le second, dans le livre sur les *Légistes, et leur influence sur la société française ;* le troisième dans ses *Études critiques de philosophie sociale*. Ces trois ouvrages sont animés par un même esprit que j'appellerai l'esprit centre gauche, c'est-à-dire l'esprit du libéralisme éclairé. On disait autrefois que la France est centre gauche, nous irions volontiers plus loin, et nous dirions que la vérité elle-même est centre gauche. Quelle est en effet la loi purement humaine qui doit régir le développement de la société ? Le passage d'une perfection moindre à une perfection plus grande suivant un progrès lent et continu : or c'est là la définition même de l'esprit centre gauche. Quant à ceux qui se font un type de société parfaite, à laquelle il ne serait pas permis de toucher ou qui, une fois réalisée, assurerait le bonheur parfait, ceux-là confondent la vérité humaine avec la vérité divine, laquelle seule est immobile et absolue. Ces deux types de société parfaite, l'une dans le passé l'autre dans l'avenir, la première rêvée par les ultramontains, la seconde par les socialistes, sont les deux adversaires contre lesquels la société de 89 a à se débattre depuis son origine jusqu'à nos jours. Ce sont surtout les théories inspirées par le second de ces deux points de vue, c'est-à-dire les théories socialistes, dont M. Ferraz nous fait l'histoire dans son livre sur la philosophie du xix⁰ siècle en France.

Nous n'avions jusqu'ici sur ce sujet que le livre de M. Damiron ; mais l'ouvrage de Damiron, composé d'articles publiés dans le *Globe* de 1826 à 1830, a naturellement bien vieilli aujourd'hui. Tout le mouvement philosophique qui a suivi 1830, notamment le mouvement socialiste, qui commençait à peine alors, n'a aucune place dans cette histoire. C'est pour cette raison que M. Ferraz, au lieu de commencer comme il aurait pu le faire d'après l'ordre chronologique, par l'école théocratique et ultramontaine, a consacré tout son livre à l'histoire du socialisme et à celle du positivisme. On n'analyse pas un livre historique. Aussi n'avons-nous pas à analyser le livre de M. Ferraz. Nous voudrions seulement signaler le principal mérite, qui est la gravité du ton et la sévère impartialité, accompagnée d'une grande autorité morale. L'auteur expose d'une manière impersonnelle, et juge d'une manière convaincue. Il est sévère, très sévère, contre le socialisme et, sans préjugé puéril (il est trop philosophe pour cela,) il croit que les conceptions socialistes font courir de graves dangers à la civilisation de l'Occident. Tout en approuvant sans hésiter sur ce point la direction d'idées de l'auteur, nous nous demandons cependant s'il n'a pas un peu exagéré la sévérité, et s'il est complétement juste envers les systèmes socialistes. Ces systèmes pèchent sans doute par le mépris de l'individualité humaine, par le sensualisme de leurs conceptions morales ; par là ils dérivent en effet de la philosophie de la sensation : cependant ils ont eu un sentiment juste dont il faut leur tenir compte, c'est celui de la solidarité sociale. Ils ont vu que la société est un organisme, un tout vivant, et non pas seulement une collection, une juxtaposition d'atomes. Le contraire du socialisme ce serait l'atomisme social ; et il est certain que, par répulsion pour le socialisme, on est allé quelquefois jusque-là : or, il y a autant de dangers d'un côté que de l'autre. De plus, il ne faut pas rattacher seulement le socialisme à la philosophie sensualiste du xviiie siècle : il faut encore le rattacher à la philosophie théocratique de Bonald et de de Maistre, auquel il a beaucoup emprunté. Les dangers d'un criticisme exagéré, le sentiment vif du besoin d'unité sociale, enfin un certain retour vers les idées religieuses, plus ou moins défigurées par de fausses imaginations, tels sont les titres du socialisme dont il faut lui tenir compte. On lui tiendra compte encore, si l'on veut être complètement juste, de sa foi ardente à la perfectibilité humaine et au progrès de l'humanité, foi qu'il a plus qu'aucune autre école contribué à répandre dans la société présente. Enfin il faut distinguer les hommes ; et si l'auteur, dans sa conclusion, fait une réserve en faveur de Proudhon, pour sa doctrine de la dignité humaine, il aurait dû mettre également à part Jean Reynaud pour l'élévation de ses croyances religieuses. Au reste, ces quelques observations ne sont faites ici que pour ne pas approuver sans réserves un livre où la science solide et exacte s'unit à l'esprit le plus droit.

Le livre de M. Bardoux sur les *Légistes et leur influence* nous éloigne quelque peu de la philosophie, si l'on entend par là la pure théorie, la spéculation abstraite. Mais, dans le fait, l'histoire des légistes n'est autre chose que l'histoire du droit appliqué, c'est l'histoire de l'idée de justice. Comment la société française, à laquelle la suite des événements n'a pas permis la liberté politique, s'est-elle juridiquement perfectionnée ? Comment les légistes qui ont contribué pour leur part à l'établissement du pouvoir absolu ont-ils en même temps contribué au progrès de la société civile ? Tel est l'objet du livre de M. Bardoux. Il y résume beaucoup de faits, nous signale des personnages nouveaux pour nous, et, à ce point de vue circonscrit, nous fait parcourir toute l'histoire de France avec rapidité, netteté, vivacité, et d'un esprit toujours judicieux et libéral. Il vient un moment où la philosophie et la législation marchent ensemble, et où les légistes se font les auxiliaires des philosophes et les exécuteurs de leurs réformes : Voltaire, Montesquieu, Turgot, d'une part ; de l'autre, Thouret, Merlin, Treilhard, tels sont les coopérateurs auxquels on doit les lois de la Révolution et le droit civil de la société moderne. Les saint-simoniens avaient déjà dit que les philosophes et les légistes sont les auteurs de la Révolution. Le livre de M. Bardoux vient à l'appui de cette assertion. Peut-être cette double origine explique-t-elle en même temps, comme M. Bardoux le remarque lui-même, la lacune qui a toujours attristé jusqu'ici les amis de notre Révolution, à savoir l'inexpérience et le peu de souci de la liberté politique. La philosophie et la jurisprudence, à ce point de vue, sont en effet des institutrices insuffisantes : c'est l'expérience seule et la pratique qui peuvent instruire les peuples. M. Bardoux dit avec raison que le parti libéral, sans être irréprochable, a déjà fait de grands progrès : on ne peut guère en dire autant du parti contraire.

Les *Études critiques de philosophie sociale* de M. Bertauld, l'un des chefs, comme on sait du parti libéral au Sénat, se recommandent par les qualités bien connues de son esprit, le bon sens, l'indépendance, le trait incisif et décisif, quelquefois un peu tranchant. Il est particulièrement préoccupé de défendre le point de vue de l'individualité libre contre les doctrines de toute sorte, qui, à des points de vue très différents, sont entraînées à la supprimer ou à l'effacer. Ce ne sont plus les écoles socialistes dont il est question : ces écoles sont aujourd'hui dans l'histoire. Mais, suivant l'auteur, les écoles évolutionnistes, positivistes, naturalistes de toutes nuances, ne menacent pas moins la liberté et l'individualité humaine. Ces préoccupations de M. Bertauld sont trop d'accord avec nos propres sentiments pour que nous ayons besoin d'insister sur notre adhésion. Nous signalerons seulement parmi ces études celles qui peuvent intéresser particulièrement les philosophes comme plus neuves et plus instructives. Tel est, par exemple, le travail sur la philosophie sociale et politique de Mac-Aulay, travail qui n'avait pas été fait jusqu'ici et qu'il était utile de faire. L'auteur a recueilli dans les œuvres de cet écrivain l'ensemble des jugements et des opinions qui peuvent avoir un certain caractère de généralité, et il assure ainsi à l'illustre historien sa place en philosophie politique. Nous signalerons encore un écrit sur la philosophie de Rivarol : l'auteur a exhumé deux lettres sur la religion et la morale, où cet écrivain a anticipé sur la thèse de la morale[1], indépendante : les extraits qu'il nous en donne nous montrent dans Rivarol un penseur plus vigoureux que sa réputation de frivolité ne le faisait supposer. En résumé, on voit bien que le petit livre de M. Bertauld n'est pas d'un philosophe de profession. Les doctrines y sont plutôt abrégées et résumées par extraits que logiquement analysées. La dialectique n'en est pas très savante, et les difficultés des problèmes n'y sont que légèrement abordées. En revanche, la franchise de l'accent, la rectitude de vues et, de temps à autre, de bons coups bien frappés sont des mérites qui ont bien leur prix. L'auteur ne fait pas partie de ce que l'on peut appeler les troupes régulières en philosophie ; mais il est du moins un franc-tireur, dont le concours nous est précieux.

[1]. Sainte-Beuve, à qui rien n'était inconnu, avait déjà signalé ces deux lettres, écrites à propos du livre de Necker sur *l'Importance des idées religieuses.*

XIX

M. DOLLFUS. — M. MAGY, ETC.

26 décembre 1877.

Les conservateurs effrayés, qui, comme Pascal, voient sans cesse un abîme ouvert sous leurs pas, sont persuadés que le champ de la philosophie est envahi par le matérialisme, comme le champ de la politique par le radicalisme. Ils voient la conscience humaine sans boussole, et la société sans lois. Si l'on considère les choses de sang-froid, on reconnaît bien vite combien de telles appréhensions sont exagérées. J'ai en ce moment devant moi dix à douze ouvrages de philosophie parus dans ces derniers temps. Presque tous, sauf une ou deux exceptions, appartiennent à l'ordre d'idées que l'on appelle spiritualistes. *L'Ame dans les phénomènes de conscience* par M. Ch. Dollfus, bien connu des lecteurs du *Temps*; — *la Raison et l'Ame*, par M. Magy; — *le Plaisir et la Douleur*, par M. Fr. Bouillier, de l'Institut; — *l'Espèce humaine*, par M. de Quatrefages, le savant anthropologiste; — *l'Homme et l'Animal*, par M. Henri Joly, ouvrage que l'Académie des sciences morales a couronné; *l'Imagination*, par le même auteur; *Maine de Biran*, par M. Gérard; — *la Perception externe*, par M l'abbé Duquesnoy [1]. Ces ouvrages et d'autres que j'oublie sans doute relèvent tous du spiritualisme le plus décidé : nulle concession au matérialisme, à l'athéisme, au positivisme, à tous les monstres par lesquels on s'attend tous les jours à être dévoré dans le monde des bien pensants. Tel est le premier fait que nous tenions à signaler et à mettre en lumière. Un second non moins intéressant, c'est que tous les ouvrages précédents se font remarquer par le véritable esprit philosophique, c'est-à-dire

1. Rappelons encore comme ouvrages écrits dans le même esprit ceux dont nous avons parlé dans notre précédent chapitre, à savoir : *la Philosophie du* XIXe *siècle*, de M. Ferraz; *les Légistes*, de M. Bardoux, et *la Philosophie sociale*, de M. Bertauld. Enfin que l'on nous permette de compléter cette énumération d'ouvrages à la fois libéraux et spiritualistes par la mention de notre propre livre sur les *Causes finales*.

l'esprit d'examen, de recherche scientifique libre et sans parti pris. Nulle emphase, nulle déclamation ; nulle préoccupation de sauver la société. Les questions y sont traitées paisiblement, posément, en toute conscience, et sont dirigées par le seul amour de la vérité. Il est évident pour nous qu'il se forme, je ne dis pas une école, car c'est précisément le contraire, mais une société d'esprits libres, éclairés, gouvernés par la seule philosophie, et qui non seulement n'ont aucune hostilité contre les idées d'âme, d'esprit, de Dieu, de liberté morale, mais encore se groupent autour de ces idées, entendues d'une manière large et tolérante, comme essentielles à la dignité humaine et à une direction sensée et généreuse des sociétés, qui croient enfin que la meilleure manière de les défendre c'est de ne pas les invoquer à tout propos, de ne pas les compromettre dans toutes les questions, mais au contraire de laisser le champ des recherches un peu plus libre, un peu plus ouvert et de traiter chaque problème en lui-même, sans dénoncer sans cesse le péril moral et social. Telle serait, si nous en jugeons d'après les livres que nous avons sous les yeux, la tendance qui paraît se dessiner au moment où nous écrivons.

Nous ne voulons pas omettre, cependant, les livres qui sont inspirés par un esprit plus ou moins différent de celui que nous venons de signaler. Mentionnons d'abord le livre *Forme et Matière*, du docteur Fridault, ouvrage qui est bien loin toutefois de partir du mouvement matérialiste, car il vient d'un côté tout contraire ; à savoir de la philosophie catholique, du thomisme scolastique restauré : à ce titre, il est des plus curieux et des plus instructifs ; nous y reviendrons tout à l'heure. L'*Essai de psychologie*, du docteur Fournié, médecin de l'institution des sourds-muets, est un ouvrage écrit dans un esprit indépendant, mais sans aucune attache au matérialisme : la doctrine même qui y est exposée ne se distingue du spiritualisme proprement dit que par la part un peu plus grande faite à l'élément physiologique ; ce qui n'a rien de bien surprenant de la part d'un médecin. Le *Nouveau Traité des sensations*, de M. Guillaume de Moissy, est plus hostile et plus agressif ; l'auteur combat très énergiquement l'âme substance, l'âme immatérielle ; mais ce n'est nullement, comme on pourrait le croire, dans un esprit d'opposition aux idées morales et religieuses ; car, dans sa préface, il se déclare hautement déiste, et, s'il veut nous éloigner de la recherche des substances immatérielles, c'est, dit-il, « parce que nous ne devons pas aller au delà de ce que Dieu nous a permis de connaître, c'est-à-dire les objets des sens » ; c'est, suivant lui, une « impiété » de professer le mépris pour la matière, puisque cette matière a été faite par Dieu. » Enfin cet ouvrage est plutôt un ouvrage de psychologie expérimentale que de métaphysique : à ce point de vue, il est estimable et contient des recherches intéressantes, quoique moins neuves que l'auteur se le figure. Enfin, de tous les ouvrages récents, le seul qui soit d'un matérialisme franc et décidé est la *Philosophie terrestre,* de M. Barsalou-Fromenty ; encore ce livre est-il écrit avec tant de candeur et si peu de méchanceté qu'on aurait peine à lui en vouloir. Son principal mérite est, qu'ayant été publié à Genève, il lui a été jadis interdit d'entrer en France sous le gouvernement de M. Buffet. L'idée de retenir le matérialisme à la frontière comme un ballot de contrebande est quelque chose de si plaisant et trahit une si niaise ignorance chez les graves fonctionnaires chargés de ce service, que le livre qui a été l'objet d'un tel honneur mérite un souvenir à titre de curiosité historique.

Le nombre des livres que nous venons de signaler est trop grand pour que nous puissions les analyser tous dans le court espace qui nous est accordé. Il nous faut faire un choix. Nous renverrons d'abord à une autre série ceux qui se rapportent à ce que l'on peut appeler la philosophie zoologique, c'est-à-dire qui traitent de la psychologie animale, comparée à la psychologie humaine. Nous ne retiendrons que ceux qui traitent de la psychologie proprement dite ; et comme on divise, dans les écoles, cette science en deux parties : d'une part, la psychologie rationnelle qui s'occupe de la nature de l'âme, et de l'autre la psychologie expérimentale qui en étudie les phénomènes, nous nous aiderons de cette distinction pour mettre un peu d'ordre dans cette étude.

Parmi les ouvrages mentionnés plus haut, ceux qui traitent de la nature de l'âme sont : *l'Ame*, de M. Ch. Dollfus, d'un spiritualisme très net, mais d'une nuance légèrement panthéistique, ou plutôt comme on dit en Allemagne, monistique ; *la Raison et l'Ame*, de M. Magy, écrit au point de vue du spiritualisme leibnizien et monadiste ; — enfin l'écrit *Forme et Matière*, du docteur Frébault, inspiré, comme nous l'avons dit, par le néo-thomisme, c'est-à-dire par le catholicisme scolastique. Quant à la psychologie expérimentale, nous mentionnerons surtout, soit à cause du nom de l'auteur, soit à cause de l'intérêt du sujet, *le Plaisir et la Douleur*, de M. Fr. Bouillier.

M. Ch. Dollfus s'est fait connaître, il y a une vingtaine d'années, par ses *Lettres philosophiques*, qui ont eu un légitime succès et leur part d'influence dans le mouvement de réaction qui s'opéra alors contre ce qu'il y avait de trop strictement orthodoxe dans la philosophie régnante. L'influence de l'Allemagne s'y faisait sentir, et le jeune auteur eut de la peine à échapper à l'imputation de panthéisme; mais on était alors panthéiste à peu de frais. Pour peu que l'on insistât sur l'unité des choses, on était accusé de vouloir y noyer la personnalité individuelle. Le livre nouveau de M. Ch. Dollfus est peut-être encore un peu vague dans ses vues sur la nature de Dieu, mais il ne l'est pas sur la nature de l'âme. Il y enseigne de la manière la plus décidée la réalité des âmes individuelles. « Chaque âme se sent distincte, dit-il, en tant que *centre de conscience*. Autant de centres conscients, autant d'êtres conscients, autant il y a d'âmes. » L'auteur est donc absolument opposé au matérialisme. Si l'âme n'était autre chose que le cerveau, il ne faudrait pas dire, suivant lui : J'ai mal à la tête, mais : ma tête a mal à sa tête. Une pluralité de cellules ne peut être susceptible de conscience ; une seule cellule étant encore multiple, ne le pourra pas davantage. Ainsi, M. Dollfus admet sans hésiter l'argument spiritualiste tiré de l'unité et de l'indivisibilité de la conscience. Seulement il distingue l'âme de l'esprit. L'âme est le sujet pensant ; l'esprit est l'union d'une âme et d'un corps. « Une âme distincte unie à un cerveau particulier engendre une individualité intellectuelle. » Il y a dans la pensée un côté impersonnel et un côté personnel : ce qu'il y a d'impersonnel vient de l'âme ; ce qui est personnel vient du corps. On trouvera peut-être que cette théorie fait encore une part trop grande au matérialisme. Nous n'avons ici ni à la discuter, ni à la défendre ; contentons-nous de dire, pour la mettre à l'abri de toute imputation fâcheuse, que cette théorie n'est autre que celle de saint Thomas d'Aquin, lequel a toujours placé ce qu'il appelait le principe d'individuation dans la matière : *Principium diversitatis individuorum est divisio materiæ secundum quantitatem*. M. Ch. Dollfus nous paraît également se rapprocher de la doctrine thomiste en combattant comme saint Thomas d'Aquin l'hypothèse d'une âme unique répandue dans tous les hommes. Il se prononce pour la pluralité des âmes, homogènes en essence, mais non identiques : « Une âme unique sans multiplicité numérique possible, me semble aujourd'hui une supposition inconciliable avec le fait de la conscience humaine, qui a pour sujet comme pour objet une réalité interne déterminée, qui ne se connaît qu'en se distinguant. Mais je puis concevoir des âmes à la fois numériquement distinctes et substantiellement équivalentes, dans lesquelles l'association transitoire avec des corps divers provoquerait des réactions individuelles variées. ».

L'espace modeste dont nous disposons, et la rapidité nécessaire de ces études, ne nous permettent pas de discuter ces diverses hypothèses ; mais nous savons gré pour notre part à l'auteur d'avoir abordé ces questions que la philosophie moderne, éprise de simplification, a trop négligées. Sur la question de la nature de Dieu, quoiqu'on ne puisse contester les tendances élevées et religieuses de l'auteur, on trouvera peut-être quelque fluctuation dans ses opinions. Ajoutons que c'est un ordre d'idées où la fluctuation est facilement excusable. D'une part, l'auteur nous dit qu'un Dieu inconscient est comme « s'il n'était pas », que l'unité universelle, si elle était inconsciente, ne serait qu'une « chose ». Il rejette à la fois le panthéisme absolu qui exclut le fini, et le matérialisme qui exclut l'infini. Cependant il croit que les hommes s'égareront tant qu'ils chercheront l'infini ailleurs que « dans les lois de l'univers. » Nous admettons avec lui que le déisme ne doit pas dégénérer en « un plat rationalisme » ; nous admettons que « le fini et l'infini doivent se pénétrer au for de l'homme. » Mais cette pénétration réciproque exclut-elle la conception d'un infini en acte, ou d'un parfait absolu, dont le type le plus approchant, sinon absolument adéquat, est ce que nous appelons l'esprit? Or, telle est la conception que tous les grands théistes Platon, Plotin, Malebranche et Descartes se sont faite de la divinité. Mais peut-être le dissentiment que nous exprimons ici est-il plus apparent que réel. M. Dollfus n'est pas un philosophe d'école; les précisions techniques lui sont, je ne dis point étrangères, mais indifférentes. Sa méthode est plus intuitive que discursive; il écrit avec l'âme, et semble dédaigner un peu l'analyse et le raisonnement; si l'on n'avait point abusé de cette objection devenue banale, je dirais que son livre est plus littéraire que philosophique dans le sens rigoureux du mot; dans sa seconde partie surtout, il nous semble toucher à trop de problèmes, et les effleurer plus que les creuser. Mais, ces réserves une fois faites au nom de la science pure, nous ne pouvons que louer l'admirable sincérité, la chaleur d'âme, l'amour du vrai qui éclatent à chaque page de son ouvrage; ce qui lui manque du côté de la science d'école est compensé par l'absence de préjugés; et le témoignage d'un esprit aussi libre nous est un précieux appui pour la cause que nous défendons.

Le même sujet, traité à un point de vue très différent, a été abordé par le Dr Frébault dans son livre *Forme et Matière*. Ce livre contient des détails fort curieux sur la renaissance du *Thomisme scolastique* dans les écoles catholiques. On sait que la philosophie catholique, au commencement de notre siècle, tout opposée qu'elle fût au cartésianisme, avait continué de partager l'opinion généralement admise sur la scolastique. Ni l'abbé de Lamennais, ni Bonald, ni de Maistre n'avaient aucune connaissance des doctrines scolastiques ; leur philosophie leur était propre ; et, tout en prêchant le retour au moyen âge, ils ne paraissaient pas en donner l'exemple : leur philosophie était le traditionalisme, non le péripatétisme. En Italie, une grande école catholique, celle des Rosmini et des Gioberti était plus hardie encore, et se lançait dans les voies d'un idéalisme transcendant, plus ou moins voisin de celui de l'Allemagne. Une philosophie analogue, quoique plus réservée, inspirée de Malebranche et de Platon s'introduisait en France, et à Saint-Sulpice même, sous le nom d'ontologisme ; enfin la philosophie du P. Gratry était plus près de celle de Fénelon et de Bossuet que de celle de l'École. Toutes ces formes diverses de la pensée catholique étaient plus ou moins animées de l'esprit moderne, même en le combattant. Mais on éprouva bientôt le besoin d'une doctrine plus rigoureuse et plus uniforme, qui pût imposer silence à toutes les visées du philosophisme individuel. Cette doctrine, elle existait : il ne s'agissait que de la retrouver, de renouer le fil de la tradition. C'était le thomisme, ou pour l'appeler de son vrai nom, le péripatétisme. Aristote, sous le nom de saint Thomas d'Aquin, redevint l'autorité suprême de la philosophie chrétienne. On peut lire dans M. Frébault quelques renseignements instructifs sur cette sorte de restauration. Le P. Ventura en Italie, Lacordaire en France, en furent, paraît-il, les premiers initiateurs. Un savant jésuite, le P. Liberatore, a rassemblé et systématisé tous ces éléments épars, et a restitué à la philosophie thomiste non seulement sa matière, mais encore sa forme traditionnelle, c'est-à-dire le syllogisme. M. le Dr Frébault, parlant pour les profanes, ne va pas jusque-là ; mais il est convaincu que le salut de la pensée humaine et catholique est lié à la doctrine des *formes substantielles*. L'explication seule de ce terme exigerait des détails que nous ne pouvons donner ici. Contentons-nous de dire qu'au dualisme cartésien, pensée et étendue, on nous propose de substituer le vieux dualisme péripatéticien, forme et matière. Sans vouloir rien préjuger sur le fond du débat on nous permettra de trouver étrange, au point de vue catholique, que ce soit le philosophe moderne, inspiré par la civilisation chrétienne, qui ait manqué la vérité, et le philosophe païen qui l'ait rencontrée. On nous persuadera difficilement qu'en disant que l'âme est au corps ce que la *pétréité* est à la pierre, on ait beaucoup avancé les affaires du spiritualisme. Mais il faut lire le livre du docteur Frébault lui-même, où l'on trouvera, avec l'obscurité qui naît de la doctrine même, une véritable force de pensée et une science scolastique rare et curieuse : ajoutez à cela une gravité, une impersonnalité de ton, sans déclamation et sans fanatisme, qui dénotent l'homme habitué aux recherches pures de la science, et qui ne cherche pas partout matière à anathème, comme on ne le fait que trop souvent dans l'école à laquelle il appartient.

Le même problème, à savoir l'existence et la nature de l'âme, a inspiré, mais à un tout autre point de vue, le livre de M. Magy, *la Raison et l'Ame*. M. Magy s'est fait depuis longtemps en philosophie une place élevée par son livre *Science et Nature*, publié en 1865, et qui a mérité le haut honneur d'être désigné par l'Académie des sciences morales et politiques pour le prix Gegner [1]. Son nouvel ouvrage se compose de deux savants mémoires lus à l'Académie : l'un sur la raison,

1. Le prix Gegner est une pension annuelle de 4, 000 francs décernée, suivant le vœu du testateur, à un philosophe travaillant au progrès de la science.

l'autre sur l'âme. L'auteur s'y fait remarquer comme dans son premier livre par la largeur et la lucidité de l'exposition, les fortes connaissances scientifiques et la personnalité de la pensée. Son travail sur la raison est une des études les plus remarquables de la philosophie récente. Il y recherche ce qu'il appelle « la loi fondamentale de la raison », afin de remonter de la loi à la cause. Pour découvrir cette loi, il faut, suivant l'auteur, commencer par établir les propriétés de la raison. Ces propriétés sont les suivantes : La raison dégage le simple du composé, l'abstrait du concret, l'homogène de ce qui ne l'est pas. — Elle introduit l'ordre dans les objets de la connaissance. — Elle conçoit et pose les axiomes. — Elle exerce sur toutes les facultés et sur elle-même un contrôle incessant et une critique sans appel. — Elle est la législatrice des sciences. — Elle est également la législatrice de la nature et de l'art, par le principe de l'idéal. — Enfin elle a son objet propre, l'inconditionnel, le nécessaire, l'absolu. Telles sont les fonctions de la raison ; et la psychologie ne les avait pas encore résumées avec cette netteté et cette précision. Quelle loi devons-nous maintenant dégager de ces différentes fonctions ? La voici, telle que la formule M. Magy : « Tout objet de la pensée est conçu par la raison, comme une pluralité d'éléments homogènes et harmoniques, ou comme la raison suffisante d'un système qui lui-même satisfait à ces trois conditions de pluralité, d'homogénéité et d'harmonie. » En d'autres termes, tout ce qui est rationnel, comme le disait Platon, est composé *d'un et de plusieurs*. Après avoir formulé cette loi, l'auteur la vérifie en la confrontant avec les différentes sciences : l'arithmétique, l'algèbre, la géométrie, le calcul différentiel, la mécanique, l'astronomie, et enfin les sciences morphologiques, anthropologiques, etc. Partout, dans toutes ces sciences, l'auteur nous montre que l'objet de la raison est toujours un système composé d'une pluralité d'éléments homogènes et harmoniques. Enfin, des propriétés et de la loi fondamentale de la raison, l'auteur cherche, dans une seconde partie, à s'élever jusqu'à son essence et à sa cause. Dans cette seconde partie, l'auteur passe successivement en revue, en les critiquant, les différents systèmes que la philosophie a proposés sur ce sujet : l'empirisme, le criticisme, le panthéisme et le matérialisme. Dans cette partie critique on trouvera encore beaucoup de vues nouvelles, mais qui échappent à l'analyse. La conclusion, qui aurait peut-être besoin de quelque explication et de quelque développement, c'est que : « Par cela seul que l'âme humaine, en vertu de sa spontanéité propre, entre en possession de la croyance à une activité toute-puissante et créatrice, elle se trouve et se sent aussitôt déterminée à se représenter l'objet de la pensée en général, comme un système d'éléments homogènes et harmoniques. »

Dans le second mémoire, celui qui a pour titre *l'Ame*, M. Magy revient sur la question du matérialisme, et se livre à un examen approfondi et personnel de cette doctrine. Le nœud de la question, suivant lui, est de savoir si l'étendue est, ou non, quelque chose de réel. Il adopte l'opinion de Kant et de Leibniz, mais en la modifiant, et en se la rendant propre par des aperçus nouveaux, et il soutient que l'étendue est un phénomène purement subjectif, comme on le sait déjà de la couleur, de la lumière et des autres qualités sensibles. Il invoque en faveur de cette opinion, l'autorité des plus grands savants, de M. Helmoltz, par exemple, et essaie de démontrer que la science tend à devenir de plus en plus idéaliste, ou spiritualiste. On lira avec grand profit cette forte discussion.

Le Plaisir et la Douleur, de M. Francisque Bouillier, est la seconde édition très augmentée, d'un petit écrit publié déjà sur le même sujet. L'auteur y déploie un grand talent de psychologue, et même de moraliste. Quelques chapitres entièrement nouveaux, tels que ceux sur la crainte de la mort, sur la sensibilité et l'imagination relèvent presque autant de la littérature que de la philosophie. Nous signalerons surtout quelques pages spirituelles, écrites avec humour, sur les illusions que chacun se fait au sujet de la mort et les sophismes par lesquels nous détournons de toute application à nous-mêmes les exemples de chaque jour que nous avons sous les yeux; nous cherchons en quelque sorte, dit M. Bouillier, chicane au mort. « Ne faut-il pas le mettre dans son tort ? Il semblait bien portant ; mais ce n'était qu'une apparence. Il est mort par sa faute, pour n'avoir pas écouté les conseils de ses amis, pour s'être trop soigné ou pas assez. Qu'allait-il faire à ce dîner ? Que ne restait-il chez lui ? Telle est la tactique peu loyale dont usent les vivants à l'égard des morts, pour se rassurer plus ou moins soi-même contre un sort semblable au leur. » Nous ne voulons certes pas dire que le livre de M. Fr. Bouillier ne soit qu'un livre de littérateur : nous avons seulement fait remarquer une nuance nouvelle de son talent, qu'il n'avait pas encore manifestée d'une manière aussi heureuse dans ses écrits précédents. Quant aux qualités philosophiques proprement dites, l'analyse, l'esprit d'observation, l'art de la discussion, elles sont ce que l'on doit attendre de l'auteur de l'*Unité du*

Principe vital et du Principe pensant. Remarquons enfin que le sujet traité par l'auteur, quelque familier qu'il soit à chacun de nous dans l'expérience de la vie, est un de ceux qui ont été le moins traités, si ce n'est dans quelques écrits secondaires assez peu connus. En recueillant tout ce qui a été dit sur ce sujet, et en y ajoutant de son fonds, M. Bouillier a fait un livre neuf et utile, où toutes les écoles peuvent trouver à puiser et à s'instruire.

Rappelons en terminant un remarquable livre, qui n'est pas philosophique par le sujet, mais qui l'est beaucoup par l'esprit: ce sont les *Souvenirs* de madame d'Agoult. Cet éminent écrivain, qui a contribué pour une large part au mouvement d'idées de son temps, nous raconte l'histoire de sa jeunesse et de ses premières pensées. On aurait aimé à connaître surtout le moment où s'est faite la rupture entre les croyances de sa jeunesse, qui avait été ardemment catholique, et les hautes témérités intellectuelles de sa maturité. C'est ce qui manque dans son livre, mais on y trouve les éléments de la solution. Née d'un père français et d'une mère allemande elle a réuni, nous dit-elle, dans sa personne le génie des deux nations: l'esprit allemand aiguillonné par l'esprit français. Elle raconte avec une émotion communicative l'impression profonde que fit sur elle, encore enfant, la vue du grand Gœthe ; et elle se caractérise elle-même en constatant la nature *gœthienne* de son esprit. Elle nous apprend que toute jeune, et sans en avoir conscience, elle pressentait déjà « la conception spinosiste de la nature ». Les effusions mystiques de sa piété juvénile n'avaient rien de contraire à ce genre de conceptions. Elle était en quelque sorte née panthéiste et se trouvait toute prête non seulement à recevoir pour son propre compte, mais à propager de telles doctrines, qu'elle acceptait du reste beaucoup plus dans leur esprit que dans la sécheresse technique de leurs formules prétendues précises. A ce panthéisme gœthien, mêlé de tendances religieuses, elle joignait un certain goût du surnaturel, que l'on accuserait volontiers de superstition ; et tout en protestant contre les miracles, elle aurait dit volontiers comme Horatio : « Il y a plus de choses sur la terre que votre philosophie n'en peut connaître. » Ces aveux sur ce point, qu'elle n'avait pas encore, que je sache, faits ailleurs, sont un des traits les plus curieux de ces mémoires. Ceux qui sont attentifs à tout, remarqueront qu'elle ne renonce pas à employer le mot de *Dieu*, même dans un sens quasi personnel, et qu'elle parle des destinées de l'âme, comme d'un avenir mystérieux et inconnu, plutôt qu'absolument fermé et interdit. Nous ne voulons pas insister davantage sur un livre qui échappe presque entièrement à notre domaine; mais nous n'avons pas voulu laisser échapper cette occasion de rendre hommage à une personne d'un aussi haut esprit, qui nous faisait l'honneur de nous compter parmi ses amis, et dont l'hospitalité intellectuelle avait ce caractère de largeur et de libéralité, sans lequel, à nos yeux, il n'y a pas de philosophie, et qui doit être, de plus en plus, le caractère de ceux qui se piquent de philosophie.

XX

M. CLAUDE BERNARD — M. CHAUFFARD

15 août 1878.

Nous avons eu occasion de dire plus d'une fois que le trait caractéristique de la philosophie au temps où nous vivons, est, d'une part, la tendance des savants à s'élever à des considérations philosophiques, et, de l'autre, la tendance des philosophes à se préoccuper des questions scientifiques. De là deux sortes d'écrits : ceux des savants qui philosophent ; ceux des philosophes qui *scientifisent,* si l'on veut bien nous permettre cet affreux barbarisme. Ces deux ordres d'écrits nous occuperont dans notre revue actuelle.

Au premier rang des savants qui, sans être en

aucune façon philosophes de profession, ont jeté sur la philosophie un regard pénétrant et profond, il faut compter le grand et noble esprit que nous avons perdu récemment, Claude Bernard, dont le nom appartient sans doute à la physiologie beaucoup plus qu'à la philosophie, mais qui cependant aura laissé sa trace même à ce dernier point de vue. Les deux ouvrages qui viennent d'être publiés après sa mort intéressent l'un et l'autre la philosophie : l'un intitulé *la Science expérimentale*, est un recueil de plusieurs écrits divers, d'un intérêt général, et accessibles au grand public (articles, conférences, discours, etc.); l'autre, sous le titre : *La Vie, — Leçons sur les phénomènes communs aux animaux et aux végétaux*, présente un ensemble plus systématique, et contient les dernières vues de l'auteur sur la philosophie physiologique. Tant d'idées diverses sont réunies dans ces deux volumes, qu'il nous serait difficile de les résumer. Contentons-nous de mentionner le premier, en insistant particulièrement sur le second.

Dans ce dernier ouvrage de Claude Bernard, les diverses questions qui intéressent la philosophie sont les suivantes : la définition de la vie; la détermination des phénomènes vitaux; la sensibilité dans les animaux et dans les plantes; la morphologie. De ces différents points de vue, l'auteur déduit une conception de la vie, qui est le résumé de tous ses travaux, et qu'il eût complétée dans un appendice par des développements dont nous n'avons que quelques fragments résumés par son élève M. Dastre, qui a présidé à la publication de ce volume.

L'auteur rassemble d'abord toutes les définitions qui ont été données de la vie. Ce résumé historique est très intéressant : on voit réunies en quelques pages toutes les conceptions que la philosophie physiologique s'est faites de la vie à diverses époques, et notamment dans les temps les plus modernes. On voudrait cependant être assuré que toutes ces définitions soient bien exactes et prises aux sources mêmes. Ainsi, par exemple, je ne sais pas où Kant a défini la vie « un tout résultant d'une intelligence calculatrice résidant dans son intérieur. » La seule définition que nous connaissions est celle-ci : « Une production organisée de la nature est celle dans laquelle tout est réciproquement but et moyens [1] ». Claude Bernard ajoute ses propres définitions à celles de ses devanciers. Il en donne deux qui paraissent être d'abord la contradiction l'une de l'autre : « La vie, *c'est la création*, la vie

---

1. *Critique du Jugement*, traduction française, tom. II, p. 33.

c'est la mort [1]. » Comment la vie peut-elle être à la fois deux choses aussi contraires? C'est qu'elle se compose de deux mouvements alternatifs et opposés, la création et la destruction. Elle est, comme l'a dit Hégel, un *travail chimique qui dure* [2], qui répare sans cesse ses pertes; c'est un flambeau qui s'éteint et se rallume lui-même. Tant que ce mouvement alternatif a lieu, la vie continue : ce qui y domine par conséquent, c'est la création, non pas sans doute une création *ex nihilo*, il n'y a rien de tel dans la nature, mais une création de forme : « L'organe est créé, il l'est au point de vue de sa structure, de sa forme, des propriétés qu'il manifeste. » Tout en maintenant dans l'être vital cet élément caractéristique, la création morphologique, tout en reconnaissant que cette synthèse évolutive est ce qu'il y a « de véritablement vital », Claude Bernard exclut toutes les hypothèses, non seulement spiritualistes et animistes, mais encore vitalistes. Il admet cependant une *idée* directrice, comme il l'appelle, mais une idée qui ne fait rien, qui ne sert à rien, et dont il ne faut pas tenir compte dans l'explication des phénomènes. Il est idéaliste, non vitaliste. Il faut avouer que ce grand

1. Voir plus haut, III.
2. Claude Bernard a omis cette définition qui mérite d'être signalée entre toutes les autres III.

esprit n'a jamais eu des idées bien nettes sur ces questions. Il parle « d'*accord intime* », de « *parallélisme* parfait entre les phénomènes physico-chimiques et les phénomènes vitaux. » Mais accord et parallélisme ne sont pas identité : il y a donc des phénomènes vitaux proprement dits : dès lors pourquoi n'y aurait-il pas une cause vitale ? Si au contraire il n'y a pas de cause spéciale pour les phénomènes, n'est-ce pas comme si on disait qu'ils peuvent s'expliquer par les seules causes physiques et chimiques : dès lors il n'y a plus de phénomènes vitaux ; il ne faut plus parler d'accord, de parallélisme, mais d'identité, et ce que Claude Bernard appelle « l'autonomie » de la physiologie nous paraît fort en péril.

Au fond, ce que notre physiologiste paraît avoir voulu dire, c'est qu'il n'y a pas dans l'organisme une cause spéciale agissant d'une manière capricieuse et individuelle, et suspendant à son profit les lois de la nature ; c'est que les phénomènes physiologiques sont aussi réglés que les phénomènes physico-chimiques, qu'on peut les constater d'une manière aussi certaine, les prévoir d'une manière aussi absolue. C'est ce qu'il a exprimé par un mot qui a fait fortune, quoiqu'il n'ait rien de bien nouveau. C'est le mot de *déterminisme*. C'est un point mis aujourd'hui hors de doute par les travaux de

Claude Bernard, que la méthode expérimentale peut s'appliquer à la physiologie aussi bien qu'à la physique et à la chimie. Or, que signifie l'expérience appliquée aux phénomènes, si ce n'est qu'ils sont soumis à des lois infaillibles ? Car, selon le mot de Bacon, on ne maîtrise la nature qu'en lui obéissant : s'il n'y a pas une chaîne rigoureuse de causes et d'effets, comment provoquer l'effet en produisant la cause, ou le supprimer en la supprimant ? *Déterminisme* et méthode expérimentale sont donc une seule et même chose. Tout cela est d'une absolue évidence : et nul philosophe ne le niera. Mais nous ne voyons aucune nécessité de faire intervenir ici la question du libre arbitre, et nous trouvons encore quelque incohérence dans la pensée du maître : nous ne voyons pas clairement, malgré ses efforts, comment il concilie le déterminisme et la liberté. Sans doute le déterminisme n'est pas le fatalisme, c'est-à-dire la doctrine du bon plaisir aveugle; mais le déterminisme n'en est pas moins une sorte de nécessitarisme. Jusqu'à quel point le nécessitarisme physiologique gêne-t-il la liberté morale ou s'accorde-t-il avec elle ? c'est une question qui ne regarde plus la physiologie, car celle-ci ne reconnaît que les phénomènes qui tombent sous les sens, et se présentent à elle d'une manière objective; or, jamais les sens n'ont aperçu quoi que ce soit de semblable à ce que nous appelons libre arbitre, liberté morale. Le droit des physiologistes est entier : c'est qu'aucun phénomène, même volontaire, ne puisse se produire dans les corps sans avoir ses conditions déterminantes dans un état antérieur des corps : quant au libre arbitre, la physiologie n'est pas plus tenue de l'affirmer que de le nier : c'est un fait d'un autre ordre qui doit s'accorder avec la loi précédente de quelque manière que ce soit, sans que la physiologie soit chargée d'expliquer l'accord. Mais, dira-t-on, de quoi vous plaignez-vous, si la physiologie elle-même se charge de lever les difficultés qui naissent d'elle, et de vous montrer la conciliation cherchée? Nous dirons que toute conciliation physiologique est par là même contraire au fait dont il s'agit, qui est essentiellement psychologique, non physiologique. Que la physiologie fasse ses conditions : qu'elle propose son ultimatum : c'est son droit. La philosophie prendra le problème dans ces termes, et en cherchera la solution, en n'oubliant pas que, si la physiologie fait ses conditions, la morale fait aussi les siennes et que l'ultimatum de l'une ne doit pas être sacrifié à celui de l'autre.

Après avoir traité de la vie en général et de ses formes essentielles, Claude Bernard passe à l'objet propre de son livre, à savoir la recherche des phénomènes communs aux végétaux et aux animaux. Il soumet à une critique très fine tous les caractères distinctifs que l'on a proposés pour séparer les deux règnes, et il les fait disparaître l'un après l'autre. Ici encore la physiologie se trouve en contact et peut-être en conflit sur quelques points avec la philosophie. De tous les phénomènes que l'on a considérés comme propres à distinguer le végétal de l'animal, il n'y en a pas de plus important et de plus généralement reconnu que le fait de la sensibilité. On connaît la grande distinction de Linné : *Mineralia sunt ; vegetalia vivunt ; animalia sentiunt*. D'après Claude Bernard, il faut encore renoncer à cette célèbre distinction. La sensibilité ne serait pas le caractère propre des animaux, mais la propriété fondamentale de la vie en général : elle serait essentielle à tout être vivant, et par conséquent les végétaux sentent aussi bien que les animaux. Le principal argument employé pour démontrer cette thèse, c'est que les végétaux, aussi bien que les animaux, sont atteints et modifiés par l'action des *anesthésiques*, c'est-à-dire par l'éther et le chloroforme. Or, qu'appelle-t-on anesthésiques ? Les agents qui modifient ou suspendent la sensibilité : ils ne peuvent donc agir que là où cette propriété existe ; or, ils agissent sur les végétaux ; donc il y a chez les végétaux une propriété semblable à celle que nous appelons de ce nom dans les animaux. Le fait de la conscience est tout à fait secondaire et même inutile. C'est ici que les philosophes protestent, en demandant ce que c'est que des sensations inconscientes, des *sensations non senties*; ils demandent comment il peut y avoir sensibilité là où il n'y a pas sensation. Ils demandent d'où nous est venue l'idée, l'expression même de sensibilité, si ce n'est de la conscience que nous avons éprouvée du plaisir et de la douleur : eût-on jamais parlé de sentir, si rien de semblable ne s'était manifesté à nous ? N'est-il pas étrange de rejeter ensuite comme insignifiant et accessoire précisément le seul fait qui nous a fourni la notion dont il s'agit ? Si l'on appelle sensibilité le *processus* organique d'un végétal qui se contracte au toucher comme la sensitive, nous demandons comment on appellera la faculté de jouir, de souffrir, d'éprouver des passions, des émotions des affections ? Pourquoi appeler d'un même mot des choses si différentes ? Et si on se dispute le mot, à qui appartiendra-t-il de droit, si ce n'est à ceux qui en sont en possession, et qui sont autorisés par l'usage de la langue française ? M. Claude Bernard reconnaît qu'au fond la sensibilité n'est autre chose que l'irritabilité : pourquoi ne pas choisir ce terme, qui ne fait pas confusion ? Pourquoi prendre celui qui est confus, équivoque, indéterminé? On est d'accord sur la chose : pourquoi insister sur un mot contesté? De quoi s'agit-il? D'un fait sur lequel il n'y a pas de dissentiment, à savoir que dans l'être vivant il y a une propriété « *de réagir à la stimulation des agents externes* ». C'est bien de cela qu'il est question. On vous l'accorde : quand cette réaction est *sentie*, nous appelons sensibilité la faculté interne qui est avertie de la réaction; mais quand elle n'est pas sentie, il nous est impossible de lui donner ce nom; autrement il faudrait dire : la sensibilité est la faculté de ne pas sentir. Nous maintenons donc que l'usage du mot sensibilité dans ce cas est un abus de mot; que dans toutes circonstances il pourrait être remplacé par celui d'irritabilité, comme on le voit dans cette phrase même de Claude Bernard: « L'aptitude à réagir de la cellule, c'est l'*irritabilité*, la *sensibilité* de la cellule; l'aptitude à réagir de l'ensemble de l'appareil nerveux, ou sensibilité consciente, peut être considérée comme l'*irritabilité* de cet appareil tout entier. » On voit que ce dernier mot suffit à tous les cas, et qu'il serait beaucoup plus scientifique de laisser à la sensibilité sa signification exclusivement psychologique.

Le livre que nous signalons est si plein de pensées, que nous n'avons pas de place pour les résumer ni même les indiquer toutes. Partout, dans presque toutes les questions, nous retrouvons le même combat entre le savant qui cherche les conditions physiques des phénomènes, et le penseur, le métaphysicien inconscient qui ne veut pas sacrifier l'idéal à la réalité. Ce combat, qui nous permet parfois de surprendre des inconséquences, des fluctuations de pensée (dont s'affranchissent facilement les esprits étroits), ce combat était au contraire ce qui rendait pour les philosophes les livres de Claude Bernard si intéressants et si vivants. Ceux qui ont cru qu'il faisait au spiritualisme des concessions de convenance, des politesses académiques, ne comprennent guère la dignité du savant, et méconnaissent le trait éminent du génie de Claude Bernard, qui était la sincérité même. Il ne mettait pas tout d'accord, parce que personne ne met tout d'accord; mais jamais il n'a joué avec sa pensée : c'est du moins la profonde conviction que nous avons retirée de la lecture de ses livres comme du commerce de sa personne. Sans être philosophe, il aimait à philosopher ; il avait le goût des pensées hautes, mais sans hauteur, sans morgue, sans planer au-dessus des têtes, enfin avec une simplicité pleine de charme. Je retrouve tous ces caractères dans son dernier livre : on l'entend lui-même dans tout l'abandon de son génie.

Le livre de M. E. Chauffard [1] sur la *Vie* semble une réponse au livre de M. Claude Bernard, quoiqu'il y ait peut-être, dans le fond, moins de différence qu'on pourrait le croire au premier abord. M. Chauffard est vitaliste; M. Claude Bernard est organiciste : quoi de plus opposé que ces deux conceptions ? Mais si l'on remarque d'un côté que M. Chauffard admet que le principe vital n'agit que selon des conditions physico-chimiques; si l'on considère d'autre part que, suivant M. Claude Bernard, il y a dans tout organisme un élément irréductible aux lois physico-chimiques, on se demande sur quoi porte au juste le différend, si ce n'est que l'un appelle *force vitale* ce que l'autre appelle *idée directrice*, que l'un est surtout préoccupé des conditions physiques des phénomènes, et l'autre de leurs conditions métaphysiques : or, ces deux conceptions, à ne considérer que l'ensemble des choses, ne paraissent pas contradictoires. Quant aux dissidences plus particulières, par exemple relativement à la question thérapeutique, j'avoue que j'ai peine à saisir le point du débat : mais, avant de revenir sur ce point, résumons d'abord l'ensemble du livre de M. E. Chauffard, qui

[1]. Depuis cet article, M. Chauffard a disparu comme Claude Bernard lui-même : c'est une perte des plus regrettables pour la philosophie physiologique.

est un livre intéressant et agréable, bien écrit, quoique sur un ton peut-être un peu trop littéraire pour de pareilles matières : l'auteur, dans des articles publiés au *Correspondant*, a touché successivement à toutes les grandes questions qui s'agitent dans le domaine de la philosophie médicale, et même de la philosophie en général : ce sont ces articles qui réunis, suivant l'usage actuel, font un livre d'une suffisante unité et d'une assez grande diversité. L'auteur divise lui-même ses études en trois catégories. La première comprend celles qui ont un caractère dogmatique, et traitent *ex professo* des questions fondamentales de la biologie ; elles ont pour objet : le moi et l'unité vivante ; la spontanéité et le mouvement ; la finalité dans les êtres vivants ; la puissance génératrice dans l'âme et dans la vie. La seconde classe comprend des articles de critique biologique, écrits à l'occasion d'importants ouvrages scientifiques. Ce sont : l'âme et la vie ; les luttes actuelles de la philosophie et de la science ; de l'idée de vie dans la science contemporaine. Enfin la troisième contient quelques conclusions plus ou moins directes ou éloignées, telles que des vérités traditionnelles en médecine ; les sciences et l'ordre social.

Nous n'avons pas besoin de dire que les tendances générales de ces divers écrits nous sont

sympathiques, puisqu'elles relèvent de l'ordre
d'idées philosophiques auxquelles nous appartenons
nous-mêmes; nous nous contenterons d'indiquer
quelques-unes des difficultés qui, nous en convenons, viennent moins de l'auteur que de la nature
des problèmes.

Ainsi, nous admettons avec Claude Bernard qu'il
y a dans l'être vivant un dessin architectural et
morphologique attestant une cause intellectuelle
différente des actions matérielles qui se passent
dans les organes; mais si l'on va plus loin, si l'on
transforme cette idée en force, si on ne veut pas la
reléguer, comme font les animistes, dans un domaine
purement métaphysique, si enfin, comme le dit
M. Chauffard, on veut que la force vitale intervienne
directement dans les phénomènes vitaux, nous demandons qu'on désigne, qu'on circonscrive, qu'on
limite les phénomènes de ce genre, qu'on en fasse
l'énumération, que l'on nous dise en quoi ils sont
vitaux, et non mécaniques, physiques, chimiques;
et quand on l'aura fait, rien ne nous assurera qu'une
découverte nouvelle ne vienne demain réduire ces
phénomènes vitaux et les faire passer d'une classe
dans l'autre. De même, nous admettons, contre
M. Claude Bernard lui-même, que l'esprit humain
a bien le droit, quand il philosophe, de s'occuper
des causes premières et cachées; mais nous avons

peine à comprendre en quoi ces causes intéressent la thérapeutique ; car, puisqu'on ne peut agir que sur leurs manifestations phénoménales, il nous semble que l'on agira toujours de la même manière, qu'elles existent ou qu'elles n'existent pas en un mot, comme on l'a dit, on ne met pas de cataplasme sur la force vitale. Nous trouvons encore des difficultés dans un autre chapitre, qui est cependant des plus instructifs du livre, sur l'unité vivante. L'auteur s'arrête devant le problème qui a embarrassé les plus grands esprits et dont nous n'avons jamais rencontré une solution satisfaisante, à savoir le problème de la divisibilité de la vie dans les êtres inférieurs. Il prétend que « l'être vivant peut se diviser sans que la vie soit divisible. » Il y aurait, suivant lui, non pas division, mais multiplication. Nous admettons cette théorie pour les animaux supérieurs, où l'individu vivant est et reste tout entier après la génération, et produit un germe qui redevient bientôt un individu égal à lui-même ; mais dans les animaux inférieurs que l'on coupe en deux (comme les planaires), la tête d'un côté, la queue de l'autre, où la queue se refait une tête, et la tête se refait une queue, comment soutenir qu'il n'y a pas eu division ? Enfin, dans le problème de la spontanéité et du mouvement, l'auteur rencontre cette objection des physiologistes mécanistes : lorsqu'un objet frappe les organes des sens et y détermine un mouvement qui se communique au cerveau, que devient ce mouvement s'il ne se transforme pas en sensation? il faudrait donc admettre qu'il se détruit et se perd : ce qui est contraire à toutes les lois de la physique et de la mécanique. M. Chauffard répond que le mouvement ne se perd pas, mais que, « parti du monde extérieur, il lui est restitué sous forme de chaleur et de matériaux organiques combinés ». Nous admettons cette réponse, et pour nous l'idée d'un mouvement qui se transforme en sensation est un pur non-sens. Mais là n'est pas pour nous la vraie difficulté : elle est dans l'origine du nouveau mouvement, non plus centripète, mais centrifuge, qui repart du cerveau pour aller, à travers les nerfs moteurs, exciter les muscles et déterminer le mouvement externe, c'est ce dernier mouvement qui paraît naître *ex nihilo* s'il n'est pas la transformation d'un mouvement antérieur, et s'il est une transformation de ce genre, que devient la volonté? Est-il permis de faire intervenir dans la série des mouvements mécaniques une cause extra-physique qui agirait à la manière d'une cause physique? Tel est le problème dont il nous semble que M. Chauffard ne donne pas la solution. Disons, pour terminer, que c'est l'inconvénient de ces travaux écrits pour le grand public, que les difficultés précises ne peuvent pas être abordées avec tous les développements techniques que les solutions exigeraient. Nous avons, pour notre part, éprouvé trop souvent le sentiment de cette difficulté pour en faire de grands reproches à l'auteur. La compensation, c'est que la science, par ses côtés élevés et philosophiques, entre dans la culture générale et ne peut manquer d'en élever le niveau.

La science aujourd'hui n'admet pas que rien échappe à son domaine : pour elle il n'y a plus d'accident, il n'y a plus d'exception, il n'y a plus d'anomalies ; pour elle, les exceptions ont leurs règles, les anomalies ont leurs lois. C'est ainsi que les monstres, considérés pendant si longtemps comme des jeux de la nature, *lusus naturæ*, ont été classés en genres et en espèces, tout comme les êtres normaux, par les deux Geoffroy Saint-Hilaire, fondateurs de la tératologie. Mais aujourd'hui la science, plus hardie encore, ne se contente plus de décrire et de classer : elle prétend découvrir les causes des monstruosités, et pour cela elle emploie la méthode expérimentale : elle choisit et prépare les circonstances perturbatrices qui modifient l'évolution naturelle des germes ; elle provoque la naissance des monstres ; en un mot, elle fait des monstres. La *tératologie* devient *téra-*

togénie. Tel est l'objet du beau livre de M. Camille Dareste sur la *Tératogénie expérimentale* qui vient d'obtenir le grand prix de physiologie à l'Académie des sciences, et dont l'introduction seule intéresse la philosophie, mais l'intéresse à un haut degré. Cette introduction nous donne ce que l'on peut appeler l'histoire philosophique de la question des monstres. L'auteur, qui a autant d'érudition que de science, a exposé cette histoire avec une netteté supérieure et de ce style sévère et lumineux qui est le vrai style scientifique.

Un autre livre, qui touche encore de plus près que le précédent à nos études, est l'ouvrage de M. de Quatrefages sur l'*Espèce humaine*, ouvrage qui se recommande d'ailleurs à nous par un succès bien rare pour les écrits de ce genre, puisque en moins d'un an il est arrivé à sa quatrième édition. Il mérite hautement ce succès, non seulement par les connaissances profondes et précises dont il témoigne, mais surtout par le ton de l'auteur et par le caractère vraiment scientifique de la discussion. Il y montre une sérénité, une impartialité et une sincérité qui commandent l'estime, en même temps que l'intérêt et la clarté de l'exposition commandent l'attention en présence du principe supérieur qui les anime.

Terminons enfin en signalant un dernier écrit

qui se rattache encore aux questions précédentes, les *Enchaînements du monde animal*, par M. Albert Gaudry : ce livre au reste est d'une nature presque exclusivement technique et ne touche qu'avec une extrême discrétion aux problèmes philosophiques. Il est consacré à montrer que plus on fouille les archives géologiques, plus on trouve de « parenté » entre les espèces. Sans doute la parenté n'est pas la paternité : mais c'est déjà beaucoup de diminuer les intervalles. L'auteur pense en outre que l'idée de genre doit prédominer de plus en plus sur l'idée d'espèce. Il rapproche, comme on l'a déjà fait souvent, le conflit actuel sur les espèces, du grand combat du moyen âge entre le réalisme et le nominalisme ; mais, selon lui, ce seraient les partisans exclusifs de l'espèce qui sont les nominalistes, et les adversaires de l'espèce seraient au contraire les réalistes, puisqu'ils tendent à confondre l'espèce dans le genre, le genre dans l'ordre, et ainsi de suite. La réalité serait donc en raison de la généralité. Mais on peut demander si les transformistes de nos jours accordent plus de réalité au genre qu'à l'espèce, et si leur philosophie n'est pas plutôt un phénoménisme universel, qu'un véritable idéalisme : question que nous nous contentons d'indiquer sans vouloir la résoudre. Qu'il nous suffise d'avoir montré par les exemples précédents empruntés, on l'a vu, aux premiers savants de notre temps, que la science vient de toutes parts aujourd'hui rejoindre la philosophie, et combien elle peut lui prêter en même temps qu'en recevoir des lumières.

XXI

M. BRÉAL. — M. JOLY. — M. ESPINAS

16 août 1878.

Si la physiologie se rapproche de la philosophie, au point que quelques-uns confondent l'une avec l'autre, il est une autre science qui s'en rapproche plus encore, c'est la philologie. Le corps organisé n'est que la demeure de la pensée ; mais le langage en est le vêtement, vêtement inséparable : car on ne sait ce que c'est qu'une pensée sans mots ; et un mot sans pensée n'est plus qu'un son et non un mot. On peut étudier le corps sans l'âme, mais on ne peut étudier le langage sans la pensée ; car les lois mêmes de l'altération phonétique tiennent encore aux lois de l'habitude et de la sensibilité.

Nous compterons donc parmi les ouvrages les plus instructifs pour nous, et comme un passage de la physiologie à la psychologie, les *Mélanges de mythologie et de linguistique,* de M. Michel Bréal: c'est un recueil, mais un recueil de morceaux excellents qui nous mettent au courant de tout ce qu'il y a de plus neuf dans la science mythologique et dans la science philologique. M. Bréal est un esprit d'une merveilleuse netteté, qui unit la précision à l'élégance, la simplicité à la force. Il est de ceux qui trouvent que tout n'est pas pour le mieux dans nos études classiques: cependant il est lui-même un exemple de ce que font ces études: et je me demande si les méthodes qu'il préfère et qu'il voudrait introduire parmi nous seraient capables de produire un esprit aussi bien fait que le sien. Parmi les divers chapitres de son livre qui intéressent tous plus ou moins la philosophie, j'en signalerai trois surtout dont les psychologues peuvent faire leur profit, même dans l'enseignement élémentaire: le premier; sur la forme et la fonction des mots; le second, sur les idées latentes dans le langage; le troisième sur les racines indo-européennes. Dans le premier, l'auteur affirme précisément ce que nous disions tout à l'heure, à savoir qu'il ne faut pas séparer le mot de sa signification, que l'on a un peu trop considéré dans le mot le son plutôt que le sens; que ce qui paraît une décadence dans la transformation matérielle des mots est souvent un progrès, si l'on considère la pensée dont le mot n'est que l'enveloppe. Dans le second de ces essais, M. Bréal apporte son contingent de faits à la questions des phénomènes inconscients qui prend une importance de plus en plus grande dans la psychologie moderne. Dans le troisième il discute, à l'aide de faits philologiques, et, avec une grande force, l'opinion de Max Muller que l'esprit humain commence par des idées générales.

Cette opinion, qui n'est pas sans autorité en psychologie, repose sur la confusion de l'indéterminé et du général. Ce qui est vrai, c'est que l'homme ne commence pas par l'individuel, c'est-à-dire par le déterminé; mais l'opposé de l'individuel n'est pas nécessairement le général, et peut être un état confus et indistinct, qui est en effet le caractère primitif de nos sensations. L'espace nous manque pour parler des études de mythologie que contient le même ouvrage. L'auteur paraît avoir adopté la théorie ingénieuse mais paradoxale de Max Muller, à savoir que les mythes religieux ne sont que des métaphores, où l'on passe progressivement du sens figuré au sens propre. Il y aurait là à étudier des vues de la plus haute importance pour la genèse des idées religieuses, mais cette importance même ne nous permet pas de les effleurer.

Si nous nous tournons maintenant du côté de la philosophie proprement dite, nous trouverons deux ouvrages qui se rencontrent à peu près sur le même terrain d'études, et qui sont diversement, mais également distingués, qui enfin, inspirés par des tendances différentes, font l'un et l'autre honneur à la philosophie universitaire : l'un est le livre de M. Joly, intitulé *l'Homme et l'Animal*[1]; l'autre le livre de M. Espinas sur les *Sociétés animales*[2].

Le premier de ces ouvrages relève de l'ordre d'idées que l'on appelle spiritualistes; le second appartient plutôt aux écoles nouvelles et indépendantes. On reconnaît dans le premier l'influence frappante de Maine de Biran, et dans le second l'influence d'Auguste Comte; mais le premier n'a rien d'exclusif et fait volontiers les plus larges concessions, ouvert à tout ce qu'il y a de bon et de solide dans les recherches nouvelles; et le second, tout en marchant très hardiment dans sa pensée, fait cependant des efforts pour lui fixer

---

1. Ce livre est un mémoire couronné par l'Académie des sciences morales et politiques sur la question de la psychologie animale.

2. Thèse présentée à la Faculté des lettres de Paris.

des limites, et pour ne pas franchir les bornes que l'expérience et la raison imposent à tout homme éclairé.

Au fond, il y a deux sortes de philosophies, parce qu'il y a deux sortes d'esprits : ceux qui recherchent les ressemblances et ceux qui recherchent les différences. Ces deux sortes de philosophies ont l'air d'être très opposées, mais elles ne le sont pas autant qu'elles en ont l'air. Le dialogue qu'elles ont entre elles est de ceux où l'on ne se répond pas l'un à l'autre. L'une dit : Je ne nie pas les ressemblances ; mais voyez quelles différences ! L'autre dit : Je ne nie pas les différences ; mais voyez les ressemblances ! Les uns raisonnent comme si leurs adversaires n'admettaient aucune ressemblance ; et ceux-ci comme si les premiers n'admettaient aucune différence : de sorte que ce qui n'est qu'une question de précision et de mesure devient une question de tendance un peu stérile. Où est le philosophe, si ami des bêtes qu'on le suppose, qui ne reconnaisse qu'un chien n'est pas un homme? Réciproquement, où est le philosophe, si idéaliste qu'il soit (excepté Descartes ; et encore a-t-il bien soutenu l'automatisme dans le sens où on le dit?), qui nie qu'il n'y ait quelque chose de commun entre l'homme et l'animal? Autrement comment l'un ferait-il de l'autre sa société? Il y a entre l'homme et l'animal des analogies : tout le monde l'accorde, et personne ne peut demander plus. « L'animal est l'analogue de l'homme, a-t-on dit, il n'est pas son semblable. » Ce mot résume tout ce qui peut être dit sur la question, et il doit mettre tout le monde d'accord.

M. H. Joly appartient à l'école des différences ; c'est son droit, et je voudrais bien que l'on m'expliquât en quoi l'une serait moins philosophique que l'autre. Le différent est aussi essentiel que le semblable à la production de la pensée. Supposez une unité homogène, uniforme, indistincte : que pourriez-vous penser? Si l'univers était d'une seule couleur, bleu ou rouge, nous ne verrions pas plus que si tout était noir. Or, si nous réfléchissons sur l'idée du différent, nous verrons qu'il suppose toujours quelque intervalle : or, qu'importe que l'intervalle soit petit ou grand? N'est-ce pas une pure illusion d'optique de croire qu'un petit intervalle est plus facile à comprendre qu'un grand? Irons-nous nous perdre dans les abîmes du continu ou du discontinu? Mais c'est de la métaphysique, et nous sommes dans la psychologie expérimentale. A ce point de vue, le livre de M. H. Joly est très instructif. Il développe avec une grande abondance de raisons et de faits la théorie leibnizienne, que l'animal n'est capable que de *consécutions*, mais non pas de pensées proprement dites. L'animal ne pense pas, parce qu'il ne généralise pas et qu'il ne réfléchit pas. Généraliser, c'est-à-dire trouver l'un dans le multiple, l'ordre dans la succession, le tout dans les parties; réfléchir, c'est-à-dire revenir sur soi-même, se dédoubler, opposer le moi au non-moi; — et comme conséquence de ces deux opérations, parler, c'est-à-dire transmettre par des signes une pensée universelle, objective, désintéressée, voilà le trait caractéristique qui manque à la nature animale. Quand même, ajouterons-nous pour notre part, on rencontrerait dans les animaux élevés un germe obscur de ces facultés supérieures, ce germe a pris dans l'espèce humaine un développement si prodigieux, que la différence de degré y est absolument la même chose que serait une différence de nature, et si nous avions quelque critique à faire à l'auteur, ce serait d'avoir paru trop craindre que l'on n'abusât des concessions qu'il eût pu faire en accordant un peu plus de similitude qu'il ne fait. Par exemple, il tient à ne voir dans l'animal que de l'instinct et rien autre chose que de l'instinct; mais il est obligé d'accorder que cet instinct n'est pas immobile, n'est pas absolument uniforme, qu'il s'accommode aux circonstances, qu'il se modifie et peut se perfectionner : n'est-ce pas là quelque chose de très semblable à ce que nous appelons intelligence? Faut-il réformer la langue et se refuser à dire que le chien et l'éléphant sont des animaux intelligents? que tel individu, dans ces espèces, est plus intelligent que tel autre? Ce sont là pour nous des scrupules excessifs. Que l'on réserve à l'homme la raison, la réflexion et la moralité, je le veux bien : mais que l'on accorde à l'animal un commencement de raisonnement, un commencement d'induction et de comparaison, de pensée même ; je ne crois pas que ce soit aller au delà de la vérité.

Ce n'est là après tout qu'une dispute de mots : nous ferons à l'auteur une autre critique un peu plus sérieuse. Nous lui reprocherons une lacune regrettable qui ôte de la force à sa démonstration. Ceux qui tendent à rapprocher le plus possible l'homme de l'animal ont pour cela deux sortes d'arguments. D'une part, ils étudient les facultés des animaux supérieurs et ils essayent de les relever de plus en plus, afin de diminuer la distance de ce côté ; puis, passant à l'étude de l'homme, ils étudient les facultés humaines dans les races inférieures, et là ils font effort pour rabaisser le plus possible la portée et la valeur de ces facultés, afin de diminuer également la distance de ce côté.

Or, ce point de vue de la question était très nécessaire à considérer. Ce qu'on objecte en effet aux philosophes idéalistes, c'est de prendre pour type de leur comparaison le philosophe et non pas l'homme, tout au plus l'homme européen, c'est-à-dire l'homme perfectible, capable de science, d'art, de haute moralité. On se demandera si le critérium que l'auteur a appliqué à l'animal pour le distinguer de l'homme, ne s'appliquerait pas aussi à l'Australien, au nègre, au Hottentot, etc. M. H. Joly ne s'est pas prémuni contre cette objection. Quand il parle de l'animal, ce sont bien les animaux tels qu'ils sont qu'il a devant les yeux; mais lorsqu'il passe à l'homme, ce ne sont pas les hommes réels qu'il nous décrit : c'est l'homme abstrait, l'homme philosophe, celui qui dit : *Cogito, ergo sum*. Or, un tel homme est-il l'humanité ? On peut en douter. Nous croyons que M. Joly n'a nullement oublié cette partie de la question, et qu'il se réserve de la traiter dans un autre ouvrage; mais il aurait dû au moins la mentionner dans celui-ci et faire ses réserves sur la difficulté qu'elle soulevait. En résumé, le livre de M. Joly est un livre d'un sérieux mérite et qui enrichira notre littérature psychologique : une ample connaissance des faits, l'art de les discuter, une exposition naturelle et aisée, un effort louable de ramener la notion vague de l'instinct à quelque chose de précis et de scientifique, tels sont les mérites de ce savant ouvrage qui en appelle un autre pour justifier le titre général de *Psychologie comparée*, que l'auteur a mis en tête de son livre.

En passant du livre de M. H. Joly à celui de M. Espinas, il nous serait facile d'user de ce jeu de bascule si commode dans la critique philosophique, qui consiste à reprocher à l'un juste l'inverse de ce que l'on reproche à l'autre, tout en se dispensant de dire ce qu'il faudrait faire pour trouver le vrai milieu : nous n'aurons pas recours à ce procédé, car la question des rapports de l'homme et de l'animal est tout à fait secondaire dans l'ouvrage de M. Espinas. Il traite d'un problème tout différent ; celui de la société des animaux et du principe qui lui sert de fondement.

Ce sujet est vraiment neuf; non seulement les philosophes, mais encore les zoologistes n'avaient jamais à notre connaissance fait une étude spéciale des sociétés animales. C'est tout au plus si quelques notions éparses, dans Aristote, dans Buffon, dans Ch. Bonnet ou dans les naturalistes de nos jours, sont consacrées à ce sujet. M. Espinas a le mérite incontestable d'avoir rassemblé un nombre considérable de faits, et surtout de les avoir classés, groupés, étagés d'une manière philosophique. Il commence par les sociétés apparentes et purement extérieures, qui ne sont sociétés qu'accidentellement : ce sont le parasitisme, le communisme et la domestication. Il passe ensuite aux sociétés normales, c'est-à-dire à celles dont le concours est réciproque et dont les membres ne peuvent, à la rigueur, exister les uns sans les autres. Il distingue les sociétés de nutrition des sociétés de reproduction. Parmi les premières, il distingue celles qui ont une communication vasculaire (comme les polypes et les vers), et celles qui n'en ont pas (comme les infusoires). Viennent ensuite les sociétés de reproduction ; et d'abord les sociétés conjugales ; puis le rôle des mères, et celui des mâles, la monogamie et la polygamie ; et enfin la famille à tous ses points de vue. De là, l'auteur s'élève jusqu'à la vie de relation, jusqu'à la peuplade. Il traite des réunions accidentelles involontaires ; des réunions volontaires momentanées ; des réunions volontaires durables ; des migrations, du langage, des industries collectives. On voit quelle masse de faits l'auteur a dû rassembler : sans être un zoologiste de profession, ses connaissances sont des plus étendues ; son plan est méthodique, et ses descriptions intéressantes.

Néanmoins, là n'est pas le principal intérêt de

cet ouvrage : il est dans la théorie philosophique qui couronne l'ensemble et qui en est en quelque sorte la résultante, et ici nous devons passer de l'éloge à la critique. Rien de mieux sans doute pour les philosophes que de se tenir au courant des sciences, de s'en pénétrer, d'en posséder la langue, les principes et d'en connaître les faits. C'est là un enrichissement pour la philosophie ; mais il nous semble que la philosophie doit aussi exister pour elle-même : elle aussi elle a ses principes, sa langue, ses données propres. Les faits scientifiques ne doivent lui servir que de matériaux : elle doit aborder les problèmes en eux-mêmes, et par ses propres méthodes. Or, dans le livre des *Sociétés animales*, les faits physiologiques et zoologiques débordent et remplissent à peu près tout l'ouvrage : la pensée philosophique est noyée dans le torrent ; elle n'arrive, sous sa forme propre, que dans les dernières pages, à titre de conclusion ; en un mot, dans le livre de M. Espinas, le philosophe est quelque peu masqué par le naturaliste. Or c'est là un défaut assez grave : pour parler en naturaliste, il faut l'être tout à fait. Si instruit que soit l'auteur, pour les philosophes, il ne peut l'être que d'une manière encore insuffisante pour les naturalistes. Les savants sont assez jaloux : ils n'aiment pas beaucoup qu'on mette le pied sur leur domaine quand on n'en est pas. La philosophie, de son côté, ne doit pas être la servante de la science : elle doit parler en son propre nom et en vertu de son propre droit.

Ces observations sont ici d'autant plus à leur place que, dans le livre de M. Espinas, il s'agit au fond d'une théorie essentiellement philosophique, dans laquelle les doctrines de la philosophie tout entière sont engagées : à savoir d'une théorie de la conscience. S'il y a une théorie qui appartienne en propre à la philosophie, c'est bien celle-là : cependant l'auteur ne l'aborde que par le côté objectif, et en quelque sorte par le dehors. En le lisant, on ne se douterait pas que de puissantes écoles, les plus considérables d'entre les modernes, se sont fondées sur l'analyse du sujet pensant. Ces écoles n'eussent jamais existé que l'auteur ne s'exprimerait pas autrement qu'il s'exprime : cette omission absolue du point de vue subjectif, qui est commun à Descartes, à Locke, à Berkley, à Kant, à Reid, à Biran, une telle omission n'est-elle pas l'abdication absolue de la philosophie ? Mais, pour justifier cette critique, nous devons résumer la pensée dominante de l'auteur.

S'il y a un résultat qui semble acquis par tous les travaux de la physiologie et de la zoologie modernes, c'est cette proposition : l'individu vivant est une collection, et, comme on l'a dit, « une colonie ». A part la cellule qui est l'atome organique, mais qui ne se présente jamais isolée, il n'y a pas à proprement parler d'individu, et l'on peut dire que tout individu est une société. Il semble que M. Espinas se soit inspiré de cette pensée, mais en la retournant en quelque sorte, et qu'il se soit dit : si l'individu est une société, réciproquement il est vrai de dire que la société est un individu. On devra donc entendre au propre des expressions qui n'étaient prises qu'au figuré : ainsi, ce que nous appelons le corps social sera un véritable corps, un véritable organisme, comme le corps d'un animal ou d'un homme. La fable des membres, et l'estomac ne sera plus un apologue, mais la vérité littérale. Cela est évident pour le corps dont les parties sont unies entre elles, et forment un tout contigu, comme un polype, un ver de terre; mais cela sera vrai encore quand les parties seront séparées et paraîtront constituer des individus distincts; qu'importe en effet cette circonstance, si les individus sont aussi indispensables les uns aux autres, que le sont les organes dans l'individu vivant? Qu'importe, par exemple, que les sexes soient séparés ou réunis : sont-ils moins nécessaires l'un à l'autre, et le couple n'est-il pas un individu au même titre que l'hermaphrodite [1]. Demandera-t-on quel est le fondement qui fait ainsi d'une société un individu? Suivant l'auteur, c'est l'unité de conscience. On considère généralement la conscience comme une faculté individuelle ; c'est une erreur : il y a des consciences collectives; c'est là que nous trouvons la vraie définition de la société : « Une société est un être vivant qui se distingue des autres en ce qu'il est, avant tout, constitué par une conscience. Une société est une conscience vivante, un organisme d'idées. » L'auteur soutient la communication des consciences, l'accumulation des consciences, leur scissipartité : ce sont des monades qui, contre la pensée de Leibniz, ont des fenêtres ouvertes les unes sur les autres.

On voit que ces conclusions dépassent de beaucoup, par leur portée métaphysique, l'échafaudage zoologique qui les a suggérées : il ne s'agit de rien de moins que d'une théorie de l'individualité, sous le nom de société. Il semblait, d'après les derniers travaux de la science, qu'il n'y eût plus d'individu réel, et qu'on se perdît dans la divisibilité à l'infini. Il n'en est pas ainsi suivant notre auteur : l'individu

---

1. Les saint-simoniens étaient donc dans le vrai lorsqu'ils disaient que l'*individu social* n'était ni un homme ni une femme, pris séparément, mais le couple homme et femme.

véritable, c'est le corps social. Une telle théorie n'aurait-elle pas quelque danger, si on venait l'appliquer jusqu'à la société humaine? Ne contiendrait-elle pas en germe quelque chose de semblable à ce que l'on a appelé le socialisme? L'auteur serait en droit de récuser cette objection, puisqu'il ne se place qu'au point de vue des sociétés animales, et qu'il ne traite pas de la société humaine. Néanmoins, il y a là matière à réflexion; et en tout cas, cette perspective ne peut que nous servir à faire voir la portée des vues qui nous sont présentées ici. L'auteur aurait dû aussi, à ce qu'il nous semble, examiner en quoi l'unité sociale qui résulte de la coopération de tous les membres d'un groupe, se distingue de l'unité spécifique qui résulte de l'identité de forme entre tous les individus du même groupe, c'est-à-dire en quoi la *société* se distingue de l'*espèce*. De plus, étant philosophe, et non pas seulement physiologiste, il aurait dû chercher à nous expliquer en quoi sa conception de l'individu social se rapproche ou se distingue de la doctrine appelée au moyen âge le *réalisme* et qui fait consister précisément la substance réelle et effective, non dans l'individu, mais dans la collectivité. On voit à combien de questions philosophiques ardues et profondes l'auteur touche sans y pénétrer. Il nous semble que s'il avait allégé son travail d'une bonne partie de sa science zoologique en renvoyant aux ouvrages spéciaux, qui en traiteront toujours avec plus d'exactitude, il aurait pu accorder davantage à son propre objet, à savoir, à la philosophie de la question.

On pourrait encore s'entendre avec l'auteur sur le sens plus ou moins large, quoique bien excessif, qu'il accorde aux mots de corps, d'organisme, d'individu. On peut admettre, dans une certaine mesure, qu'une société est un corps, un organisme, un tout : car cela ne veut pas dire après tout beaucoup plus que ceci, à savoir, que la société est une société; et l'auteur a raison de chercher à écarter l'individualisme excessif de ceux qui ne voient dans une société qu'une juxtaposition d'individus réellement séparés. Mais l'auteur s'avance jusqu'à une théorie qui paraît inadmissible, à quelque point de vue qu'on se place, et aussi bien au point de vue matérialiste qu'au point de vue spiritualiste, lorsqu'il soutient que l'unité sociale est constituée par ce qu'il appelle une « conscience collective ». Il renverse toutes les données de la psychologie, en admettant qu'entre deux ou plusieurs individus séparés par l'espace et par le temps, il y a unité de conscience, et cela dans le sens propre du mot. Qu'une pareille théorie soit soutenue par un physiologiste, un zoologiste, un savant d'ordre quelconque qui n'emploie pas les mots psychologiques dans leur sens rigoureux, nous le comprenons ; mais qu'un philosophe élevé à l'école de Descartes, de Locke, de Condillac, de Kant, de Fichte, de Jouffroy, de Maine de Biran, de Stuart Mill ; un philosophe qui sait mieux que personne que le caractère propre de la conscience est l'impénétrabilité et l'incommunicabilité (si ce n'est par des signes externes), prenne le mot de conscience au sens métaphorique que lui donne le vulgaire, c'est-à-dire comme synonyme de la sympathie qui unit les divers membres d'un corps ou d'une société, c'est ce que nous avons peine à nous expliquer, si ce n'est par le fâcheux effet de l'influence positiviste, qui tend de plus en plus à noyer la philosophie dans les sciences, et à en faire disparaître le génie propre. Nous regrettons d'autant plus cette tendance dans l'ouvrage de M. Espinas, que nous sommes plus disposé à reconnaître que l'auteur est un esprit original et fin, quoiqu'un peu aigu, très apte à l'analyse philosophique. Système à part, son livre est remarquable par le groupement des faits et l'effort tout à fait neuf qu'il a tenté d'en découvrir les lois. L'exposition est excellente, d'une bonne manière, sévère sans sécheresse, et agréable sans fausse couleur ; en un mot, c'est l'estime même que nous faisons du talent de l'auteur qui nous rend d'autant plus sensibles les défauts que nous avons signalés.

Nous voudrions terminer en tirant de ce dernier exemple une petite moralité. Sans doute, il a été légitime, utile, nécessaire, de ramener la philosophie à l'étude des sciences. Nous avons toujours applaudi à ce mouvement ; et peut-être y avons-nous pour notre part quelque peu contribué. Mais il nous semble que le moment est venu où la philosophie doit songer à sa propre indépendance, qui est la garantie de son existence même. Elle a fait toutes les concessions nécessaires : elle a reconnu ses lacunes ; elle a cherché à les remplir ; elle s'est mise à l'école des savants (qui ne lui en ont pas toujours su beaucoup de gré). Il ne faudrait pas cependant aller trop loin en ce sens. La philosophie n'a pas cessé d'être la servante de la théologie, « *ancilla theologiæ* » , pour devenir la servante de la physique, de la chimie et de la physiologie. Sans cesser d'entretenir des relations cordiales avec les sciences, qu'elle revendique maintenant son droit d'exister pour elle-même et de croire en elle-même. Il y a parmi nous une jeune école qui ne nous paraît pas avoir le sentiment suffisamment juste du droit que la philosophie a d'exister comme science distincte. Nous engageons ceux qui inclinent un peu de ce côté à réfléchir à la situation inférieure et équivoque qu'ils préparent à leur science de prédilection en la réduisant à n'être autre chose que la partie douteuse, contestée et plus ou moins chimérique des sciences positives.

XXII

M. BOUSSINESQ

Un savant français, M. Boussinesq, professeur à la faculté des sciences de Lille, a exposé récemment une théorie nouvelle, empruntée à une connaissance profonde de la mécanique, sur la conciliation du déterminisme et de la liberté morale. Ces vues ont été exposées dans une note des *Comptes rendus de l'Académie des sciences*, et dans un article de la *Revue scientifique* [1] et enfin dans un grand mémoire intitulé *Conciliation du*

---

[1]. Voyez les comptes rendus du 19 février 1877 (p. 362), et du 5 mars (p. 419) et la *Revue scientifique*, de M. Alglave, 12 avril 1877 (p. 981). Le travail de M. Boussinesq a été aussi l'objet d'une communication à l'Académie des sciences morales et politiques

véritable déterminisme mécanique avec la vie et la liberté morale. Comme ce genre de questions a été très étudié dans ces derniers temps, nous pensons qu'il pourra être intéressant pour les lecteurs qui s'occupent de philosophie, de connaître la théorie originale dont nous venons de parler. Nous demandons seulement quelque indulgence pour les développements un peu arides dans lesquels nous sommes obligé d'entrer.

Si nous disions que le savant dont nous parlons a voulu démontrer le libre arbitre par les mathématiques, nous craindrions de jeter une défaveur imméritée sur un travail très sérieux qui n'a rien de commun avec la métaphysique de fantaisie. S'il est généralement déraisonnable de vouloir démontrer par les sciences exactes les vérités morales qui sont d'un tout autre ordre, il n'est pas déraisonnable, il est au contraire très légitime et même nécessaire de chercher à écarter par les mathématiques les objections et les difficultés qui peuvent naître des mathématiques elles-mêmes. Or si l'on considère que la liberté humaine produit du mouvement dans le monde extérieur, et s'applique même immédiatement aux mouvements de notre propre corps, puisque le type généralement présenté de l'acte libre est celui-ci : je veux mouvoir mon bras et je le meus ; — si l'on considère d'un autre côté que le mouvement est un phénomène soumis à des lois mathématiques qui sont l'objet d'une science appelée *mécanique*, on comprendra que la liberté morale puisse se trouver en conflit avec les lois mathématiques du mouvement, et qu'il puisse naître de la mécanique des difficultés spéciales que la mécanique seule puisse lever. Tel est précisément l'objet du travail de M. Boussinesq ; mais pour bien comprendre, il faut remonter plus haut.

Descartes, en fondant, comme il le dit lui-même, la physique « sur l'idée des perfections divines » était parti de cette pensée que Dieu étant immuable, a dû mettre dans le monde quelque chose de son immutabilité, et il en avait conclu qu'il y a une « quantité permanente » dans l'univers, et que cette quantité est la *quantité de mouvement :* c'est-à-dire que la somme des mouvements qui est dans l'univers est constante, qu'elle ne peut être ni augmentée ni diminuée ; d'où il suit que la volonté humaine ne peut pas créer de mouvement; d'où il suivrait encore, à ce qu'il semble, que la volonté ne pourrait pas mouvoir le corps, si Descartes ne corrigeait pas cette conséquence excessive en disant, que la volonté, sans avoir la puissance de créer le mouvement a la puissance de le diriger : diriger le mouvement ce n'est pas la même chose que le produire, ce n'est que le déplacer, c'est en détruire une portion, de telle sorte que le mouvement se reproduise ailleurs, et que la somme reste constante. L'action de la volonté sur le corps et la possibilité des mouvements volontaires étaient donc sauvegardées.

Mais bientôt Leibniz en modifiant la formule de Descartes, et en creusant plus avant le principe de la conservation d'une certaine quantité dans l'univers, avait dû écarter la distinction précédente entre la production et la direction du mouvement. Oui, disait-il, il y a une quantité constante dans l'univers ; mais cette quantité n'est pas la quantité de mouvement, c'est la *quantité de force.* Tout mouvement résulte d'une force, et l'homme ne peut pas plus produire de force que produire de mouvement. La quantité de force dans l'univers ne peut être ni augmentée, ni diminuée. D'où il suit que l'homme ne peut pas plus diriger le mouvement que le créer ; car diriger le mouvement c'est détourner un mouvement donné d'une direction antérieure ; mais en vertu des lois de l'inertie, le corps ne peut être détourné de sa direction que par une cause nouvelle, et une cause adéquate : il faut donc une nouvelle force pour détourner le sens du mouvement, pour le diriger. Que l'on ne dise pas : cette force qui dirigera le mouvement, c'est celle de l'âme elle-même. Non ; car il ne s'agit pas ici de la force au sens métaphysique et intellectuel ; il s'agit d'une force mécanique évaluable au dynamomètre et exprimée par une quantité mathématique dont la formule est $m v^2$, c'est-à-dire le produit de la masse par le carré de la vitesse [1] ; c'est cette quantité qui est constante dans l'univers et qui doit se retrouver à travers toutes les transformations. Or l'âme ne pouvait elle-même être considérée comme force dans ce sens qu'à la condition d'être un agent mécanique, d'entrer dans l'engrenage des forces physiques, de n'être elle-même qu'un moment de la transformation universelle de la force dynamique de la nature : or, c'est cela même que prétend le déterminisme. Quant à savoir si l'âme peut agir autrement, c'est précisément la question.

La doctrine de la conservation de la force, établie théoriquement par Leibniz, démontrée mathématiquement par Huyghens, est devenue de nos jours une vérité expérimentale de premier

[1]. On prend généralement aujourd'hui le travail de la force, au lieu de la force elle-même, et c'est alors la moitié de la quantité précédente On a substitué aussi à la notion de force qui paraît vague, la notion d'*énergie*, qui serait plus scientifique : mais c'est toujours le même principe. Voir le livre de M. Batfour Steivart sur *la Conservation de l'énergie* dans la *Bibliothèque scientifique internationale*.

ordre, par suite de la découverte de la théorie mécanique de la chaleur. Il a été démontré par l'expérience, et toute une science nouvelle s'en est suivie, que la quantité du travail détruite dans une machine, correspond constamment à une quantité de chaleur produite. La chaleur prend donc la place du mouvement ; bien plus elle est elle-même un mouvement et elle est soumise aux lois de la mécanique. Grâce à elle toute une portion de la force mécanique de l'univers, que l'on pourrait croire dissipée et perdue, puisqu'elle ne se retrouvait pas en mouvements visibles, se retrouve maintenant en mouvements insensibles qui agissent sur nos sens en tant que chaleur. Le grand principe de la persistance de la force était donc universellement confirmé. D'un autre côté, Lavoisier avait démontré en fondant la chimie moderne, que dans toutes les transformations du corps, la quantité de masse ou de matière restait toujours la même. Ainsi, même quantité de matière, même quantité de force, telle est la double loi fondamentale qui régit l'univers. Le fameux *nihil ex nihilo* n'est plus un axiome métaphysique ; il est devenu une vérité palpable, positive, base de la science et de l'industrie, fondement de toutes les inductions et de toutes les opérations que nous formons sur la nature.

Ainsi l'univers est une vaste machine, dont toutes les opérations sont soumises à la mécanique, dont les mouvements sont déterminés par les mouvements antérieurs ; tous, même les mouvements appelés volontaires, sont écrits d'avance d'une manière infaillible, à ce qu'il semble, dans les premiers mouvements qu'a reçus la nature à son origine. Dans ce vaste engrenage, soumis à une fatalité inflexible, que devient la volonté humaine ?

Il semble que nous soyons réduits à ce dilemme ; ou la volonté est absolument impuissante, ou elle ne peut agir qu'en faisant partie elle-même du système, c'est-à-dire à titre de force mécanique, aveugle et fatale : mais alors c'en est fait de la liberté humaine.

Il y avait cependant une issue, que Leibniz avait aperçue avec une profonde sagacité ; là est l'origine d'une théorie qui a passé pour absolument chimérique, parce qu'on ne faisait pas assez d'attention aux motifs profonds qui l'avaient suggérée : c'est la doctrine de l'*harmonie préétablie*. Que l'âme ne puisse ni produire le mouvement ni le diriger, c'est ce qui paraît résulter des considérations précédentes ; mais s'il n'y a pas d'action directe, il peut y avoir au moins correspondance. Pourquoi la cause première n'aurait-elle pas calculé la série des mouvements de l'univers, de telle façon qu'à un moment donné, tel mouvement correspondît à telle volition ? et réciproquement, pourquoi Dieu n'aurait-il pas disposé dans les âmes une loi interne de développement telle, qu'à tels mouvements extérieurs correspondraient d'une manière constante telles et telles sensations? L'acte volontaire serait tout interne et n'aurait besoin d'aucune force mécanique pour agir au dehors. Ce seraient les lois de la mécanique elles-mêmes qui auraient été prédéterminées pour servir à nos volontés. Dans cette hypothèse l'absolu mécanisme ne serait pas en contradiction avec la volonté libre. Il est vrai que dans Leibniz l'hypothèse de l'harmonie préétablie ne sauvait pas la liberté, parce qu'il admettait encore un déterminisme interne dans les âmes, en outre du déterminisme externe dont nous venons de parler; mais c'est un autre ordre d'idées et nous n'avons pas à nous en occuper ici.

Ainsi l'harmonie préétablie peut affranchir la liberté des liens de la mécanique : cela est certain ; mais à quel prix ? au prix des affirmations les plus exorbitantes, et des conséquences les plus étranges. D'abord cette hypothèse contredit non seulement le sens commun, mais encore le sens intime, qui semble bien nous attester de la manière la plus éclatante une action directe de la volonté sur nos organes. De plus, s'il est vrai, comme l'a dit Leibniz, que tout se passe dans les âmes comme s'il n'y avait pas de corps, et que tout se passe dans les corps comme s'il n'y avait pas d'âme, ne s'ensuit-il pas que tout l'univers des corps pourrait être soudainement détruit sans que nous nous en apercevions? Ainsi qu'il plaise à Dieu d'anéantir le monde, sauf une seule monade, cette monade persisterait à elle toute seule à être l'univers tout entier? Mais alors à quoi bon un univers? Et pourquoi supposer qu'il existe autre chose que cette monade unique? Réciproquement, qu'il plaise à Dieu d'anéantir les âmes en laissant subsister les corps, le cours de l'histoire n'en resterait pas moins tel qu'il doit être; et pour un observateur extérieur rien n'aurait changé. Voyez-vous ces révolutions, ces guerres, ces grandes entreprises politiques, ces luttes parlementaires, ces grands discours éloquents, tout cela accompli par des corps sans âme, par des automates sans vie et sans pensée! Une telle division du monde en deux portions si indépendantes l'une de l'autre, si séparées, si étrangères l'une à l'autre qu'elles ne peuvent pas s'assurer de leur existence respective, une telle hypothèse qui ressemble à un somnambulisme universel est-elle bien préférable au fatalisme lui-même? Et est-ce une garantie bien solide pour la morale que de la faire reposer sur les conceptions les plus extraordinaires de l'esprit humain?

Je ne rappellerai pas, pour ne pas trop étendre ces considérations préliminaires, les autres essais de conciliation qui ont été proposés par les métaphysiciens, et par exemple, la profonde distinction de Kant entre les phénomènes et les noumènes, les premiers seuls soumis au mécanisme, les seconds se confondant pour Kant avec les êtres libres eux-mêmes : le monde mécanique n'est que l'apparence, la liberté est le fond ; le premier est le produit de notre sensibilité, de notre imagination, le second est notre être même, notre essence même. Mais laissant de côté ces hypothèses métaphysiques, demandons-nous si du côté de la science elle-même, du côté de la mécanique, il n'y a pas lieu à entrevoir la possibilité d'une conciliation.

Un philosophe que la science a perdu récemment et qui était à la fois un savant, M. Cournot, avait émis une pensée importante, qui peut être considérée comme le point de départ du travail que nous avons sous les yeux. Il avait fait remarquer que l'homme peut, par son intelligence, en améliorant et en combinant de mieux en mieux les rouages d'une machine, atténuer indéfiniment la part de travail physique que cette machine doit exécuter pour produire un certain effet, et par un procédé de raisonnement familier aux mathématiciens, le procédé infinitésimal, il avait conclu que l'on pouvait concevoir comme possible un cas où ce travail serait rigoureusement nul : ce serait par exemple le cas des machines organisées, des organismes, où la force physique, purement mécanique, serait remplacée par ce que M. Cournot appelle le *pouvoir directeur*, pouvoir qui interviendrait et agirait, dit-il, « non pas à la manière des forces physiques, non en ajoutant son action aux leurs, ou en les neutralisant par une action contraire du même genre, mais en leur imprimant une direction appropriée. » C'était revenir, comme on le voit, au principe de Descartes, mais avec cette restriction qu'au lieu d'une direction rigoureusement mécanique, qui avait pu prêter aux objections de Leibniz, il s'agissait ici d'une direction d'un tout autre genre, et n'ayant rien de commun avec les forces de la mécanique.

Cette pensée de M. Cournot, dont l'esprit pénétrant et exigeant est connu de tous les philosophes, a été acceptée et reproduite, sous sa propre responsabilité, par un autre savant membre de l'Institut de France dans la section de mécanique, M. de Saint-Venant qui l'année dernière devant l'Académie des sciences, fort étonnée et peut-être peu charmée de se trouver inopinément transportée sur le terrain nuageux et flottant de la métaphysique, a lu une note curieuse insérée depuis dans les *Comptes rendus* sur *l'accord de la liberté morale avec les lois du mécanisme* [1]

M. Boussinesq résume ainsi lui-même le travail de M. de Saint-Venant. Celui-ci, « réduit, dit-il, dès l'abord l'effet mécanique de la volonté à un très-petit travail auquel il donne le nom de *travail décrochant*, parce qu'il le compare à celui de l'ouvrier qui tire le déclic (ou crochet) retenant élevé à plusieurs mètres un mouton destiné à enfoncer des pieux, ou à celui d'un homme qui presse la détente d'une arme chargée. Il montre ensuite qu'un perfectionnement de plus en plus grand du mécanisme permet de réduire indéfiniment ce travail; et il est d'avis que la nature, plus parfaite que l'art, peut bien avoir réussi à l'annuler tout à fait. Cela revient au fond à l'opinion de M. Claude Bernard qui admet l'influence d'un principe directeur, tout en lui refusant le pouvoir de créer aucune force, c'est-à-dire de modifier en quoi que ce soit les conditions physiques des mouvements. »

Nous devons dire, pour être complètement exact,

---

[1] Cette note de M. de Saint-Venant (15 mars 1877) a eu précisément pour occasion le travail de M. Boussinesq.

que la solution précédente n'a pas satisfait tous les savants. On a douté qu'il fût légitime de conclure d'un travail progressivement réduit à un travail rigoureusement nul : on s'est demandé si l'atténuation progressive du travail dans ce cas n'a pas eu pour cause le travail antérieur des ouvriers qui ont construit la machine, de l'ingénieur qui l'a dessinée, et même de l'intelligence et de la volonté de l'inventeur de la machine ; car on ne peut pas supposer sans pétition de principe, que ce ne sont pas là des forces mécaniques, puisque c'est cela même qui est en question.

Néanmoins ce serait déjà un grand point pour nous que des savants distingués et compétents, aussi versés que M. Cournot, M. de Saint-Venant, et aussi M. Boussinesq, dans toutes les difficultés de la mécanique, aient admis comme possible, comme n'impliquant pas contradiction, l'hypothèse d'un pouvoir non mécanique agissant sur la matière, sans addition ou soustraction de force mécanique, un pouvoir directeur, extra-physique ; je le répète, une telle hypothèse a déjà une valeur par elle-même ne fût-ce qu'à titre d'hypothèse ; et cette pensée fût-elle contestée par d'autres savants, il serait toujours permis aux philosophes, de les renvoyer les uns aux autres : mais on peut faire un pas de plus ; c'est ici qu'intervient le travail de M. Boussinesq, dont il n'a pas encore été question jusqu'ici, mais qu'il nous eût été impossible de comprendre et d'apprécier si nous n'avions résumé d'abord l'ordre d'idées dans lequel il vient se placer, et où il apporte un élément nouveau, une vue ingénieuse, qui peut faire comprendre l'hypothèse de MM. Cournot et Saint-Venant, et écarter l'apparence de paradoxe qu'on avait cru trouver dans leurs théories.

L'idée de M. Boussinesq consiste à utiliser au profit de la possibilité de la liberté morale, une théorie bien connue des géomètres, sous le nom de *solutions singulières* et qu'il appelle quelquefois le *paradoxe* de Poisson. D'après cette théorie, il y aurait, selon M. Boussinesq, des cas d'indétermination mécanique parfaite, c'est-à-dire des cas où un mobile, arrivé à un certain point, appelé par l'auteur *point de bifurcation*, pourrait indifféremment prendre deux directions différentes, tout en satisfaisant dans l'un comme dans l'autre cas, à l'équation mathématique. Il y aurait des cas, où un corps pourrait indifféremment ou rester en repos, ou monter ou descendre, sans que l'état précédent déterminât d'une manière nécessaire l'une de ces hypothèses, toutes les trois donnant satisfaction également à tous les principes de la mécanique, de telle sorte que pour déterminer l'une de ces trois hypothèses, nul travail nouveau ne serait nécessaire. On comprend que dans cette supposition une action extra-physique, extra-mécanique, pût être l'effet d'un pouvoir directeur. L'auteur compare ingénieusement la volonté à un ingénieur qui « chargé de construire un canal le long d'une ligne de faîte, peut de tous les points de ce *parcours singulier* distribuer à volonté l'eau du canal dans l'une ou dans l'autre des deux vallées adjacentes, sans avoir à la faire dévier de ses pentes naturelles. »

Il y aurait donc suivant M. Boussinesq, des cas (dans des conditions à la vérité très spéciales et qu'il serait aussi difficile de produire artificiellement même les plus simples, que de faire tenir une lame sur sa pointe mais qui sont théoriquement possibles,) il y aurait, dis-je, des cas, où l'état initial d'un système ne tracerait pas aux phénomènes des chemins complètement déterminés : ces chemins admettraient des bifurcations nombreuses, qui une fois données, se reproduiraient indéfiniment et permettraient ainsi l'existence continue d'un pouvoir directeur chargé à chaque instant de déterminer la direction. L'analyse ne peut démontrer ce théorème que sur des cas extrêmement simples et par exemple dans un système de deux atomes, et dans d'autres systèmes fictifs infiniment moins compliqués que ne le peut être le système d'un organisme vivant ; mais la nature a des ressources que ne connaît pas l'art ; et l'on peut supposer par analogie, qu'elle a réalisé par un calcul transcendant qui ne dépasse pas ses forces, des systèmes non pas de deux atomes, mais de milliards d'atomes dans lesquels une préparation préalable rendrait possibles des milliards de bifurcations. La flexibilité de la vie se concilierait ainsi avec la rigueur des lois mécaniques.

En un mot, ce que nous recueillons de la théorie précédente, c'est que les mathématiques n'excluent pas, et autorisent même à supposer dans certains cas, une sorte d'indétermination, et des cas de bifurcation, où la chiquenaude, pour décider le mobile dans un sens ou dans l'autre, pourrait être nulle, ou du moins décider l'effet à l'aide d'un travail nul, c'est-à-dire sans travail. Le physicien, le mécanicien qui observeront le résultat retrouveront toujours la quantité permanente dont ils ont besoin. Le pouvoir directeur n'entrerait pas dans le calcul, et son action n'aurait pas moins été réelle, quoique non évaluable au dynamomètre.

« On sait combien les géomètres du siècle dernier, dit M. Boussinesq, jugèrent surprenantes les intégrales singulières qui s'offrirent à leurs recherches et que l'analyse donnait en réponse à certaines questions de géométrie. Je ne crois pas me tromper en affirmant d'après ma propre expérience que le même étonnement se produit de nos jours encore chez les esprits réfléchis qui étudient pour la première fois le chapitre de l'analyse infinitésimale où il en est traité. Cet étonnement a pour cause la propriété mystérieuse et incontestable que possèdent, nous l'avons vu, les *solutions singulières*.

» On trouverait naturel qu'une propriété aussi extraordinaire eût signalé à l'attention les solutions dont il s'agit, comme propres à représenter ce qu'il y a de spontané, d'extra-physique ou de spécial dans les phénomènes de la vie. Ne semble-t-il pas qu'elle aurait dû presque immédiatement leur faire attribuer surtout pour rôle d'exprimer les conditions géométriques ou mécaniques si merveilleuses et vraiment singulières d'êtres doués de conscience, d'activité libre, au sein de l'immense monde inorganique, au milieu d'un réseau de lois paraissant régler toutes les variations infiniment petites des choses ?

» Personne cependant, à ma connaissance, n'avait émis jusqu'à présent cette idée, si simple, et en quelque sorte inévitable. Quoiqu'on n'ignorât pas que la nature ne laisse guère sans la réaliser quelque part des faits analytiques aussi étendus que ceux des solutions singulières, aucun géomètre ne paraît avoir cherché quel pouvait être dans le monde visible le domaine propre de ces solutions, leur champ d'application.

» Les solutions singulières ne seraient probablement pas restées sans application aux mouvements réels, on aurait tout au moins pressenti leur emploi, si les zoologistes s'étaient trouvés plus souvent mathématiciens, ou si les mécaniciens géomètres avaient pensé plus souvent à ce que pourraient bien être sous le rapport de leur science, ces curieux systèmes matériels qu'on appelle des êtres organisés.

» Je ne connais, continue l'auteur, que Poisson qui ait essayé de tirer parti en mécanique des solutions singulières. C'est dans son grand mémoire sur ces intégrales publié au tome VI (XIII cahier 1806 p. 100) du *Journal de l'École polytechnique*. Il n'a pas manqué de signaler la difficulté qu'elles font naître, au point de vue du déterminisme absolu. Mais ne pensant nullement aux phénomènes vitaux, il la regarde comme un paradoxe très digne d'exercer la sagacité des géomètres, et qu'il renonce lui-même à éclaircir, non sans y avoir sans doute travaillé[1]. »

1. Voici le passage de Poisson, qui est singulièrement

On voit par les citations précédentes que l'auteur du mémoire n'explique pas seulement par les solutions singulières la liberté morale, mais encore un ordre de faits beaucoup plus étendu, à savoir les faits organiques et vitaux. Il admet très nettement, avec la plupart des grands physiologistes ou chimistes de notre époque, qu'il n'y a pas de *force vitale* dans le sens propre que l'on a pu attacher à cette expression, c'est-à-dire d'une force spéciale, qui ferait contrepoids aux forces physico-chimiques et en neutraliserait l'action, une force qui suspendrait les affinités naturelles, ou en substituerait d'une autre nature. Non, suivant les paroles de M. Berthelot, que l'auteur accepte sans restriction, « les effets chimiques de la vie sont dus au jeu des forces chimiques ordinaires, au même titre que les effets physiques et mécaniques de la vie ont lieu suivant le jeu des forces purement physiques et mécaniques. Dans les deux cas, les forces molécu-

---

significatif : « Le mouvement dans l'espace d'un corps soumis à l'action d'une force donnée, et partant d'une position et d'une vitesse aussi données doit être absolument déterminé. C'est donc une sorte de *paradoxe* que les équations différentielles dont ce mouvement dépend puissent être satisfaites par plusieurs équations qui remplissent en outre les conditions initiales du mouvement. Il ne paraît pas qu'on ait remarqué cette difficulté sur laquelle il était bon d'appeler l'attention des géomètres. »

laires mises en œuvre sont les mêmes ; car elles donnent lieu aux mêmes effets. » Cependant ceux-là mêmes qui étendent le plus loin le principe précédent admettent encore d'une manière plus ou moins vague qu'il y a bien quelque autre chose, qui ne rentre pas dans la formule. Par exemple, Berzélius, tout en niant expressément l'hypothèse d'une force vitale chimique particulière dit que « le *principe inconnu* que nous appelons la vie prépare d'une manière à nous incompréhensible des conditions variées, qui servent au développement de l'affinité des éléments. » M. Claude Bernard entend quelque chose d'analogue lorsqu'il parle de « *forces directrices* qui sont morphologiquement vitales, tandis que les *forces exécutives* sont les mêmes que dans les corps bruts, » ou encore lorsqu'il dit : « Les phénomènes semblent dirigés par quelques conditions invisibles, dans la route qu'ils suivent, dans l'ordre qui les enchaîne... C'est cette puissance ou propriété évolutive qui constituerait le *quid proprius* de la vie. »

« Mon explication, dit à son tour M. Boussinesq, vient éclaircir la manière de voir de Berzélius et de Claude Bernard, qui tenant avec juste raison à ne sacrifier aucun des principes établis par l'expérience, même quand on ne parvient pas nettement à les concilier entre eux, ont admis dans les phénomènes matériels de la vie l'intervention d'un pouvoir directeur distinct sans lequel les forces physico-chimiques pouvaient bien produire dans des circonstances convenables les principes immédiats qui sont les matériaux de l'organisme, mais ne réussiraient pas à les grouper en cellules et en organes de formes déterminées.

» La présence ou l'absence de solutions singulières et de la flexibilité qu'elles permettent dans l'enchaînement des faits, continue l'auteur, paraît fournir un caractère géométrique propre à distinguer les mouvements essentiellement vitaux, ceux qui sont volontaires, des mouvements accomplis sous l'empire exclusif des lois physiques. Un être animé serait, par conséquent, celui dont les conditions de mouvement admettraient à des intervalles très rapprochés, ou même d'une manière continue, par l'indétermination qu'elles feraient naître, l'intervention d'un principe directeur spécial. Ce principe bien différent du principe vital des anciennes écoles, n'aurait à son service aucune force mécanique qui lui permît de lutter contre celles qu'il trouverait dans le monde : il profiterait seulement de leur insuffisance dans les cas singuliers considérés ici, pour influer sur la suite des phénomènes. Inconscient au début de l'existence individuelle et même toujours en ce qui concerne la vie végétative, mais d'autant plus docile à une loi supérieure ou extra-physique, qui nous est encore inconnue, il réaliserait à sa manière dans chaque animal, dans chaque plante un type spécifique héréditairement transmis, en employant à cet effet des matériaux communs empruntés au milieu minéral ou à d'autres organismes. Parvenu ensuite chez l'homme et les animaux supérieurs à un degré assez avancé de développement, et après avoir acquis des organes assez délicats, c'est-à-dire un système nerveux, il deviendrait sensible à certains rapports de ces organes avec le reste de son corps et avec le monde extérieur, s'éveillerait sous leur choc mutuel, et apprendrait alors à diriger sciemment la force physique pour la faire servir à l'accomplissement de desseins prémédités.

» Le jeu habituellement trop étroit des lois du mouvement l'empêcherait d'ailleurs de se manifester dans d'autres cas, c'est-à-dire chez les corps privés de vie : en sorte qu'il n'y aurait dans sa manière d'apparaître rien d'irrégulier, rien de fortuit. Tout en agissant avec le caractère de conscience ou d'inconscience, de liberté ou de nécessité qu'il présente chez les divers êtres vivants, il entrerait en exercice comme les forces physicochimiques elles-mêmes, dès que l'occasion lui serait offerte, ou que certaines conditions déterminées se trouveraient réalisées. Je n'ai pas besoin de faire observer que l'existence de ces conditions n'aurait nullement pour effet de dicter à la volonté son choix : leur réalisation la mettrait au contraire en pleine possession d'elle-même, en état de s'abstenir ou d'agir à sa guise. »

On se rend compte maintenant, je crois, à l'aide de ces citations, de la pensée fondamentale de M. Boussinesq. Nous regrettons que le caractère beaucoup trop spécial de son travail ne nous permette pas de suivre dans les démonstrations qu'il en donne, le développement de son principe. Contentons-nous de dire qu'il résume les phénomènes en deux classes. « L'une comprendra ceux où les lois mécaniques détermineront à elles seules la suite des états par lesquels passera le système, et où par conséquent les forces physico-chimiques ne laisseront aucun rôle disponible à des causes d'une autre nature. Dans la seconde classe se rangeront au contraire les mouvements qui admettront des solutions singulières, et dans lesquels il faudra qu'une cause distincte de forces physico-chimiques intervienne de temps en temps ou d'une manière continue, sans d'ailleurs apporter aucune part d'action mécanique mais simplement pour diriger le système à chaque bifurcation qui se présentera. »

Après avoir reproduit les conclusions de notre auteur, il nous reste à conclure à notre tour, et à résumer ce que la philosophie peut extraire d'intéressant dans le travail que nous venons d'analyser. Bien entendu, nous commençons par décliner toute compétence relativement aux théories mathématiques de l'auteur; elles relèvent du jugement des mathématiciens eux-mêmes ; mais ce qui est intéressant pour nous est de nous demander, en supposant à ces théories toute l'exactitude que la haute situation scientifique de l'auteur nous autorise à leur accorder, quel secours la philosophie pourrait en tirer ; c'est le point que nous voulons toucher brièvement en terminant.

Sans aucun doute personne ne le contestera, plutôt que de sacrifier la liberté morale au mécanisme mathématique ou encore plutôt que d'admettre une contradiction absolue entre l'ordre moral et l'ordre physique, en un mot plutôt que de sacrifier ou la morale d'une part ou la logique de l'autre, on se déciderait à admettre les hypothèses métaphysiques les plus contraires au sens commun. Mieux vaut mille fois l'harmonie préétablie, de Leibniz, l'idéalisme transcendantal de Kant que le fatalisme ou une antinomie insoluble. Mais il est évident aussi qu'il serait plus simple et plus satisfaisant pour l'esprit de trouver une conciliation qui s'accorderait avec le sens commun, et qui ne nous forcerait à nier ni l'action de l'âme sur le corps, ni la réalité du monde extérieur. Or c'est ce qui se pourrait, si on établissait que la science elle-même n'exclut pas une certaine indétermination phénoménale, en un mot qu'elle n'exclut pas, malgré la rigueur des lois mécaniques, une certaine contingence dans les phénomènes.

C'est ce que le bon sens instinctif de Voltaire semble avoir pressenti, malgré les inexactitudes manifestes de son langage, dans une note remarquable du *Poëme sur le tremblement de terre de Lisbonne*. Il combat la doctrine de la chaîne des êtres et des événements développée par Pope en vers magnifiques dans son poème sur l'homme.

« Tous les corps, dit Voltaire, ne sont pas nécessaires à l'ordre et à la conservation de l'univers ; et tous les événements ne sont pas essentiels à la série des événements. Une goutte d'eau, un grain de sable de plus ou de moins ne peuvent rien changer à la constitution générale. La nature n'est asservie, ni à aucune quantité précise, ni à aucune forme précise. Nulle planète ne se meut dans une courbe absolument régulière, nul être connu n'est d'une figure précisément mathématique ; nulle quantité précise n'est requise pour nulle opération... Il y a des événements qui ont des effets et d'autres qui n'en ont pas... Dans toute machine, il y a des effets nécessaires au mouvement, et d'autres indifférents qui sont la suite des premiers et qui ne produisent rien. Les roues d'un carrosse servent à le faire marcher; mais qu'elles fassent voler un peu plus ou un peu moins de poussière, le voyage se fait également... On ne peut donc assurer que l'homme soit nécessairement placé dans un des chaînons attachés l'un à l'autre par une suite non interrompue. *Tout est enchaîné* ne veut dire autre chose, sinon : *tout est arrangé.* Dieu est la cause et le maître de cet arrangement. Le Jupiter d'Homère était l'esclave des destins ; mais dans une philosophie plus épurée, Dieu est le maître des destins. »

Il est évident qu'il ne faut pas prendre au pied de la lettre les assertions précédentes. Autrement, comme l'a montré J.-J. Rousseau, dans une réponse savante d'une dialectique serrée à la note précédente, le lien de la cause et de l'effet serait rompu à chaque pas; et la prévision de l'avenir serait impossible. Bien loin de dire que la nature n'est asservie à aucune quantité précise, il faut dire que plus on pénètre dans les dernières profondeurs de la nature, plus on trouve qu'elle est asservie à des quantités précises. Mais si vous écartez ces inexactitudes évidentes, et ces à peu près qui sont le propre du sens commun, il reste une vérité profonde. Il y a du contingent dans la nature ; autrement c'en serait fait de la liberté humaine.

L'auteur d'un travail récent très distingué sur *la Contingence dans les lois de la nature*, M. Émile Boutroux, s'était précisément proposé de démontrer d'une manière philosophique, ce que Voltaire avait exprimé sous forme populaire et familière, et par conséquent sans précision, c'est-à-dire qu'il y a du contingent dans la nature. Il s'est efforcé de prouver que l'on chercherait vainement à conserver la liberté humaine, tant qu'on accepterait comme démontré que l'univers physique dont notre corps fait partie est régi absolument et sans exception par des lois mathématiques. Il a donc soutenu cette doctrine que les mathématiques n'expriment que la résultante abstraite de tous les phénomènes naturels, que le réel proprement dit, en tant que réel est contingent et indéterminé, que les lois mathématiques ne sont que des approximations, des moyennes, représentant en gros les phénomènes, mais que partout où il y a du concret, fût-ce dans le dernier atome de matière, il y a oscillation entre deux états possibles, une alternative qui ne peut être décidée que par la liberté suprême. L'auteur de cet écrit admettait donc rigoureusement et philosophiquement, ce qui semble dans Voltaire un simple préjugé du bon sens ; à savoir « que la nature n'est assujettie à aucune quantité précise. » En un mot, il lui semblait que le libre arbitre n'avait d'autre issue que l'harmonie préétablie ou l'idéalisme de Kant, à moins qu'on ne consentît à admettre hardiment que tout est contingent, que les lois de la nature ne sont que des à peu près et que la matière phénoménale est un monde de fluctuation, qui n'est réglé que dans ses directions générales, et à un point de vue purement abstrait. Mais cette conception elle-même, n'aurait-elle pas de graves inconvénients ? Comment dire que les lois de la nature ne sont qu'approximatives, lorsque nous voyons que plus on écarte les causes d'erreur, plus elles s'appliquent aux phénomènes avec rigueur et précision, d'où il semble bien résulter que leur inexactitude vient de notre faute et non de celle de la nature ? Dire que les lois ne sont que des à peu près, n'est-ce pas dire qu'il n'y a pas de lois, et n'échapperait-on au fatalisme que pour tomber dans le positivisme ? Ensuite, le contingent n'est-il pas bien près du fortuit, et pour étudier la causalité stricte, n'est-on pas menacé de tomber dans le hasard ?

C'est ici que le travail de M. Boussinesq viendrait au secours de celui de M. Boutroux et tout en justifiant la pensée fondamentale, la restreindre dans de justes limites et l'exprimer dans des termes précis, qui la rendraient beaucoup plus vraisemblable. S'il pouvait être vrai, ce dont les mathématiciens peuvent seuls juger, qu'il y a une sorte d'indétermination qui laisse intacte l'application la plus rigoureuse possible des lois mécaniques, peut-être trouverait-on là une conciliation plus satisfaisante, entre les deux lois fondamentales de notre esprit, la loi de causalité efficiente qui veut que tout s'explique par ce qui précède, et qu'il n'y ait pas plus dans l'effet que dans la cause, et la loi de finalité ou de progrès qui veut que nous ajoutions sans cesse à ce qui précède quelque chose de nouveau qui n'y est pas implicitement contenu. Le monde physique soumis à la première loi, sans jamais cesser d'être le domaine de la quantité constante, pourrait grâce à la flexibilité indiquée par le savant auteur de notre mémoire devenir l'expression du monde idéal où règne une autre loi ; il y aurait donc une véritable harmonie préétablie entre les deux mondes ou plutôt une pénétration de l'un dans l'autre sans que jamais le savant eût le droit de protester, ses exigences étant toujours satisfaites, et l'idée active qui constitue l'âme étant d'une nature trop élevée au-dessus de la force pour avoir besoin d'entrer dans le calcul.

XXIII

M. DUPONT-WHITE. — M. ALF. FOUILLÉE
M. EM. BEAUSSIRE

5 janvier 1879.

La science politique et la philosophie viennent de perdre l'un des esprits les plus individuels et les plus pénétrants de notre temps, M. Dupont-White, l'auteur de l'*Individu et l'État*, de la *Centralisation*, et de plusieurs ouvrages de théorie politique, tous remarquables par l'originalité des vues, et qui, dans ces dernières années, avait plus particulièrement dirigé ses études vers la philosophie. Son dernier ouvrage, paru quelques mois avant sa mort, avait pour titre : *Mélanges philosophiques*, et était consacré à l'étude des différents systèmes de philosophie contemporaine. Il est facile de voir que l'auteur de ces mélanges n'est pas un philosophe de profession, un philosophe d'école : personne n'était moins de l'école que lui; mais de plus, même en métaphysique, il était toujours et avant tout l'écrivain politique, interrogeant la philosophie au point de vue de sa science favorite. A chaque page, on voit l'homme non préoccupé des problèmes abstraits, mais allant toujours droit au fait, et demandant à la philosophie ce qu'elle nous apprend pour le gouvernement des individus et des sociétés. La forme un peu sceptique que l'auteur affectionne et qui répond à la tournure libre de son esprit ne doit pas nous égarer sur le sens de sa pensée fondamentale. Nul au contraire n'est plus préoccupé que lui de trouver une base solide et un lest à nos sociétés modernes, où une si large part est faite aux libertés individuelles. Très engagé dans les voies les plus libres en matière politique, il ne s'est interrogé qu'avec plus de sollicitude sur les contrepoids que la société démocratique de notre temps pourrait trouver dans de fortes idées philosophiques et religieuses. A ce point de vue, le matérialisme plus ou moins raffiné de la philosophie moderne ne lui dit rien qui vaille. Une créature dont on fait d'une part un souverain tandis que de l'autre on la déclare une machine ne lui paraît pas offrir de grandes garanties pour la dignité future de l'espèce humaine. Il reproche à la philosophie moderne tout entière, même à la plus libérale, d'avoir trop négligé cette question : comment une créature sensible, égoïste, passionnée, peut-elle être rendue capable de se gouverner elle-même? Déclarer les droits de l'homme n'est pas tout : il faut savoir si la nature humaine est capable de supporter ces droits. L'auteur est bien loin de trancher cette question dans le sens du pessimisme. Il incline plutôt à la confiance dans l'avenir. Les doutes qu'il émet ne troublent pas la sérénité de son humeur. Il a la force et la tranquillité d'un esprit qui pense et qui prêche la vérité.

Le nom et les écrits de M. Dupont-White nous amènent naturellement à l'étude d'un livre de haute philosophie politique récemment publié sous ce titre : *L'idée moderne du droit en Allemagne, en Angleterre et en France.* L'auteur est M. Alfred Fouillée, bien connu dans le monde philosophique par ses beaux travaux sur Socrate et sur Platon, et par un livre sur la *Liberté et le déterminisme*, qui contient le principe dont l'ouvrage actuel donne la conclusion. Ce livre repose sur une idée ingénieuse, intéressante, et passablement flatteuse pour notre amour-propre national. Nous sommes loin d'en faire un reproche à l'auteur; on nous a tellement rabaissés, et nous nous sommes tant rabaissés nous-mêmes depuis quelques années, que nous sommes tout prêts à prêter une oreille complaisante à ceux qui cherchent à nous relever à nos yeux, au prix même de quelque flatterie. L'Allemagne ne craint pas de célébrer sur tous les tons la grandeur de l'esprit allemand; l'Angleterre n'a jamais été accusée de méconnaître les mérites de l'esprit anglais. Pourquoi la France seule serait-elle destituée du droit de s'aimer elle-même, de reconnaître en elle aussi un génie, un démon qui lui soit propre et qui la grandisse à ses propres yeux? Pourquoi ce que l'on appelle noble fierté chez les autres peuples s'appellerait-il chez nous vanité nationale? Nous louerons donc M. Alfred Fouillée de n'avoir pas craint d'admirer la France.

Nous le louerons encore d'avoir très hautement, très courageusement pris parti en faveur d'une théorie que la plupart des nouvelles écoles philosophiques ont essayé à l'envi de discréditer; celle du droit pur, du droit idéal, en un mot du droit. L'école positiviste et l'école historique se sont entendues pour déplorer que la France se soit donné le rôle de réaliser dans le monde la raison abstraite, la raison pure. Les objections que les écoles aristocratiques et théocratiques des de Maistre et des

Burke avaient élevées autrefois contre la Révolution française ont été reprises de nos jours par les libres penseurs les plus illustres ; et, sous le coup de ces vives et perçantes critiques, la France, qui avait déjà perdu les traditions de la monarchie, s'est vue sur le point de perdre les traditions nouvelles qui lui venaient de la Révolution. Nous sommes bien loin de contester, au point de vue pratique, la sage politique qui conseille de ne s'avancer que pas à pas, de tenir compte des faits, de respecter la puissance du passé, de mesurer ses efforts au possible et à l'opportun. Il est très vrai que la France n'a pas assez connu cette politique, et qu'elle en fait aujourd'hui l'expérience avec sagesse et bonheur; nous sommes bien loin de chercher à décourager une si nouvelle et si utile disposition d'esprit. Mais ce n'est pas à dire que la France doive oublier qu'elle a toujours été, qu'elle doit toujours être le peuple de la raison abstraite, de la raison idéale, de la raison absolue. M. Fouillée croit devoir critiquer M. Taine, qui ne voit dans la Révolution française que le triomphe de l'esprit classique qui a inspiré notre littérature. Pour nous, nous ne voulons pas contester ce rapprochement et nous sommes loin d'y voir une objection. La grandeur de notre littérature, en effet, ce qui lui donne le cachet classique, c'est d'être l'expression de ce qu'il y a de plus général et de plus idéal dans la vie humaine; c'est de peindre l'homme, en général et non l'homme de tel temps et de tel pays. C'est bien la même tendance de notre race qui a inspiré la déclaration des Droits de l'homme. Bien loin de répudier cette tradition, il faut l'invoquer comme la tradition française par excellence, comme étant ce qui nous constitue un génie national. Cela ne veut certainement pas dire qu'il faut abonder dans nos propres défauts, méconnaître les qualités des autres peuples, se refuser à acquérir ce qui nous manque; mais, tout en reconnaissant que les peuples doivent s'instruire les uns les autres, il ne s'ensuit pas qu'ils puissent et qu'ils doivent renoncer à leur propre esprit: ceux-là mêmes qui critiquent le plus cet esprit sont les premiers à en être l'expression; ils croient invoquer exclusivement les faits; ils les entassent jusqu'à la fatigue; mais, en réalité, ils les choisissent d'une manière si arbitraire, si systématique, qu'on voit bien qu'ils n'obéissent en définitive qu'à des idées abstraites. La forme est différente, mais le trait de la race apparaît toujours.

M. A. Fouillée croit donc que trois idées différentes peuvent servir à caractériser les trois plus grandes races de l'Europe: l'idée de la force caractériserait suivant lui la race allemande; l'idée de l'utilité, la race anglaise, et l'idée du droit serait l'apanage propre de la France. Peut-être M. Fouillée a-t-il été un peu trop sous l'influence des événements récents, lorsqu'il s'est décidé à prendre l'idée de la force comme la caractéristique propre de l'esprit allemand : ce qui est vrai, c'est que la philosophie et la religion en Allemagne ont toujours incliné vers le mysticisme et le panthéisme : or il est de fait que ces deux doctrines ont toujours fait très bon marché de la personnalité humaine et de l'individu ; elles tendent toujours à sacrifier la partie au tout. De plus, ces deux doctrines se lient facilement avec le fatalisme ; et le fatalisme, sous quelque forme qu'il se présente, est peu favorable à l'idée du droit. Mais il ne me paraît pas juste, en invoquant le matérialisme allemand moderne et les théories de conquête de ces derniers temps, d'identifier d'une manière générale la philosophie allemande avec l'idée de la force : car il y a eu des matérialistes en France comme en Allemagne, et les théories de conquête sont partout les mêmes. Au commencement de notre siècle, c'était à la France de soutenir que la force prime le droit ; et c'était la philosophie allemande qui, par l'organe de Fichte, défendait le droit contre la force. Il y a aussi, à ce qu'il me semble, quelque injustice à omettre absolument tout ce que l'Allemagne, par le protestantisme, a fait pour la liberté du monde. Sans doute, ce n'est pas elle-même qui en a tiré les conséquences les plus libérales ; mais enfin, la Hollande, l'Angleterre et l'Amérique sont filles du protestantisme, et le protestantisme est né de l'Allemagne. Lorsque l'auteur parle de l'Allemagne et de l'Angleterre, il ne s'occupe que des théoriciens ; quand il parle de la France, il passe à la pratique, et il invoque la Révolution française ; mais ou bien il s'agit de théories, et alors on peut dire que la patrie de Bossuet et de Condillac peut laisser à désirer pour la théorie du droit ; ou bien il s'agit de pratique ; mais alors il fallait faire au protestantisme sa part aussi bien qu'à la Révolution.

Ce qui reste vrai, est ce que M. Fouillée soutient avec force, et selon nous avec raison, c'est que le protestantisme et les nations protestantes n'ont pas dégagé l'idée du droit d'une manière générale et universelle. C'est en France que ce grand travail s'est fait. On est heureux de pouvoir invoquer ici l'autorité de M. Renan : « L'Allemagne, dit-il, ne fait pas de choses désintéressées pour le reste du monde... Les Droits de l'homme sont bien aussi quelque chose : et c'est notre XVIIIe siècle et notre Révolution qui les ont fondés. » Ce qui prouve bien que l'idée du droit philosophique est l'œuvre propre de la race française, c'est que précisément tous les critiques et adversaires de la révolution française lui reprochent précisément d'avoir donné à l'idée de droit cette généralité. Il faut bien s'entendre : on ne peut pas imputer une idée à un peuple, quand on lui en fait un reproche, et la lui refuser dès qu'il s'agit d'en faire un éloge. La France revendique l'honneur d'avoir introduit dans le monde l'idée du droit absolu, du droit philosophique. Est-ce un bien ou est-ce un mal ? C'est une question que l'avenir décidera. En attendant, nous disons avec M. Fouillée : « La liberté doit s'aimer pour elle-même comme pour les autres, c'est ainsi qu'elle acquiert une patrie universelle comme la raison ; c'est ainsi qu'elle devient égalité. »

Après avoir donné l'idée du droit comme l'œuvre propre de notre pays, M. Fouillée recherche si cette idée, une fois trouvée par une sorte d'instinct pratique, la France a su en trouver la théorie. Ici, l'auteur devient aussi sévère qu'il avait été jusque-là admirateur et bienveillant. La France, selon lui, a vu le vrai dans la pratique, mais elle l'a manqué dans la théorie. L'erreur fondamentale des métaphysiciens français, c'est d'avoir fondé l'idée du droit sur la théorie du libre arbitre. Or, le libre arbitre, ou pouvoir de choisir entre les contraires, n'est autre chose que la liberté d'indifférence, qui a été signalée par Descartes comme le plus bas degré de la liberté. C'est une liberté d'indétermination, c'est le caprice et le hasard lui-même. On ne voit pas comment cette liberté des contraires peut constituer à la personne humaine ce caractère d'inviolabilité absolue qui appartient à l'essence du droit. « La vraie liberté, si elle existe, dit M. Fouillée, ne consiste pas à pouvoir mal faire, mais à pouvoir bien faire ; elle n'est pas la puissance de déchoir, mais la puissance de monter. En faisant le mal, la volonté ferait ce qu'elle ne veut pas ; en faisant le bien, elle ferait ce qu'elle veut réellement. »

Nous n'allons pas nous engager ici dans ce que Leibniz appelait le *Labyrinthe du libre arbitre :* mais il nous semble que la théorie précédente a une analogie fâcheuse, au moins dans les termes, avec une autre théorie célèbre et fort peu libérale, qui consiste à soutenir aussi, mais au point de vue civil et politique, que la vraie liberté est la liberté du bien et non pas la liberté du mal. On sait à quel point l'école catholique moderne a insisté sur cette distinction. M. Fouillée est loin d'admettre cette conséquence. Il reconnaît, même sous une forme un peu excessive, que « l'erreur et le vice ont des droits », que nous avons le droit « de déraisonner ». Cependant si la liberté n'est que la puissance du bien, et si le droit n'est fondé que sur la liberté, on ne voit pas comment on aurait droit à une autre liberté qu'à celle du bien. Sans doute l'auteur ajoute que la volonté mauvaise n'est jamais telle que « relativement » : soit; mais, cela même admis, comment pourrait-il y avoir égalité de droit entre la volonté mauvaise et la volonté bonne, celle-là étant infiniment inférieure à celle-ci? Et comment ceux qui possèdent la volonté bonne, c'est-à-dire la vraie liberté, n'essaieraient-ils pas, par fraternité, de la communiquer aux autres, au lieu de les laisser en proie à la volonté mauvaise, qui n'est qu'une liberté inférieure? Nous ne savons, si l'auteur a suffisamment médité sur les conséquences de sa théorie.

Nous croyons aussi trouver une sorte de contradiction entre le commencement du livre et la fin, et nous ne sommes pas bien certain que les deux parties soient contemporaines. Lorsqu'il s'agit de prouver que l'Allemagne n'a pas eu la notion du droit et qu'elle a toujours été plus ou moins fataliste, l'auteur montre que l'Allemagne n'a jamais cru au libre arbitre. Puis, quand nous passons en France, il se trouve que c'est une erreur française de croire au libre arbitre ; ce n'était donc pas un si grand tort aux Allemands de n'en pas vouloir. Il fallait donc leur en faire un mérite au lieu d'y voir un argument pour leur imputer le culte de la force. De plus, lorsque l'auteur, après avoir répudié le libre arbitre, essaie de nous donner lui-même son idée de la liberté, il arrive à cette formule que la liberté c'est « l'indépendance » . Mais l'indépendance est une idée toute négative et qui ne répond pas du tout à cette autre idée exprimée plus haut : « La liberté c'est le pouvoir du bien ». Un être qui serait absolument indépendant serait un être qui n'aurait aucune condition : ce serait la liberté d'indifférence au suprême degré. « La divinité elle-même, dit Montesquieu, a ses lois. » Si l'on veut échapper à cette notion si vide de l'indépendance, il faut entendre par là indépendance à l'égard des conditions physiques, matérielles, extérieures, mais non à l'égard de la raison, qui est l'essence intérieure de l'âme. D'où cette nouvelle formule : la liberté, c'est la raison. Mais cette formule n'est autre que celle de Spinoza, et c'est aussi celle de toute la philosophie allemande, car pour Kant, pour Fichte, pour Schelling et pour Hégel lui-même, la liberté n'était autre chose que la raison. Être libre et être raisonnable est une seule et même chose. De telle sorte qu'après avoir imputé à l'Allemagne d'avoir ignoré le droit, glorifié la France d'avoir introduit cette idée dans le monde, c'est en définitive la théorie allemande que l'auteur substitue à la théorie française. N'est-ce pas retirer à la France d'une main ce qu'on lui accorde de l'autre, reprendre à l'Allemagne, sous une autre forme, les idées mêmes qu'on lui a d'abord imputées à crime ? c'est, à notre avis, une inconséquence grave, qui amoindrit beaucoup la force de l'ouvrage. Plein d'éclat, d'esprit, de ressources, de connaissances, le livre, malgré toutes ces qualités, laisse une impression incertaine, parce qu'on y sent un certain manque de solidité. Le métaphysicien y combat le libéral : nous approuvons entièrement l'un ; nous ne pouvons partager les idées de l'autre. Malgré ces réserves, nous ne pouvons que recommander la lecture d'un tel livre, qui ne peut avoir été fait que par un très noble et très charmant esprit [1].

1. M. Alfred Fouillée nous a fait l'honneur de nous écrire une lettre des plus intéressantes au sujet de la critique précédente. Nous croyons devoir extraire de cette lettre le passage essentiel, dans lequel l'auteur répond à notre principale objection. Le lecteur jugera.

« J'ai constaté comme un fait et un trait de mœurs, non comme un crime, la tendance du peuple allemand lui-même à nier le libre arbitre (p. 7); j'ai blâmé seulement les Alle=

En terminant, nous signalerons la seconde édition d'un excellent livre sur un sujet tout à fait voisin du précédent : la *Liberté dans l'ordre intellectuel et moral*, par M. Émile Beaussire, député.

mands de ne nier le libre arbitre qu'au profit de la grâce et de la prédestination. Au reste, le libre arbitre étant la forme populaire que prend partout la croyance à la liberté, un peuple qui se scandalise de cette conception pour des raisons théologiques et mystiques, prouve moins de goût pour la liberté qu'un peuple qui voulant absolument croire à la liberté humaine, lui prête la forme encore enfantine du libre arbitre. Mieux vaut encore croire à la liberté entendue d'une façon peu scientifique que de n'y point croire du tout. Quelle contradiction y a-t-il là dans mon livre ? — Mais vous m'accusez de ne blâmer d'abord les Allemands que pour adopter ensuite leur propre théorie de la liberté. Sans nier ce que les Allemands ont pu dire de juste sur la liberté et même sur la force (j'ai tâché de rapprocher finalement les opinions plutôt que de les exclure), permettez-moi d'établir une grande différence entre les théories allemandes et celle qui est proposée dans mon livre. Je n'admets point l'identité panthéistique de la liberté avec la raison universelle impersonnelle, soumise à des lois nécessaires, exclusives de toute activité individuelle, j'ai tâché de montrer que l'idéal de la liberté est un pouvoir essentiellement personnel quoique capable de se rendre lui-même impersonnel par le désintéressement et que cet idéal se réalise dans la mesure même où nous le concevons et le désirons. Est-ce là le système de Spinoza ? Je ne finis donc point, par emprunter aux Allemands leur panthéisme, leur absorption des individus dans la notion et dans le grand tout qui est précisément ce que je leur avais d'abord reproché. Dès lors que devient l'inconséquence grave dont vous parlez ? »

Ici le mérite essentiel de l'ouvrage est précisément la solidité. On sent qu'on a affaire à un esprit des plus sûrs, dont l'audace candide est toujours conduite par la raison la plus ferme : je dis audace, car l'auteur pousse les principes de la liberté à des conséquences tellement larges que bien peu d'esprits même des plus libéraux oseraient le suivre jusqu'au bout ; et j'appelle cette audace candide, non que l'auteur se ferme à lui-même innocemment les yeux sur les dangers de son opinion, car peu d'esprits sont plus pénétrants que le sien ; mais c'est une candeur rare et d'autant plus noble d'admettre le droit d'autrui au même degré que le sien propre, et c'est cette candeur dont je loue l'auteur. Enfin, quelque loin qu'il me conduise, je me laisse volontiers diriger par lui, tant je sens que j'ai affaire à un esprit maître de lui-même, et aussi délié qu'élevé. M. Beaussire, dans cette nouvelle édition, a supprimé plusieurs chapitres qui compliquaient la première et qui rompaient l'unité du sujet. Il renverra ces chapitres à un *Traité de droit naturel* qu'il nous promet et dont nous accueillons la promesse avec reconnaissance. En attendant, sous sa forme allégée, l'ouvrage de M. Beaussire prendra sa place parmi les meilleurs écrits de philosophie morale que nous possédions.

XXIV

M. CARO

LE PESSIMISME

On s'est beaucoup occupé de nos jours de l'origine des espèces : il y aurait bien lieu d'étudier aussi l'origine des systèmes. C'est là un problème bien nouveau et bien curieux. Pourquoi telle idée après avoir longtemps sommeillé, éclate-t-elle tout à coup et prend-elle une forme systématique? Pourquoi, chose plus curieuse encore, telle idée, parfaitement connue, passée depuis longtemps à l'état de lieu commun, devient-elle tout à coup une idée vivante, jeune, puissante, commandant aux imaginations et résistant à toutes les objections, même les plus évidentes? Pourquoi ce qui paraissait à tout jamais passé revient-il au moment où l'on s'y attend le moins? Pourquoi une idée qui paraît triomphante s'affaisse-t-elle tout à coup? Il y a là de ces revirements prodigieux qui interdisent la présomption à toutes les pensées en voie de succès et le découragement à celles qui paraissent vaincues : *multa renascentur*.

Lorsqu'on examine ces variations de température du monde philosophique, on arrive à se convaincre qu'il y a une sorte de mécanique des idées, dont les lois sont tout autres que celles de la logique et de la vérité. Ces lois doivent se rapporter beaucoup plutôt à la sensibilité qu'à l'intelligence : elles tiennent à des actions secrètes, à des perceptions obscures qui nous entraînent et nous commandent à notre insu. De là vient qu'il est si faux de prendre ces rapports de temps qui sont tout extérieurs comme des preuves à l'appui d'une théorie et d'une opinion. Et cependant tous les jours nous voyons les hommes les plus distingués confondre ces deux points de vue, celui de la chronologie et celui de la logique. On dira, croyant dire quelque chose : « Les vieilles idées spiritualistes, la vieille théorie des causes finales ; » et l'on se persuade que l'on a réfuté ainsi le spiritualisme et les causes finales. Dans l'autre sens, on dira d'une manière ironique : « Jusqu'ici on avait cru que... » mais « on nous apprend maintenant que... » comme s'il y avait quelque chose d'extraordinaire à ce qu'on ait cru jusqu'ici une sottise et à ce qu'on nous apprenne aujourd'hui quelque chose de nouveau.

Ces réflexions sur les lois mystérieuses de l'apparition des systèmes nous venaient à propos du bruit qui s'est fait depuis quelque temps autour d'un système récent de l'Allemagne, qui a pris pour nom le pessimisme. Qui expliquera pourquoi ce système a attendu le XIXe siècle et la seconde moitié de ce siècle pour apparaître sous sa forme propre? De tout temps, les hommes se sont plaints amèrement de leur condition. Les plus beaux mots, pour exprimer ces plaintes ont été conservés dans le souvenir des hommes : « L'homme nu jeté sur la terre nue », de Pline; l'enfant, qui pleure en naissant, comme s'il savait, dit Lucrèce, « qu'il lui reste tant de maux à traverser dans la vie ». Le cri de Job : « Malheureux le jour où je suis né ! malheureuse la nuit où il a été dit qu'un homme a été conçu ! » Toutes ces vieilles et sublimes paroles n'ont jamais été que des accidents au point de vue des systèmes philosophiques. C'était tantôt le scepticisme qui s'en servait pour déconcerter la raison humaine, tantôt l'athéisme qui les invoquait contre la Providence, tantôt la piété elle-même qui y trouvait une secrète douceur et le chemin du salut. Mais si connue que fût dans les écoles l'objection du mal, elle ne s'était pas encore dégagée des systèmes où elle était mêlée pour constituer un système à part : on connaissait dans l'histoire des systèmes l'*optimisme;* on ne connaissait pas le *pessimisme.* Voltaire lui-même qui s'en est le plus rapproché (car c'est dans *Candide* qu'il faut chercher la vraie origine du pessimisme actuel), Voltaire ne s'y est livré qu'en passant; et, dans son fameux poème sur le *Tremblement de terre de Lisbonne,* qui prêtait, on en conviendra, à la révolte, il écrivait ce vers admirable, digne du chrétien le plus pieux :

Je ne sais que souffrir et non pas murmurer.

Pourquoi donc le pessimisme a-t-il attendu le xixe siècle pour venir prendre sa place à son tour dans le martyrologe des systèmes destinés à périr ? Serions-nous donc dans le plus misérable de tous les siècles ! Au contraire, on peut dire sans exagération que jamais l'humanité n'a été plus heureuse qu'elle ne l'est aujourd'hui. Jamais on n'a mieux et plus activement soulagé les douleurs humaines : jamais les biens de ce monde n'ont été plus à la portée de tout le monde. Serait-ce donc, au contraire, que nous sommes trop heureux et las de notre bonheur ? C'est ce qui est plus vraisemblable. Nous savons mieux qu'on ne l'a jamais su que tout est vanité. Quoi de plus étrange que cette conséquence inattendue du progrès social !

Ce qui est encore à remarquer, c'est que le pessimisme, au XIXe siècle, ne s'est pas d'abord montré sous sa forme philosophique. Dans la première partie de notre siècle, c'est la poésie qui est pessimiste : la philosophie, au contraire, est optimiste. Tandis que Byron, Leopardi, Schelley, Musset chantent avec désespoir les douleurs de la vie, Hégel en Allemagne et Cousin en France professent un optimisme que l'on a accusé de quiétisme. Saint-Simon, reprenant un mot de Bacon, nous enseigne que l'âge d'or est en avant et non en arrière. Les mêmes écrivains sont pessimistes en poésie, optimistes en philosophie. Gœthe, dont le *Werther* avait répandu en Allemagne la contagion du suicide, enseignait en philosophie un quiétisme olympien. Chateaubriand intercalait le poème désolé de *René* dans le *Génie du christianisme* où il chantait les beautés et les bienfaits de la Providence. Ses *Mémoires* sont l'hymne du désespoir. Ses œuvres sont un hosannah en l'honneur de Dieu. Qui se trompe ? Est-ce l'homme et le poète ? Est-ce le philosophe ?

Mais un homme s'est rencontré, en qui les deux natures se sont réunies en une seule. Pessimiste de tempérament et de caractère, il a été aussi pessimiste de doctrine. Il a traduit en théorie ses propres impressions. Son pessimisme n'était pas poétique comme celui de Byron, de Leopardi, de Chateaubriand; c'est un pessimisme ironique, cynique, assez semblable à celui de Voltaire, mais sans cette chaleur d'âme qui chez Voltaire corrige et compense tout. Mariant d'une manière passablement arbitraire ce pessimisme inattendu avec une métaphysique subtile empruntée à Kant, il inventa un système composite fait de pièces et de morceaux, dont certaines parties étaient originales et saisissantes. Mais la loi fatale qui veut que chaque chose arrive en son temps ne lui permit pas de réussir tant que la veine optimiste du siècle n'avait pas été épuisée; il attendit trente ans son jour et sa fortune; ce jour vint, et l'idée pessimiste se répandit tout à coup comme l'incendie dans une forêt. Après Schopenhauer vint son disciple Hartmann, qui, en changeant les proportions chimiques du système métaphysique de son prédécesseur, ne changea rien à son pessimisme, sinon les termes. Celui-ci avait dit, retournant la formule de Leibniz : « Ce monde est le plus mauvais des mondes possibles. » Hartmann changea cette maxime et dit : Non, c'est Leibniz qui a raison : ce monde est le meilleur des mondes possibles; seulement il faut ajouter qu'il est détestable. Tout en étant le meilleur relativement il est en soi absolument mauvais. Cependant ce monde a été fait par une volonté. Or, une volonté absolument mauvaise, qu'est-ce autre chose que le diable? Tel est le dernier mot de cette philosophie qui prétend en même temps être une religion. C'est le culte du diable. Voilà où nous en sommes : tel est le dernier mot du progrès accompli dans la science des Platon et des Descartes.

C'est à nous faire connaître ce système en détail qu'est consacré l'ouvrage récent de M. Caro. Ce livre sera beaucoup lu; car il résume d'une manière rapide et brillante une doctrine dont tout le monde parle, mais que tout le monde ne peut pas aller chercher soit dans des livres non traduits, soit dans de longs ouvrages fort coûteux, comme la *Philosophie de l'Inconscient*. J'avoue que c'est là une objection que je serais tenté de faire à M. Caro, quelque intérêt que je trouve dans son livre, ou plutôt à cause de cet intérêt même : Eh quoi! lui dirai-je, vous savez mieux que personne que le pessimisme est une maladie, vous l'appelez vous-même de ce nom : vous savez en outre que les maladies morales sont contagieuses, qu'elles se communiquent de proche en proche par l'imitation et le bruit même qu'elles font. N'est-il pas évident que c'est le bruit qu'a fait le premier attentat.

sur l'empereur d'Allemagne qui a produit par contagion toutes les tentatives de régicides que nous avons vues ? La chronique judiciaire ne nous apprend-elle pas qu'aussitôt qu'une forme nouvelle de crime a été trouvée, aussitôt il se produit des imitations de ce crime? *Werther* a produit des suicides. Les *Brigands* de Schiller ont produit des brigands. Eh bien, je crois de même que parler du pessimisme, c'est faire des pessimistes; plus vous serez fort, brillant, éloquent, plus vous ferez pénétrer le mal que vous voulez guérir. Le pessimisme, vous l'avez dit, est une « crise cérébrale ». Une pareille crise ne peut se guérir que par des diversions, des calmants, des excitations d'une autre nature, mais non par des attaques directes qui entretiennent le mal.

J'avoue volontiers qu'on ne se désintéresse pas aussi facilement du bruit des opinions. Le pessimisme est un système à la mode : nous voulons le connaître, de même que tout le monde veut voir une mauvaise pièce pour pouvoir en parler. A ce point de vue, et à part notre objection fondamentale, le livre de M. Caro est l'exposition la meilleure, la plus fidèle, la plus complète que nous ayons du système pessimiste. Il nous fait connaître avec autant de clarté que de couleur les origines, les phases diverses, les arguments essentiels, les conclusions dernières de cette philosophie. Le pessimisme, avons-nous dit, a commencé en Europe par la poésie. Il a d'abord été un cri personnel, puis il est devenu une philosophie : il a transformé en principe abstrait les plaintes individuelles. Dans Byron, dans Chateaubriand, la douleur était un privilège : « Le pessimisme, dit M. Caro, en fait une loi. Il ne crée pas une aristocratie de désolés. La seule supériorité du génie, c'est de voir distinctement ce que la foule sent confusément. » C'est à ce titre, en effet, et à ce titre seulement, que le pessimisme est un système. « Le mal subjectif pourrait être un accident dans le monde : c'est le mal objectif, impérieux, absolu qu'il faut voir : cela seul est de la philosophie, le reste est de la littérature et du roman. »

Cette vue à laquelle M. Caro revient à plusieurs reprises nous paraît parfaitement juste. Toute la question en effet est dans la distinction du mal subjectif et du mal objectif. Or cette distinction, les pessimistes ne la font pas toujours suffisamment. L'humeur personnelle de l'auteur s'y mêle sans cesse aux arguments du philosophe. Vous criez, parce que vous avez mal aux dents. Est-ce une preuve que le monde soit mal fait ? Non; car un autre plus courageux supportera tranquillement cette douleur et ne lui laissera pas abattre son âme. Le bien ou le mal dans le monde doivent-ils être mesurés à la sensibilité de chacun? On a souvent dit que le système de l'optimisme tenait à la bonne humeur de ceux qui le défendent, et cela peut avoir du vrai : pourquoi n'en serait-il pas de même du pessimisme? Il faut donc distinguer le mal en soi du mal qui tient à l'humeur. Mais ce partage n'est pas facile à faire, et, pour ce qui est du fondateur du pessimisme allemand, Schopenhauer, il n'a pas été fait. Il est trop évident que son mauvais caractère est pour beaucoup dans sa philosophie. Cette nature hargneuse et grossière dont le génie n'était que sarcasme et mépris, était née pessimiste. Qu'est-ce que cela peut prouver? Il est trop facile d'opposer au caractère de Schopenhauer le caractère de Gœthe, et l'optimisme de l'un au pessimisme de l'autre. Ce sont deux humeurs différentes : la vérité n'a rien à y voir.

Cependant Schopenhauer ne s'est pas contenté d'un pessimisme de sentiments. Il apporte des raisons que M. Caro ramène à deux principales : la première, c'est que tout se réduit à la volonté, et que le fond de la volonté, c'est l'effort; or l'effort est une douleur. Donc tout est douleur. La seconde, c'est que le plaisir est un état négatif : la douleur seule est positive; il faut retourner l'axiome des optimistes, pour qui le bien seul est réel, et le mal est un non-être; c'est au contraire le mal qui est réel, et le bien qui est un non-être. Si le pessimisme n'a pas d'autres arguments en sa faveur, il faut avouer qu'il repose sur de bien faibles raisons. Qui ne sait en effet que l'effort est loin d'être toujours douloureux. L'effort n'est douloureux que lorsqu'il est disproportionné à nos forces, lorsqu'il essaie de vaincre un obstacle qui le dépasse; mais l'effort moyen, celui qui constitue la veille, le travail, l'activité normale, la vie enfin, non seulement n'est pas douloureux, mais est agréable et est même le fondement de tout plaisir. L'inertie et la paresse ne sont des plaisirs que pour les natures faibles : la plupart des hommes aiment l'action, ou plutôt chacun aime un certain genre d'action qui exige toujours un certain effort. Tel qui n'aime pas le travail aime la chasse ou le jeu d'échecs, il y dépensera autant d'efforts que l'ouvrier à son ouvrage, l'écrivain à son livre. Quant à soutenir que le plaisir est négatif et la douleur positive (opinion d'ailleurs renouvelée d'Épicure), sur quoi se fonde une pareille opinion? On nous dit que le fait seul de la disparition de la douleur est un plaisir, mais réciproquement le fait seul de la disparition du plaisir est une douleur; l'argument vaudrait donc des deux côtés; par conséquent il ne vaut d'aucun. Il faut aller plus au fond : or le fond, c'est que le plaisir conserve et que la douleur détruit ; en outre le plaisir vient de la conservation et la douleur de la destruction. Ce qui prouve que le bien l'emporte sur le mal dans le monde, c'est que le monde dure : autrement, il y a longtemps qu'il serait dissous ; et il n'y aurait pas à inventer des moyens artificiels pour le supprimer, comme font les pessimistes.

Hartmann a poussé plus loin que Schopenhauer l'analyse des biens et des maux. D'après lui, M. Caro ramène à six classes les faux biens de la vie : 1° les biens qui ne sont que l'absence de certains maux, tels que la santé et la jeunesse ; 2° les biens qui ne sont que des moyens de poursuivre d'autres buts et qui, par conséquent ne sont rien par eux-mêmes, tels que la fortune ou les honneurs ; 3° ceux qui causent plus de souffrance que de plaisir, par exemple la faim, l'amour ; 4° ceux qui reposent sur des illusions d'imagination, comme la piété ; 5° ceux qui sont de vrais maux, et qui ne sont acceptés que pour en éviter de plus grands, par exemple, le mariage ; 6° ceux qui donnent plus de plaisirs que de peines, mais qui ne sont le partage que d'un très petit nombre, comme l'art et la science. Voilà ce que M. Caro appelle justement « le bilan de la vie ». Ce bilan est l'œuvre d'une intéressante analyse, et, tout système mis à part, il a son prix. N'y cherchez pas autre chose cependant qu'un tableau à la Sénèque : c'est une œuvre méritoire, digne d'un moraliste ; comme preuve du système, rien de plus insuffisant, car tout cela revient à cette vérité, qui n'est pas neuve : « Il n'y a pas de bonheur parfait sur la terre. » Il est évident que tous les biens dont on vient de parler ne peuvent être transformés en maux que si on les compare au bonheur absolu, au bonheur divin. L'homme, étant un être imparfait, ne peut avoir que des biens imparfaits : il faut qu'il les prenne comme ils sont. Que s'il se plaint de n'être pas dieu, il est aussi fou que s'il se plaignait de n'avoir pas d'ailes comme les oiseaux, ou de ne pas habiter Jupiter et Saturne plutôt que la Terre. S'il y a une Providence, il est évident qu'elle n'est pas tenue à satisfaire celui qui veut l'impossible. Si nous ne savons pas jouir des biens modérés que nous avons, c'est notre faute et non la sienne. Se plaindre de n'avoir pas plus que nous ne pouvons avoir serait comme si on se tuait de désespoir pour n'avoir pas gagné le gros lot à la loterie, lorsqu'on aurait gagné quelques lots de valeur. Qui plaindrait de pareils insensés ?

M. Caro ne nous fait pas connaître seulement les origines et les fondements philosophiques du pessimisme, mais il nous en décrit s nuances et les espèces. Il nous apprend qu'il y a une droite et une gauche dans l'école pessimiste. La droite est représentée par M. Taubert, qui nous présente le pessimisme comme un assaisonnement du plaisir. Pour lui, « la mélancolie du plaisir se transforme en consolation ». En exagérant la douleur « elle double notre jouissance ». C'est le médecin *tant mieux;* mais voici le médecin *tant pis*, M. Bahnsen, l'auteur de *Tragique loi du monde*. Pour celui-ci, tout est si mal, que la destruction même du mal est impossible et est encore une illusion. Il dénonce donc Schopenhauer et Hartmann comme étant, eux aussi, des optimistes puisqu'ils ont cru possible l'anéantissement et par là même la disparition du mal : c'est la dernière des illusions. Le monde est indestructible; le mal est indestructible. Il est le commencement, le milieu, la fin de toutes choses. Nous sommes au bout du système, et, comme le dit M. Caro : « On n'ira pas plus loin. »

Il est évident que toute cette fantasmagorie est suspendue à une question que M. Hartmann néglige entièrement dans son grand ouvrage, et à laquelle sans doute il répond dans le nouveau livre qu'il vient de publier, et que nous ne connaissons pas encore : la question morale. Il s'agit de savoir si le devoir est une illusion comme le reste. En effet, ou bien il faut accepter hardiment la négation de toute morale, ou il faut admettre que la vie humaine a un but, une valeur, et par conséquent qu'elle est bonne en soi, quelle que soit la part respective du plaisir et de la douleur. Si la vertu est quelque chose, elle est tout : le monde où elle est possible et obligatoire n'est pas un monde insensé ; car comment naîtrait-elle dans un monde insensé ? Il faut donc distinguer, dit avec raison M. Caro, la valeur relative et la valeur absolue de la vie. La première se mesure par le plaisir, la seconde par le devoir. Le pessimisme n'est pas complet tant qu'il n'aura pas dénoncé la vertu elle-même comme une « grande déception. » Est-ce là ce que M. Hartmann nous apprend dans la morale qu'il vient de publier ? Nous ne le savons pas encore ; nous sommes impatient de le savoir. Si le pessimisme ne va pas jusqu'au nihilisme, il est perdu.

Nous croyons pour notre part que le pessimisme n'est pas une philosophie : c'est l'effet d'un ébranlement de l'imagination qui se manifeste en Allemagne sous des formes diverses, mais qui prouve un certain état maladif du système nerveux dans ce pays. Nous faisons grandement des vœux pour que cet état maladif ne pénètre pas parmi nous. La France en ce moment a tout autre chose à faire qu'à jouer au pessimisme. Elle a des devoirs trop précis, trop pressants, trop obligatoires pour avoir à s'occuper du nirvâna . Il sera temps d'y revenir quand nous aurons du loisir. En ce moment, la vie est pour nous quelque chose de sérieux. Ce n'est pas la saison de prendre du haschisch pour se donner le cauchemar. Laissons aux Allemands ces agréables divertissements, et pensons à nos affaires.

XXV

M. ERNEST BERSOT

M. E. Bersot nous donne à la fois deux ouvrages : l'un ancien et depuis longtemps populaire, mais fort augmenté et parvenu à une quatrième édition, sur *Mesmer et le Magnétisme ;* l'autre, nouveau, sous le titre d'*Études et Discours*, dans lequel il a réuni tout ce qu'il a écrit depuis dix ans. Dans ces deux volumes, M. Bersot se montre à nous sous trois points de vue différents : comme philosophe, comme journaliste, comme directeur de l'École normale. Il est toujours fin et spirituel ; mais il l'est diversement, suivant qu'il faut penser, discuter ou gouverner.

Comme philosophe, M. E. Bersot appartient à la grande école de ceux qui n'ont pas d'école : comme les Montaigne, les Vauvenargues, les Joubert, les Sainte-Beuve, M. Bersot a des opinions, il n'a pas de système. Il a des goûts et des préférences, mais il repousse la formule ; il en a horreur. Pour lui, philosopher, c'est penser et penser librement. C'est jeter en courant une vue personnelle et perçante sur la vie, les hommes et les choses humaines. Il est à la fois moraliste et psychologue : son livre sur Mesmer est un chapitre achevé sur la psychologie du merveilleux, qui est elle-même une partie d'une autre psychologie nouvelle, très à la mode depuis quelque temps, la psychologie de l'inconscient. Que de choses nous faisons sans nous en apercevoir! Que de choses sont en nous sans que nous nous en doutions! Cette vue profonde de Leibniz est devenue le principe de toute une science ; elle est l'explication de la plupart des faits merveilleux que n'expliquent pas la supercherie et le charlatanisme. Tous les prodiges de l'histoire du merveilleux depuis un siècle sont résumés dans le livre de M. Bersot avec la précision et la légèreté de touche qu'on lui connaît. Il a ajouté à cette nouvelle édition tous les documents nouveaux, tous concourant à détruire l'appareil de la superstition. C'est par exemple un *Rapport de la société physique de Russie*, qui a essayé de soumettre à toutes les épreuves de la méthode scientifique les illusions et les prestiges du magnétisme et du spiritisme, et qui a échoué devant les résistances systématiques des intéressés ; c'est l'histoire des frères Davenport, qui a si bien mis à nu la part de l'escroquerie dans cette affaire ; c'est le prodigieux procès des photographies spirites auquel M. Bersot a assisté, et dont il nous fait une relation piquante ; c'est enfin le récit des expériences de M. Charcot, à la Salpêtrière, sur la catalepsie produite par l'influence de la lumière. Ainsi chaque jour détruit une part du merveilleux qui a fait le fond de la croyance dans la plupart des sociétés humaines. M. Bersot paraît presque le regretter : « Je suis tendre pour ces faiblesses, dit-il, je n'ai point d'humeur contre un songe, et je n'en veux point aux fées. » Mais quand ces rêves sont des maladies, quand ils conduisent leurs victimes jusqu'à la folie, ou, ce qui est pire, jusqu'à l'escroquerie, ce n'est plus de la poésie, et il n'y a pas grand'chose à regretter. « Le procédé a tué le mystère. »

Comme journaliste, M. Bersot a été un des plus rares et des plus brillants dans ce grand *Journal des Débats*, qui en a tant produit. A côté de Paradol et de M. John Lemoine, et plus anciennement de Saint-Marc Girardin, il a son originalité propre. Saint-Marc Girardin, pour commencer par le plus ancien et l'un de ses maîtres, avait un bon sens nonchalant et négligé qui plaisait infiniment, avec une pointe très vive d'allusion et d'ironie. Classique en tout, il ne sortait pas de la sphère des idées moyennes, on n'oserait pas dire banales, tant il les relevait par la manière de dire ; mais, sous la grâce d'une langue toute française, on ne sentait pas assez l'aiguillon de la vie ni l'émotion de la pensée. Paradol, moins varié, moins fécond, moins étendu, était une nature plus originale, que le souffle d'un siècle malade avait frappée, trop frappée ! C'était une nature noble et fière tant qu'il n'a pas été « humilié par la vie, » selon l'expression admirable d'Aristote ; comme beaucoup d'esprits élevés, il avait reçu le don de l'ironie et il y était passé maître. La Providence semble l'avoir fait exprès pour la perte du second empire. Tout se taisait quand une voix nette, claire dans la langue la plus délicate, vint apprendre au pays que si l'on ne pouvait résister à la tyrannie, on pouvait s'en moquer. Toutes les lois de sûreté générale étaient impuissantes contre cette raillerie froide qui tous les matins pendant dix ans mettait le gouvernement en pièces sans même qu'il s'en doutât : car c'est le châtiment des pouvoirs fondés sur la force de méconnaître et d'ignorer la puissance de l'esprit. M. John Lemoine est aussi à sa manière un grand journaliste, mais il l'est différemment : c'est un humoristique ; comme la moitié de son nom est anglais, il semble que la moitié de son talent le soit aussi ; au moins a-t-il quelque chose de ce que nos voisins appellent l'humour : il a de ces traits inattendus, d'une plaisanterie inventive et qui restent ; il a la verve, la légèreté, pas toujours la suite, mais un entrain et un *brio* qui fait tout passer devant le public français.

En faisant le portrait de ces grands journalistes, il semble que nous nous sommes rendu la tâche bien difficile ; car comment trouver des traits nouveaux pour caractériser celui qui nous intéresse le plus en ce moment, puisque c'est de lui-même que nous parlons ici ? Comment distinguer M. E. Bersot par des traits qui lui sont propres et le désigner avec précision ? Et cependant il ne se confond avec aucun de ceux qui précèdent, il est autre, il est lui. Ce qui lui appartient, c'est d'unir à l'esprit, qu'il a autant qu'homme du monde, la sensibilité et l'imagination, en un mot une sorte de poésie. C'est un élève de Voltaire qui a aimé passionnément Rousseau. Il a le bon sens de Saint-Marc Girardin, mais avec cette pointe d'inquiétude, cette nuance de trouble, cette vue en dedans qui indique l'homme qui a senti la vie et ne s'est pas contenté d'en jouir. Sa plaisanterie n'a pas le froid de Paradol ni la fantaisie de M. John Lemoine, elle est douce, elle est bienveillante ; elle est pacifique sans cesser d'être piquante et charmante. Lorsqu'il disait à M. Ernoul en 1873, à propos de son rapport contre la dissolution : « C'est mal connaître les Français que de les condamner aux chambres éternelles ; » lorsque, parlant d'un préfet des Pyrénées qui avait interdit la farandole comme révolutionnaire, il termine en disant : « Nous espérons qu'il permettra le menuet, » ces mots spirituels n'avaient rien de blessant, et ceux qu'ils visaient devaient en rire les premiers.

Comme journaliste, M. E. Bersot touche aux questions les plus variées. Littérature, enseignement, politique et encore philosophie, il est prêt sur tout ; et on retrouvera rassemblées dans ce volume nombre de pages charmantes, aimables, d'un ton vif, léger, ému et d'une pensée quelquefois profonde, qui ont droit à une place dans la littérature française. Comme directeur de l'École normale, dans les discours de rentrée solennelle, en présence du ministre et des élèves, M. Bersot émet des principes de gouvernement qui pourraient avoir des applications plus étendues et s'appliquer plus haut. Nos hommes d'État devraient venir apprendre la politique à l'École normale ; ils y verraient appliquer l'art de rendre l'innovation douce et la conservation large, de marier la discipline et la liberté, l'ancien et le nouveau. C'est ainsi qu'il explique dans la perfection comment on entend à l'École normale l'histoire, la philosophie et les lettres, comment dans chacune de ces branches on peut introduire un esprit nouveau sans rien compromettre d'essentiel et sans sacrifier nos meilleures traditions. En histoire, il encourage l'étude des sources et le maniement « des instruments de précision. » Mais il pense que « ce n'est pas manquer à la dignité de l'histoire de la faire lisible, de lui donner la clarté, le mouvement, la vie. » Quant à la philosophie, il invite « à oser » et en même temps « à se contenir. » Il reconnaît que la philosophie présente « ose beaucoup » et que « l'habileté avec laquelle on détruit et on construit donne des éblouissements. » Il n'est pas, dit-il, sans inquiétude sur « ces prestiges. » Mais après tout l'audace convient à la jeunesse, et les jeunes philosophes « ont auprès d'eux des conseillers pour les avertir de prendre garde. » Quant à la littérature « pendant longtemps elle a paru un art ; aujourd'hui elle paraît surtout une science. » Il ne faut pas négliger « l'étude scientifique du français, » mais, « au risque de paraître surannés, nous nous essayons à l'École à composer et à écrire. » Ainsi sur tous les points graves, M. E. Bersot dans le gouvernement de notre jeune école universitaire maintient l'essentiel en ouvrant les voies aux sages nouveautés. « Il ne faut réformer que pour conserver. »

A côté du philosophe, du journaliste, du directeur pédagogique, on pourrait encore trouver dans le livre de M. Bersot une quatrième personne, l'académicien, et ce serait une agréable étude de chercher comment cet esprit personnel et indépendant s'arrange avec les solennités académiques : contentons-nous de dire qu'il n'en est nullement embarrassé, et qu'il est toujours le même, sensé avec malice, et naturel avec grâce.

FIN

TABLE

	Pages
PRÉFACE	I
I. — INTRODUCTION	1
II. — MM. COURNOT. — NAUDIN. — BOUTROUX	18
III. — LA PHILOSOPHIE UNIVERSITAIRE	37
IV. — M. RAVAISSON	55
V. — M. LACHELIER	65
VI. — M. ALFRED FOUILLÉE	83
VII. — M. CLAUDE BERNARD. — M. LÉON DUMONT	96
VIII. — M. ALBERT LEMOINE. — M. LE DOCTEUR DESPINE	113
IX. — M. FRANCISQUE BOUILLIER	130
X. — M. A. MAGY. — LA SCIENCE ET LA NATURE	148
XI. — M. TH. RIBOT. — LA REVUE PHILOSOPHIQUE	167

XII. — M. RENOUVIER. — ESSAIS DE CRITI-
QUE. 187
XIII. — M. FRANCISQUE BOUILLIER. — LA DOC-
TRINE ANIMISTE. 207
XIV. — M. CARO. 241
XV. — MM. AD. FRANCK, VÉRA, ETC. . . 261
XVI. — M. RENAN. — M. LE DOCTEUR LUYS.
— M. LE DOCTEUR BOUCHUT. . . 278
XVII. — M. LITTRÉ. — M. FUNCK BRENTANO. 295
XVIII. — M. DE RÉMUSAT. — M. DUPONT-
WHITE ETC 313
XIX. — M. DOLLFUS. — M. MAGY, ETC. . 328
XX. — M. CLAUDE BERNARD — M. CHAUF-
FARD. 348
XXI. — M. BRÉAL. — M. JOLY. — M ESPINAS 368
XXII. — M. BOUSSINESQ. 388
XXIII. — M. DUPONT-WHITE. — M. ALF. FOUIL-
LÉE. — M. EM. BEAUSSIRE . . . 418
XXIV. — M. CARO. — LE PESSIMISME . . 433
XXV. — M. ERNEST BERSOT. 449

IMPRIMERIE GÉNÉRALE DE CHATILLON-SUR-SEINE, JEANNE ROBERT.

www.ingramcontent.com/pod-product-compliance
Lightning Source LLC
Chambersburg PA
CBHW070333240426
43665CB00045B/1653